CATALOGUE RAISONNÉ

DE LA RARE ET PRÉCIEUSE

COLLECTION D'ESTAMPES

DE M. F. DEBOIS.

N° 8915.

CATALOGUE RAISONNÉ

DE LA RARE ET PRÉCIEUSE

COLLECTION D'ESTAMPES,

Réunie par les soins de M. F. Debois,

RÉDIGÉ PAR P. DEFER.

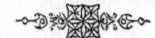

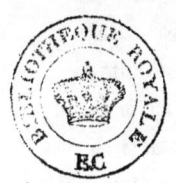

PARIS,

IMPRIMERIE DE VINCHON,
Rue J.-J. Rousseau, 8.

1843.

AVANT-PROPOS.

« Si on assignait à chacun des beaux-arts un rang d'après
» son utilité plutôt que d'après la noblesse et l'antiquité de son
» origine, la gravure en taille-douce, qui ne date que du
» XVe siècle et qui se borne à traduire, aurait des droits pour
» réclamer une préférence d'estime. En effet, elle a les avan-
» tages de l'imprimerie ; elle peint et multiplie à l'infini toutes
» les idées des arts du dessin ; elle conserve les découvertes
» des sciences et les procédés de l'industrie. Si les anciens
» l'avaient connue, nous saurions comment ils ont élevé ces
» masses énormes qui étonnent, dans les monumens d'Egypte,
» la raison du géomètre comme l'imagination du voyageur, et
» qui semblent appartenir à la fable des géants entassant des
» montagnes ; nous aurions l'histoire positive de l'antiquité,
» tandis que nous sommes souvent obligés d'en respecter le
» roman. » (*Extrait du rapport de l'état des beaux-arts en France, présenté à l'empereur, en son conseil, le 5 mars* 1808, *par une députation de la classe des beaux-arts de l'Institut,* M. Bervic, *président.*)

La gravure sur cuivre (*), dont on trouva, vers le mi-

_____

(*) Il n'est ici question que de ce genre de gravure. On sait que la gravure sur bois, remonte à une époque plus éloignée.

lieu du XVe siècle, la manière de tirer des empreintes ou épreuves, contemporaine de l'imprimerie, de même que cette invention qui a immortalisé les lettres et les sciences, est venue assurer désormais l'immortalité aux arts du dessin; elle en est l'écho en frappant notre imagination, en nous instruisant de l'histoire et des grands événemens qu'elle représente. Une collection d'estampes offre au savant et à l'artiste des renseignemens vrais et prompts que ne lui donnent pas aussi exactement des descriptions presque toujours insuffisantes.

Les différens genres de collections auxquelles peuvent se rapporter les estampes sont en grand nombre : l'histoire sacrée, l'histoire profane, ancienne et moderne; la mythologie, les portraits, les monumens, les costumes, et enfin celle qui embrasse les arts du dessin par les monumens de l'architecture, la sculpture, la peinture et la gravure.

Les collections qui se forment pour l'histoire de la gravure, se bornent aux estampes des artistes qui ont exercé cet art avec le plus de talent. C'est ce dernier mode qui a présidé à la formation de la collection que nous décrivons; c'est un monument élevé à la gloire des artistes qui ont excellé dans la gravure et qui joint en outre à cette gloire celle de représenter les plus importantes compositions des plus grands peintres anciens et modernes de toutes les écoles, et les productions du burin et de la pointe des maîtres qui ont gravé leurs propres pensées et pour lesquels la gravure n'a pas été seulement un art d'imitation.

Ce cabinet réunit donc un choix précieux des morceaux les plus capitaux des graveurs célèbres, choix pour lequel le temps, les soins et les recherches ont été prodigués, et dont tous les pays ont été tributaires, ainsi que les différens cabinets qui se sont vendus en Europe depuis quinze ans. De ce nombre, ceux, à Londres, de milord duc de Buckingham, Otley, M. Robert-Dumesnil; en Allemagne, de Gavet et Franck; à Paris, de MM. Denon, Boulle, duc de Rivoli, Revil, de Scitivaux, Rossi, Poggi, Boutourlin, etc.

Toutes ces estampes sont en premières épreuves; celles anciennes avec les remarques qui en assurent la priorité, et généralement bien conservées; celles modernes avant la lettre et de la plus parfaite conservation; la plupart avec toute leur marge.

Ayant décrit dans ce catalogue les estampes par ordre alphabétique de graveurs, sans distinction d'école, comme le mode le plus commode, nous en présentons ici le sommaire dans l'ordre chronologique.

SOMMAIRE.

ÉCOLE D'ITALIE.

C'est à l'Italie que l'on doit la découverte de l'impression sur métal; c'est aux orfèvres nielleurs, dont *Maso Finiguera* est le premier cité; après lui, *Baldini*, *Pollayolo*, et plusieurs autres, décrits aux divers ouvrages sur les nielles, par Cigognara, Otley et M. Duchesne aîné. Selon Vasari : « les ou» vrages de Baldini étant venus à la connaissance de Mantègne, » à Rome, celui-ci commença à graver beaucoup d'après ses » dessins. » Aucune de ces estampes ne porte de date, mais Bartsch en place l'époque vers 1480. Vers ce temps, plusieurs artistes, contemporains de Mantègne, l'ont imité dans sa gravure et aussi copié, ou ont gravé d'après ses dessins, tels que *Mozzetto* (*), *Nicoletto de Modène, Zoan Andrea, Jean et Marie de Bresse;* après eux *Jules Campagnola,* regardé comme l'inventeur de la gravure au maillet ou pointillé; *Montagna,* puis *Robetta.* Au commencement du XVIe siècle, *Marc-Antoine,* qui, d'abord émule d'Albert Durer et de Lucas de Leyde, les surpassa bientôt, non pas à l'égard du burin, mais pour la pureté et la grâce du dessin, qu'il puisa dans les conseils et en gravant d'après Raphaël; cet habile graveur, forma cette école si renommée dont font partie ses élèves et imitateurs, *Augustin Vénitien, Marc de Ravenne, Caraglio, J. Bonasone, le Maître-au-Dé, Beatrizet, Enée Vico, les Mantuan* et *Martin Rota,* etc. Vers la fin du XVIe siècle, une nouvelle période s'ouvre pour la gravure, par le burin d'*Augustin Carrache* qui perfectionna le genre de gravure qu'avait exercé *Corneille Cort,* graveur hollandais, établi à Rome, et *Chérubin Albert,* qui gravait de la même manière.

Ce même siècle vit aussi paraître le *Parmesan,* qui, le premier, grava en Italie à l'eau-forte, et donna l'essor à ce genre de gravure; et après lui tous les artistes italiens l'imitèrent. Il faut citer au premier rang: *F. Baroche, Annibal Carrache, Le Guide* et son école, et autres artistes du XVIe au XVIIe siècle. Vers le milieu du XVIIIe siècle, *François Bartolozzi,* habile à tous les genres de gravure; *Porporati,* graveur d'un burin gracieux; *Volpato,* qui forma *R. Morghen,* le plus habile buriniste qu'ait eu l'Italie, qui nous a donné encore *Longhi, Ander-*

(*) *Bartsch* croit les gravures de ce maître plus anciennes que celles de Mantègne.

loni, Garavaglia et *Toschi,* habiles traducteurs au XIX⁰ siècle, des chefs-d'œuvre de leurs compatriotes.

ÉCOLE ALLEMANDE.

L'école allemande revendique avec l'Italie la découverte de la gravure. Bartsch, qui ne conteste pas cet avantage aux Italiens, dit (vol. 13, pag. 34) : « Plus tard, l'art d'imprimer des
» estampes languissait encore en Italie lorsqu'il était déjà
» porté à un haut degré de perfection en Allemagne; et il pa-
» raît certain que ce sont les Allemands qui engagèrent les
» Italiens à abandonner successivement leurs souffres et à
» graver sur des planches de cuivre et à se servir de presses
» régulièrement construites. Voilà les raisons pour lesquelles
» il a pu y avoir un temps où les Italiens et les Allemands se
» sont disputé une gloire qu'ils devraient se partager frater-
» nellement entre eux, les uns ni les autres n'ayant, ce nous
» semble, le droit de se l'attribuer exclusivement. »

Le premier maître allemand auquel on peut fixer une date est donc le maître de 1466. On lui attribue tout ce qui a une taille maigre et un caractère gothique. *Bartsch* décrit cent treize pièces qu'il attribue à ce maître; il décrit aussi un vieux maître à monogrammes *F. V. B.* expliqué par *François de Bocholt*, dont il décrit trente-huit pièces ; c'est donc seulement *Martin Schongauer* le premier des graveurs allemands dont le nom soit connu d'une manière certaine, et dont les estampes ont été copiées par *Israël de Mecken*, *Wenceslas d'Olmutz*, et quantité de maîtres à monogrammes de la fin du XV⁰ au commencement du XVI⁰ siècle. (Peintre-Graveur, vol. 6, 7, 8 et 10.) Vers ce même temps, paraissait *Albert-Durer ;* ce génie, qui excella dans tous les arts, traita la gravure avec une telle perfection, que de ce moment elle ne put s'élever au-delà. De l'école de cet homme célèbre sortit cette foule d'artistes au fini précieux, connus sous le nom de *petits-maîtres*, parmi lesquels les *Beham*, *Aldegrever*, *Altorfer*, *George Pencz*, et nombre d'autres qui remplirent le XVIe siècle (*Bartsch*, vol. 8 et 9), et aussi plus tard, *Théodore de Bry*, qui se forma sur les estampes de Beham; *Hollard*, qui a traité l'eau-forte avec tant d'intelligence : là finit l'influence d'Albert-Durer. De la fin du XVIe au XVIIe siècle une gravure plus large, qui se manifesta dans des ouvrages d'une plus grande dimension, principalement les productions des *Kilian*, *d'Hainzelman*, et plus tard, au XVIIIe siècle, *Schmuzer*, *J. G. Wille*, dont le burin est si brillant; son ami *Schmidt*, qui grava avec le même succès l'eau-forte et le burin ; au commencement du XIXe siècle, *J. G. Muller*, dont le fils, *Frédéric Muller*, produisit cette madone de Saint-Sixte qui peut être rangée au nombre des chefs-d'œuvre de la gravure moderne, et de nos jours les graveurs *Lutz* et *Steinla*.

ÉCOLE DES PAYS-BAS.

Lucas de Leyde, génie précoce qui devait finir trop tôt, fondait au commencement du XVIe siècle cette école qui devait porter l'art du burin à sa perfection par le talent d'habiles et féconds artistes, tels que *Goltzius*, et ses élèves *Saeredam*, *Matham* et *J. Muller*, et aussi les *Sadeler* et *C. Bloemaert;* après eux, au commencement du XVIIe siècle, *Pierre Soutman*, peintre et graveur de l'école de Rubens, introduisait dans la gravure cette combinaison de l'eau-forte et du burin, et amena cette manière pittoresque et pleine d'effets que perfectionnèrent les *Van Sompel*, *J. Louys*, *Suyderoeff*, et qui produisit sous la direction de Rubens les belles estampes de *Pontius*, des *Bolswert*, *Vorsterman*, et de *Corneille Visscher*, remarquable par l'énergie et la vérité de ses portraits, et après eux, *G. Baillue*, *Van Dalen*, *W. de Leeuw*, *Bloteling*, et autres artistes.

Là s'arrête dans ce pays la gravure au burin; l'eau-forte lui succéda, sous l'influence du fameux *Rembrandt*, dont les admirables productions de sa pointe captivèrent les amateurs, et qu'imitèrent tous les artistes hollandais, tels que *Van-Dyck*, *Berghem*, *Dujardin*, *Paul Potter*, *Ad. Van de Velde*, *Ostade*, *Stoop*, *Waterloo*, *Swanevelt*, *Dusart*, *Ruisdaël*, *Verschuring*, etc., etc.

ÉCOLE FRANÇAISE.

Ce n'est que vers le milieu du XVIe siècle que sont cités les graveurs qui ont commencé à avoir quelque succès; le plus ancien de ceux connus est *Jean Duvet*, orfèvre des rois Henri II et François Ier, à sa suite *P. Woeriot*, *Etienne Delaulne*, que le nombre de petites pièces qu'il a exécutées peut encore placer au nombre des petits maîtres; *Léonard Gaultier* et *Thomas de Leu* dont on a un grand nombre de jolis portraits; *Thomassin*, élève de C. Cort, et *Michel Lasne*, imitateurs de Bloemaert; après eux, *Charles Audran*, le premier de cette famille d'artistes dont la France s'honore; *Mellan*, qui se fit un genre singulier en gravant à une seule taille une sainte Face. Au même temps, la gravure à l'eau-forte s'exerçait sous la pointe de *Claude le Lorrain*, *Callot*, *Chaperon*, *A. Bosse*, *Morin*, *Mauperché*, *Pierre Brebiette*, et plus tard *Israël Silvestre*.

Si la France n'a point à prétendre à la gloire de l'invention de la gravure, elle a du moins celle de l'avoir portée au plus haut degré de perfection. Déjà, au XVIIe siècle, la peinture avait commencé à influer sur la gravure, qui devenait la traduction des œuvres du peintre; ainsi le Poussin fut parfaitement rendu par *Pesne*, les *Stella*, *Dughet* et *Baudet*, et la gravure produisit de véritables chefs-d'œuvre par le burin des *Audran, Poilly, G. Edelinck, Roullet, Pitau*, et dans les beaux portraits de *Nanteuil*, des *Drevet*, d'*Antoine Masson*, et autres savans artistes qui illustraient ce brillant règne de Louis XIV, qui ne donna pas seulement à la France les plus parfaits graveurs, mais encore forma la plus riche collection d'estampes qui existe (*). Cette supériorité acquise à la France,

---

(*) Colbert, qui avait tant contribué à augmenter la Bibliothèque du Roi, s'aperçut qu'on avait entièrement négligé d'y réunir des estampes, quoiqu'elles soient les archives des connaissances humaines et surtout le répertoire des beaux-arts; le Roi n'en possédait pas. Colbert acquit en 1667, le cabinet de l'abbé Marolles (*le Catalogue de cette collection, publié en 1666, est le premier ouvrage sur les estampes publié en France; il est fort rare*), qui en contenait 123,400, dont 17,300 portraits. La plupart des pièces rares du cabinet des estampes viennent de cette première acquisition. M. de Beringhen, premier écuyer, continua en quelque sorte la collection de Marolles; mais il s'attacha particulièrement aux maîtres français du règne de Louis XIV : de sorte qu'elle renferme presque tout ce qui a été gravé depuis 1666 à 1720, époque où ses héritiers vendirent au Roi cette collection, composée de 434 volumes. En 1715, M. de Gaignières donna au Roi son cabinet, composé de 220 portefeuilles, contenant des pièces topographiques, portraits, costumes et pièces historiques.

M. Clément, garde de la Bibliothèque, légua une collection de 17,000 portraits; le Cabinet des Estampes s'enrichit encore de la collection de M. Begon, en 1775, de 300 portefeuilles; de M. Fontette (le continuateur de la Bibliothèque historique du père Lelong), 58 portefeuilles sur l'histoire de France; et la dernière acquisition importante, faite par le gouvernement, en 1775, fut celle d'environ un quart de la collection Mariette, pour la somme de 25,000 fr.; le don de M. d'Ormesson, de 17 portefeuilles de pièces historiques sur la révolution, faisant suite jusqu'au 13

s'est maintenue dans le XVIII° siècle par les productions de Balechou, Bervic, et au XIX° siècle celles de MM. Tardieu, Desnoyers, Richomme, Forster, Laugier, Dupont, et tant d'autres artistes dont les œuvres enrichissent cette collection.

ÉCOLE ANGLAISE.

On ignore les premiers temps où la gravure au burin fut pratiquée en Angleterre. C'est en 1545, par Thomas Geminie et une suite de graveurs qui ont exécuté des planches en bois, que Horace Valpole (*) commence son catalogue des graveurs anglais, qu'il finit en 1772, à George Vertue ; ces premiers sont très médiocres et ils n'ont gravé que des portraits, dont plusieurs sont recherchés à cause des personnages qu'ils représentent ; ces portraits sont décrits dans le catalogue de Bromley. Ce n'est que vers le milieu du XVII° siècle que commence à paraître *John Payne* et *Guillaume Faithorn le vieux*, qui grava plusieurs beaux portraits d'après Van-Dyck ; *Gaywood*, élève de Hollard, qui grava à l'eau-forte d'après son maître, et des portaits d'après Van-Dyck. Dans le XVIII° siècle, *George Vertue*, *William Hogarth*. Au commencement de ce même siècle, plusieurs graveurs français se fixèrent à Londres, de ce nombre furent *Dorigny, Baron, Ravenet ;* ils aidèrent à l'impulsion que plus tard *Boydell*, célèbre marchand d'estampes et lui-même graveur, donna aux arts dans

---

avril 1793. (*Extrait du Rapport de l'état des beaux-arts en France, etc.*) D'après le dénombrement fait récemment et communiqué dans *le Cabinet de l'Amateur*, pag. 41, par M. Duchesne aîné, le nombre de pièces que possède le cabinet des estampes est de 900,516.

(*) Anecdotes of Painting in England, etc. London, 1782, 4 vol. in-8°.

ce pays. La fin du XVIII⁰ siècle vit paraître *François Vivarès*, né Français, un des plus habiles graveurs de paysages, qui ait le mieux rendu les tableaux de Claude Lorrain, auquel succéda *W. Woollett*, qui traita aussi habilement l'histoire que le paysage, et son contemporain *John Browne*, adonné à ce dernier genre, lequel avançait ses planches à l'eau-forte d'une manière large et vigoureuse; et encore *Middiman, Smith, Lerpinière, Byrne*, et autres artistes, tous adonnés à la gravure du paysage. Les graveurs d'histoire, *Scharp, R. Strange*, qui vint en France étudier sous Aliamet et Lebas, *Hall, Heath*, et de nos jours leurs continuateurs, *Raimback, Burnet, G. Doo, Goodall* et *John Pye*.

L'Angleterre s'est acquis aussi de la célébrité dans la perfection de la manière noire ou mezzotinto. Vers 1640, le prince Robert communiqua le secret de la manière noire, qu'il avait apprise du lieutenant-colonel Von Siegen ou Sichem, qui en est regardé en Allemagne comme l'inventeur. Ceux qui profitèrent avec succès de cette découverte sont : *I. Smith*, et plus tard *Marc-Ardell*, et *Richard Earlom*, qui a atteint le plus haut degré de perfection où ce genre puisse prétendre, principalement dans ses belles estampes des fleurs et des fruits, d'après Van Huysum, et quelques beaux portraits d'après Van-Dyck; et de nos jours c'est encore à l'Angleterre qu'est restée la supériorité dans ce genre de gravure par le talent de *M. Cousins*, dans ses charmants portraits, d'après Thomas Laurence.

AVERTISSEMENT.

Les numéros placés entre parenthèse presque toujours à la fin de l'article, sont ceux du Catalogue qui a été donné de l'œuvre du maître, et que nous avons indiqué à la suite de la courte notice qui vient après son nom.

Dans la description des sujets, la droite ou la gauche est indiquée eu égard à la personne qui regarde. Par les mots dans la marge, nous avons toujours sous-entendu la marge du bas; nous avons eu soin de prévenir lorsque les inscriptions se trouvent dans les autres marges.

L'ortographe incorrecte des noms d'auteurs et d'éditeurs; celles des adresses et des autres inscriptions qu'on trouve aux estampes a été (autant que l'ont permis les caractères typographiques) scrupuleusement suivies.

Abréviations employées dans ce Catalogue.

P. en L., pour pièce en largeur.
P. en H., pour pièce en hauteur.
Vol., pour volume.
Collect., pour collection,
P.-G., pour Peintre-Graveur, par Bartsch.
P.-G.-F., pour Peintre-Graveur français, par M. Robert-Dumesnil.

CATALOGUE RAISONNÉ

DE LA RARE ET PRÉCIEUSE

COLLECTION D'ESTAMPES

DE M. F. D.

A.

ANONYMES *Italiens* aux XVe et XVIe siècles.

1 — La Vierge debout dans une gloire surmontée du Saint-Esprit que deux anges adorent ; elle a le bras droit étendu vers la gauche, où est saint François tenant une croix des deux mains, et semble indiquer, de la main droite baissée, sainte Magdeleine couchée à ses pieds et les lui baisant ; derrière, sainte Catherine, inclinée et appuyée sur une roue brisée, instrument de son martyre. Dans le bas, un peu vers la gauche, une tablette avec les lettres R. V., et un petit R placé dans la lettre V. Ce chiffre nous semble indiquer *Raphaël d'Urbin*, d'après lequel cette pièce est gravée. H. 30 c. L. 20 c. 8 m.

2 — Sainte Eulalie ; elle est debout, dirigée vers la gauche, tenant de la main gauche une palme, et soutenant de ses deux mains un livre dans lequel elle lit, le bras droit appuyé sur une croix. Au milieu du bas, on lit s. EULALIA. P. en H., gravée dans le goût de TEMPESTE, d'après Raphaël.

3 — Virginius tuant sa propre fille ; derrière elle une servante

— 2 —

veut arrêter le coup. Vers le fond plusieurs hommes expriment leur épouvante; au milieu d'eux, le consul Appius, une couronne de lauriers sur la tête. Sur le devant, à gauche, deux enfans dont un tient une torche allumée. P. en L. sans marque, gravée par un vieux maître italien dans la manière de Robetta. *Bartsch, vol.* 13, *p.* 108.

H.-E. monogramme d'un ancien graveur italien dont on ignore le nom. *Bartsch* (*), *vol.* 15, décrit cinq pièces, dont on attribue, dit-il, l'invention à Dominique Beccafumi.

20.

4 — Le Parnasse profané. Pièce allégorique où l'on voit, à gauche, un homme et une femme couronnés de lauriers qui quittent le Parnasse, exprimant leur indignation sur le scandale que leur causent plusieurs hommes faisant violence à quelques Muses. A la droite d'en haut, Pégase s'envole suivi de plusieurs oiseaux. La marque du graveur sur un fût de colonne renversée. P. en H. (B., 4).

Belle épreuve du 2e état.

38.

5 — Un jeune faune, la tête couronnée de pampres, tenant de la main gauche une flûte de Pan, et de la droite un bâton, vient, dans une posture lascive, près d'une nymphe, la tête ornée aussi d'une couronne de pampres; elle est assise, à gauche, sur un tronc d'arbre, et tient de la main gauche des fruits, et de la droite repousse l'amoureux satyre. H. 17 c. L. 14 c. Pièce inédite, par un anonyme de l'école de Marc-Antoine.

21.

6 — Vénus sortant du bain. Elle est accroupie sur un grand drap où elle paraît se sécher les pieds; l'Amour, debout devant

---

(*) Le Peintre-Graveur, par Adam Bartsch, Vienne, 1803 à 1821, vingt-un volumes in-8°, dont: Écoles flamande et hollandaise, un à cinq; École allemande, six à onze; École italienne, douze à vingt-un.

elle, à la gauche de l'estampe, porte un gros paquet de linge sur l'épaule. P. en H., gravée d'après Raphaël ; elle est sans marque. Copie en contre-partie d'une estampe d'ENÉE VICO (B., 19).

ANONYMES *Allemands*, aux XVe et XVIe siècles.

LE MAITRE A L'ANCRE. C'est le nom communément donné à un vieux maître dont les estampes sont marquées des lettres B. R., séparées par un signe en forme d'ancre. *Bartsch*, vol. 6, pag. 394, décrit cinq pièces de ce maître ; la nôtre lui est inconnue.

7 — Un calvaire. Le Christ crucifié sur une croix plus élevée que celles des deux larrons ; sur le haut, au-dessus de sa tête, on lit INRI. Les deux larrons ont les bras attachés et passés par dessus les bois de leurs croix, lesquels sont ronds ; au bas de la croix du Christ, une petite ancre, et à la même hauteur, à gauche de la croix, la lettre B, et à droite la lettre R. Du côté gauche, les coins du haut et du bas sont à pans coupés. H. 24 c. 5 m. L. 15 c. 5 m.

580.

Rare et belle pièce non décrite, parfaite de conservation.

LE MAITRE A L'ÉCREVISSE. Tel est le nom donné à un vieux maître qui a marqué ses estampes d'un signe en forme d'écrevisse. *Bartsch*, vol. 7, pag. 527, décrit vingt-quatre pièces de ce maître ; nous en décrivons deux qu'il n'a pas connues.

8 — Décollation d'un saint martyr. Le bourreau lève son cimeterre prêt à trancher la tête au saint, qui est à genoux, les mains jointes, et dirigé vers la droite ; une foule de peuple est retenue par des gardes, dont un est armé d'une lance. Dans le haut de l'estampe, un prétoire où se voit un magistrat, auquel une femme présente la tête d'un martyr dans un plat. A droite et à gauche des spectateurs appuyés sur une balustrade. H. 25 c. 8 m. L. 16 c. 8 m. Cette pièce, non décrite, est sans marque.

150.

152.

9 — La Vierge assise, la tête ceinte d'un riche bandeau, et entourée d'une large auréole, serre l'Enfant-Jésus dans ses bras; elle est enveloppée d'un grand manteau, dont une partie vient se grouper à ses pieds au premier plan; dans le fond, à gauche, une porte et cathédrale d'architecture byzantine. Au bas, du même côté, sur une pierre, une écrevisse, marque du maître. H. 16 c. 5 m. L. 11 c. Pièce inédite.

Cette estampe et la précédente proviennent de la *Collection Ottley.*

150.

10 — La nativité au milieu des restes d'un ancien temple. L'Enfant-Dieu est couché dans la crèche, autour de laquelle on voit la Vierge et saint Joseph à gauche; trois anges en partie cachés par le pied d'une colonne, sur laquelle est monté un berger. Dans le fond, des musiciens; plus loin encore des bergers couchés sur une montagne, auxquels un ange vient annoncer la venue du Messie. P. en H. (B. 3).

40.

11 — Christiern, roi de Dannemark, à mi-corps, presque de face et tourné vers la droite. Le fond représente une arcade ornée de neuf écussons d'armes; au bas est écrit le nom du personnage. P. en H., gravée à l'eau-forte par un anonyme. *Bartsch*, vol. 9, p. 230, cite cette pièce à LAUTENSACK comme lui étant faussement attribuée.

ANONYMES, *graveurs flamands* du XVIIe siècle.

5.

12 — Progné faisant voir la tête de son fils à son époux après lui en avoir fait manger le corps. Dans la marge du bas, quatre vers d'Ovide: *Prognès Ityn filium... etc. P. P. Rubens pinxit. C. Galle ex.* P. en L. sans nom de graveur. N° 36 *du catalogue de l'œuvre de Rubens, par Basan* (*).

(*) Ce catalogue forme le troisième volume du Dictionnaire des graveurs anciens et modernes, par Basan. Paris, l'auteur, 1767, 3 vol. in-12. Ce sont les numéros de ce catalogue que nous citerons pour toutes les pièces gravées d'après Rubens.

13 — *Mutius Attendulus, cognomento Sfortia;* il est vu de profil, coiffé d'un bonnet. Portrait de forme ronde. *P. P. Rubens pinxit,* sans nom de graveur (n° 79).

14 — *Arnoldus Vinnus.* Vu à mi-corps dans un ronde, avec inscription aux angles. *Bordieu pinxit Excudebat C. Dankerts et I. Lauu'yck.* Au bas, dans la marge, huit vers hollandais. P. en H.

Au verso la signature de *P. Mariette,* 1654.

12.

15 — *Laurentius Homma.* Vu à mi-corps, feuilletant de la main droite un livre ouvert devant lui. Dans la marge du bas, le nom du personnage et cinq vers hollandais de Solidé. *Pieter de Reyger excud.* P. en H.

Au verso la signature de *P. Mariette,* 1678.

16 — *Justus Lipsius.* Vu à mi-corps, de trois-quarts, tourné vers la droite, vêtu d'une robe garnie de fourrure. P. en H. *48.*

Épreuve sans aucune inscription.

17 — Portrait d'un mathématicien, représenté la tête couverte d'une calotte, assis dans un fauteuil, la main gauche étendue sur un grand livre ouvert, sur lequel il trace des figures géométriques avec un compas qu'il tient de la main droite ; au bout de la table où il travaille, plusieurs livres, sur lesquels est posée une sphère. Le fond, à gauche, offre une vue de mer où naviguent plusieurs vaisseaux. P. en L., gravée dans le goût de C. Visscher. *15.*

Belle épreuve sans aucune inscription.

AKEN (Jean-Van). On connaît de cet artiste, sur lequel on n'a pas de notice, vingt estampes gravées à l'eau-forte, que décrit *Bartsch,* vol. 1er, pag. 269.

18 — Suite de six chevaux, dans différentes attitudes, numérotée de 1 à 6. Au n° 1, on lit, vers le haut à droite, dans le ciel : *I. v. Aken fecit,* et au bas à droite : *Clement de Jonghe excudit.* P. en L. (B., 1 à 6). *30.*

ALMELOVEEN (Jean) est du nombre des artistes dont la vie est inconnue. *Bartsch*, vol. 1er, pag. 289, décrit trente-sept pièces à l'eau-forte.

19 — Suite de six paysages en largeur ; à cinq de ces morceaux on lit : *Joan* ou *Johan Almeloveen inv. et fec.*

ALTOBELLO. Tel est le nom donné à un vieux maître italien dont aucuns calcographes n'ont parlé avant Ottley, lequel dit qu'il était un artiste considérable de Crémone, qui, selon *Boccacio Boccacini*, a peint la vie du Christ dans l'église de cette ville. *Vasari* en parle dans la vie de Garafolo. *Padre Resta* dit que Altobello était de l'école de Bramante, et nous lisons dans l'Abcedario Pittorico : *Altobello da Melone Cremonese Pittore, descritto dal Lomazzo e dal Lamo a fol. 83. fioriva circa il* 1530.

20 — Quatre amours ailés debout jouant de plusieurs instrumens. Des deux placés à droite, celui le plus près du bord de l'estampe joue d'une flûte qu'il tient de la main droite, et de la gauche bat sur un tambour de basque suspendu à son cou ; le second tient une espèce de guitare dont il joue avec un archet. Des deux à gauche, celui le plus près du bord, coiffé singulièrement et vêtu d'une tunique, joue de la musette ; l'autre, le pied gauche posé sur une pierre, joue de la guitare. Quelques cailloux et quelques plantes sont parsemés sur la terrasse. L. 17 c. H. 14 c. 5 m. Cette belle pièce inédite est gravée dans le goût de *Mantegna ;* elle est un fragment du dessin de ce maître, qui est au Musée Royal sous le numéro 383. Ce dessin, en forme de frise, contient treize enfans. Notre estampe représente les quatre du milieu.

L'estampe que nous décrivons vient de la collection de *sir Mark Masterman Sikes*, la plus riche connue en vieux maîtres. Elle fut adjugée au prix de 31 livres sterling 10 schilling, à la vente de cette collection, en 1824.

Dans le catalogue de la même collection se trouvait décrit un autre fragment de ce même dessin, gravé par le même maître et portant la marque ALTOBELLO V. F., et aussi décrit par *Ottley*, p. 551 (*), et dans le catalogue de la collection de *M. Wilson*.

ANDERLONI (PIERRE), graveur italien au burin.

21 — *La sacra famiglia*. Gravé d'après le tableau qui était dans la galerie d'Orléans, et actuellement en Angleterre, dans la collection du marquis de Straffort. P. en H.   *290*.

Première épreuve avant toutes lettres; seulement dans le milieu de la marge du bas, A. 1832, à la pointe. Elle est sur papier de Chine.

22 — La femme adultère, gravée en 1821, d'après le tableau du Titien de la galerie de la comtesse Pino. P. en L.   *300*.

Épreuve avant toutes lettres et avant les travaux sur les fleurs de la terrasse au premier plan vers la droite, qui sont restées blanches.

23 — Héliodore chassé du temple, d'après la fresque de Raphaël au Vatican. P. en L.

24 — Attila, roi des Huns, saisi d'effroi à l'apparition de saint Pierre et de saint Paul, d'après la fresque de Raphaël au Vatican. P. en L.   *159*.

Ces deux estampes avant toutes lettres; seulement les initiales P. A. *f.* dans la marge du bas.

ARDELL (JAMES-MAC, ou MARC), dessinateur et graveur en mezzotinto ou manière noire; né en Irlande vers 1710, mort à Londres en 1765. Son œuvre est considérable, surtout en portraits. On trouve le catalogue dans le *Dictionnaire des Artistes, par Heinecke*, vol. 1er, pag. 436 (**).

25 — Portraits en pied de Georges, duc de Buckingham, et   *39. 50*.

(*) W. Young Ottley's *inquiry into the origin and early history of engraving upon copper in wood*. London, 1816, 2 vol. in-4°, fig.

(**) Dictionnaire des Artistes dont nous avons des estampes, avec une notice détaillée de leurs ouvrages gravés. Leipsick, 1778, 4 vol. in-8° de la lettre A à la lettre DI. La mort de Heinecke a interrompu la pu-

— 8 —

de son frère François. Gravé en 1752', d'après le tableau d'Antoine Van-Dick, au palais de Kensington. P. en H.
Épreuve avant la lettre.

40.

26 — Portraits en pied de Rubens et sa femme ; cette dernière mène son enfant par les lisières. Gravé d'après le tableau de P.-P. Rubens au château de Blenhein, dans la collection du duc de Malborough. P. en H. (*Basan*, 52).
Épreuve avant la lettre.

ARISTIDE (M. Louis), graveur au burin, élève de M. HENRIQUEL DUPONT.

170.

27 — Napoléon, empereur, d'après le tableau de M. Paul Delaroche. P. en H.
Première épreuve dite d'artiste, avant toutes lettres; seulement les noms *P. Delaroche* et *Louis Aristide*, 1841, tracés à la pointe; elle est sur papier de Chine.

AUDRAN (GIRARD ou GÉRARD), dessinateur et graveur à l'eauforte et au burin, né à Lyon en 1640, mort à Paris en 1703. AUDRAN reçut les premières leçons de son père CLAUDE AUDRAN, peintre et graveur; étudia sous son frère, CL. AUDRAN, et devint élève de son oncle KARLE ou CHARLES AUDRAN, graveur. C'est à ce dernier que la famille des Audran, si féconde en habiles graveurs, doit le commencement de sa réputation, à laquelle *Gérard* mit le sceau en devenant un des plus célèbres graveurs dont puisse s'enorgueillir la France. On trouve le catalogue des pièces gravées par les Audran dans le *Dictionnaire des Artistes*, par *Heinecke*, vol. 1.

101.

28 — Dieu parlant à Moïse du milieu d'un buisson ardent. Dans le bas à droite, *Raphaël pinx.*, et plus bas G. *Audran sculp*. P. en L.
Belle épreuve avant le verset de l'Exode, en latin et français, et l'adresse dans la marge du bas.

---

blication de ce livre, dont le manuscrit se trouve à la bibliothèque de Dresde.

29 — Le jugement de Salomon, d'après le tableau d'Antoine Coypel, qui était au château de Versailles. P. en L. La planche est à la Calcographie du Musée. *6.*

30 — La femme adultère. Les scribes et les pharisiens amenèrent à Jésus une femme surprise en adultère, essayant de le surprendre, afin d'avoir occasion de l'accuser; et Jésus leur dit : *Que celui d'entre vous qui est sans péché lui jette la première pierre.* P. en L., gravée d'après le tableau de N. Poussin au Musée Royal. Belle estampe, dont la planche est à la Calcographie. *1210.*

Première et très rare épreuve avant la lettre, les armes et la dédicace à J.-B. Colbert, la seule connue de cette qualité. Elle provient des collections de *M. Daudet*, graveur, *A. Borduge*, et de *M. de Scitivaux*.

31 — Jésus conduit au Calvaire. Gravé d'après le tableau de P. Mignard au Musée Royal. P. en L. La planche est à la Calcographie. *100.*

Très rare épreuve avant toutes lettres; seulement à une pierre au milieu de l'estampe, P. M. G. A. *Trensisin et pinx. sculpsit et excudit cum priuil. re.* Collection de *M. de Scitivaux*.

32 — Saint Protais, martyr; très grande estampe en largeur, d'après E. Lesueur. La planche est à la Calcographie. *200.*

Première et très rare épreuve avant toutes lettres et avant la bordure qui est de chaque côté de l'estampe sur la largeur. On lit sur cette épreuve, la seule connue de cette qualité, d'une écriture manuscrite du temps: *Lesueur in. G. Audran, sculpsit cum priuilegio regis.* Collection *Silvestre* et *M. de Scitivaux*.

33 — Saint Sébastien, martyr, d'après le tableau d'Annibal Carrache au Musée Royal. P. en H. *52.*

Épreuve avant la lettre.

34 — La peste d'Eaque. P. en L. La planche est à la Calcographie. *51.*

Très rare épreuve avant lettre et avant les mots *Petrus Mignard trecensis In. et pinxit G. Audran sculps. et exc. cum priuil. regis. A Paris, rue*

Saint-Jacques : aux Deux Piliers d'or. Ces mots ordinairement placés au coin du bas à gauche de la terrasse. Collection *Daudet* et de *M. de Scitivaux.*

35 — Le Temps qui enlève la Vérité :

> *En vain la Colère et l'Envie*
> *S'arment contre la Vérité,*
> *Le Temps l'arrache à leur furie*
> *Et la rend à l'Éternité.*

P. en H., gravée d'après le tableau de N. Poussin peint en 1641, pour le cardinal de Richelieu, et actuellement au Musée Royal. La planche est à la Calcographie.

Première et très rare épreuve avant la lettre, les armes et la dédicace à M. Perrault; la seule connue de cet état; elle provient des collections *Valois* 1801, *Logette* 1817, et de *M. de Scitivaux.*

AUDRAN (BENOIT), graveur au burin, fils de GERMAIN AUDRAN, né à Lyon en 1661, mort à Paris en 1721, élève de son oncle, GÉRARD AUDRAN.

36 — *La maladie d'Alexandre. Alexandre étant tombé malade et ayant reçu avis de Parmenion que Philippe son médecin devait l'empoisonner, ne laisse pas de prendre avec confiance la coupe qu'il lui donne, et dans le temps qu'il la porte à sa bouche, il lui remet entre les mains la lettre de Parmenion; une prompte guérison justifia le médecin, et ce prince fit voir par sa fermeté, que les grandes âmes sont si éloignées de certains crimes qu'elles ne sauraient en concevoir de soupçon dans les autres.* Q. Curce, l. 3. Morceau gravé en 1711, d'après le tableau d'Eustache Lesueur, qui faisait partie de la collection du duc d'Orléans. Composition dans un rond; aux angles des trophées.

Première et très rare épreuve avant la lettre; les armes et la dédicace à S. A. S. le duc d'Orléans; et avant les entre-tailles à terre sur le devant du parquet. Collect. *Silvestre* et *M. de Scitivaux.*

37 — Jésus instruisant Marthe et Marie, composition de seize

figures, gravée en 1690 d'après le tableau d'Eustache Lesueur. P. en L.

<small>Rare épreuve avant la lettre et avant les noms *B. Audran sc. Picart le Romain exc.* 1690.</small>

AUDRAN (Jean), dessinateur et graveur au burin, né à Lyon en 1667, mort à Paris en 1756. Jean, ainsi que son frère Benoit, vint à Paris étudier sous son oncle Gérard; et comme eux, il fut reçu à l'Académie de Peinture.

38 — Moïse sauvé des eaux du Nil et présenté par sa mère à la fille de Pharaon, d'après le tableau d'Antoine Coypel. P. en L. La planche est à la Calcographie. *8. 50.*

39 — Esther devant Assuérus, d'après le tableau d'Antoine Coypel, qui était autrefois au Luxembourg. P. en L. *20.*
<small>Belle épreuve avant le nom du graveur.</small>

40 — Athalie saisie de terreur à la vue de Joas sur le trône, d'après le tableau d'Antoine Coypel au Musée Royal. P. en L. *3.*

41 — La résurrection du Lazare. — Les vendeurs chassés du temple. Ces deux sujets gravés d'après les tableaux de Jean Jouvenet au Musée Royal. P. en L. *Voyez Duchange pour les deux autres sujets qui font suite.* *30.*

42 — La reine Blanche, pénétrée de l'esprit de Dieu, présente son fils Louis à la religion. P. en L., sans nom de graveur, qui est Jean Audran. *19.*

AUBRY-LE-COMTE (M. H.-L. Victor-Jean-Baptiste), dessinateur-lithographe, né à Nice en 1797, de parens français. Élève de Girodet.

43 — Le retour au village. Une jeune fille, après avoir été séduite, revient au milieu de sa famille et quitte ses riches vêtemens pour reprendre ceux de villageoise. P. en L., *12.*

lithographiée d'après le tableau de M. Destouches, de la collection de M. Boursault.

Épreuve avant la lettre, papier de Chine.

44 — Sainte-Famille, d'après le tableau de Raphaël. Jolie lithographie dont il n'a été tiré que peu d'exemplaires, un accident étant arrivé à la planche.

Épreuve sur papier de Chine.

AUGUSTIN-VÉNITIEN (Musis dit). *Voy.* MARC-ANTOINE.

B.

BALDINI (Baccio ou Bartholoméo), orfèvre-graveur, vécut à Florence, entre les années 1460 à 1480. Suivant *Vasari*, ce fut le premier graveur qui survint après Maso Finiguera; sachant peu dessiner, il se fit aider par Sandro Boticello, d'après les dessins duquel il aurait gravé. *Bartsch*, vol. 13, décrit cinquante-neuf pièces; les deux que nous décrivons lui étaient inconnues.

45 — La vie de la Vierge. Ce morceau, divisé en onze compartimens, dont celui du milieu représentant la mort de la Vierge et son assomption, occupe une place de 15 c. de hauteur sur 9 c. 8 m. de largeur. Des dix autres qui l'entourent, celui du bas représentant l'adoration des rois porte 9 c. de large sur 6 c. de hauteur. Les huit autres sujets, épisodes de la vie de la Vierge, dont quatre à droite, quatre à gauche, de 5 c. de haut, 5 c. 2 m. ou 5 m. de largeur. Le onzième compartiment qui occupe toute la largeur du haut de l'estampe a 20 c. 2 m. sur 4 c. 5 m. de haut; il représente Dieu le Père entouré d'un chœur d'anges; l'auréole où est Dieu anticipe sur le compartiment du milieu. Gran-

deur totale de l'estampe, 28 c. de H.; 20 c. 5 m. de L. (*).

Belle et rare estampe non décrite par *Bartsch*. Collection de M. *Révil*.

46 — L'enfer. Au milieu de l'estampe, Lucifer dont la tête offre trois visages ; il tient dans chacune de ses gueules un pécheur. Deux autres pécheurs se voient entre ses mains. Autour de Lucifer sont sept abîmes, trois à gauche, trois à droite et un au dessus de sa tête; ces abîmes sont peuplés de damnés tourmentés par des démons. On lit au coin du haut à gauche : *questo « Elinferno » del chapo santo di Pisa*. Cette composition est celle peinte au *campo santo de Pise*, où ORGANA reproduisit les terribles imaginations du Dante. L. 28 c. 5 m. H. 21 c. 8 m. (**).

BALECHOU (JEAN-JOSEPH), graveur au burin, né à Arles en 1715, trouvé mort à Avignon le 18 août 1764. Élève de MICHEL,

---

(*) Une estampe identique représentant saint Antoine de Padoue au milieu, et de même que la nôtre entourée de dix compartimens représentant la vie de ce saint, est aussi décrite sous le nom de Baldini, dans l'ouvrage : *le Premier Siècle de la Calcographie ou Catalogue raisonné des estampes du cabinet de feu M. le comte Léopold de Cicognara, etc., avec un appendice sur les nielles, par M. Alex. Zannetti.* Venise, 1837, in-8°.

(**) Cette pièce, que ne décrit pas *Bartsch*, a été décrite par *Ottley* dans son histoire de la gravure, et il n'hésite pas à l'attribuer au Baldini; elle est décrite sous ce nom au catalogue du cabinet du comte de Cicognara, aussi par analogie avec celle attribuée au même artiste, représentant l'enfer et faisant partie des trois estampes qui ornent l'ouvrage : IL MONTE SANCTO DI DIO, *de Bettini Antonio da Siena. Florentiœ, Nicolo di Lorenzo, die X septembris*, 1477, gr. in-4°. Ce livre, qui est très rare, est le premier connu où l'on trouve des planches en taille-douce; il a été réimprimé en 1491, in-folio, mais on a mis des planches en bois, copiées sur celles de l'édition précédente.

graveur de cachets à Avignon; BALECHOU se perfectionna à Paris, dans l'école de BERNARD LÉPICÉ, graveur.

140.

47 — Sainte Geneviève, patronne de Paris, assise, un livre à la main, dans une campagne où sont des chèvres et des moutons; à droite, dans les airs, un groupe de chérubins; d'après le tableau de Carle Vanloo, de la galerie de M. Siffredi Mornas, à Avignon. P. en H.

Première épreuve avant les armes et la lettre et les travaux ajoutés dans le haut pour remettre la planche d'équerre; avant ceux sur le collier de la sainte et avant le changement fait au bas du jupon.

122.

48 — Auguste III, roi de Pologne (*), vu en pied, couvert d'une armure et par dessus un manteau doublé d'hermine, derrière lui un nègre porte son casque. P. en H., gravée d'après le tableau de H. Rigaud.

Très belle épreuve avant l'année 1750 placée au-dessous du nom du graveur, et avant les mots: *Chevalier de l'Ordre de Saint-Michel*, placés sous le nom du peintre.

295.

49 — La tempeste, d'après le tableau de Joseph Vernet, du cabinet de M. Poulhariés. P. en L.

Première et très rare épreuve avant la lettre et les armes, la marge couverte d'essais de burin; au verso une autre épreuve de cette estampe. Elle est du 3ᵉ état, avant les contre-tailles sur le rocher et avant l'adresse de Buldet. Collect. de *MM. Revil* et *Rossi*.

210.

50 — La même estampe avec le titre, les armes et la dédicace au duc de Chaulnes.

Très belle épreuve avec la faute au mot compagnie écrit *compagine*, à gauche dans la quatrième ligne du titre, avant les contre-tailles sur le rocher à droite et sous l'arc de triomphe à gauche, et aussi avant l'adresse de Buldet.

80.

51 — Le calme, d'après le tableau de Joseph Vernet, du

(*) Ce portrait a été gravé pour être placé en tête du premier volume du Recueil des Tableaux de la galerie royale de Dresde. *Dresde*, 1757, 2 vol. gr. in-folio, de 101 planches.

cabinet de M. Renaud, chanoine de Saint-Didier, à Avignon.
P. en L.

Épreuve tirée sans aucune lettre.

52 — Charles Rollin, recteur de l'Université de Paris en 1694. *15.*
Il est assis, vu jusqu'au genoux, devant une table, une
plume de la main droite. *C. Coypel pinxit. J. Balechou
sculpsit* 14 *septembre* 1741. P. en H.

53 — Pierre-Joseph Laurent de Gaillard, baron de Longju- *10.*
meau. *Vanloo pinxit. J. Balechou sculpsit.* P en H.

BAROCHE (Fréderico Barozio dit Le), peintre et graveur à
l'eau-forte, né à Urbin en 1528, mort en 1612; élève de B. Franco.
Bartsch, vol. 17, pag. 1, cite quatre estampes de ce maître.

54 — Jésus-Christ debout sur des nuages, entre la Sainte *25.*
Vierge et saint Augustin, apparaissant à saint François
d'Assise dans la chapelle de la Portioncule. On lit au bas
à gauche deux distiques qui commencent ainsi : *Ostendit
Christus.....* etc. A droite est écrit : FREDERICVS BAROCIVS
URBINAS *inuentor incidebat.* 1581. GREGORII XIII PRIUILE-
GIO AD X. P. en H. cintrée du haut; morceau capital connu
sous le nom du *Pardon de Saint François,* gravé d'après le
tableau qui est dans l'église de Saint-François d'Urbin.

Première épreuve avant que l'eau-forte ait été remordue dans plusieurs
parties et avant les troisièmes tailles verticales au fond.

BARTOLOZZI (Francesco ou François), dessinateur et graveur à
l'eau-forte, au burin et au pointillé, né à Florence en 1728, mort à
Lisbonne en 1813. Élève de Feretti et de Wagner, ce dernier pour
la gravure. L'œuvre de ce maître est considérable ; il a beaucoup
travaillé pour les marchands d'estampes et libraires de Florence
et Milan. En 1764, il se rendit à Londres, où il grava la plus
grande partie des estampes qui lui valurent sa réputation; après il

passa à Lisbonne, où il gravait encore à l'âge de 85 ans (*). *Heinecke*, vol. 2, *et le Catalogue de vente du cabinet Basan* donnent le détail de ses principaux ouvrages.

55 — Clytie châtiant Cupidon en le déchirant avec des épines, d'après le tableau d'Ann. Carrache, de la collection de John Strange : sujet composé dans un rond, les angles teintés à une seule taille.

<small>Épreuve avant la lettre ; seulement les armes, les noms d'auteurs, la publication et le n° du recueil de Boydell (**), tracés.</small>

56 — Jésus prononçant son jugement contre une femme surprise en adultère. Gravé à Londres, d'après le tableau d'Augustin Carrache, qui était au Palais Zampieri à Bologne, et donné au roi d'Angleterre par le comte de Northumberland en 1737. P. en L.

<small>Première épreuve avant toutes lettres. Collect. de *M. de Scitivaux*.</small>

57 — *The death of the earl of Chatam* (Mort de lord Chatam), d'après le tableau de J. S. Copley à la galerie nationale de Londres (n° 100 du cat.) (***). P. en L.

<small>Épreuve avant la lettre ; seulement les armes, le titre, la dédicace au roi d'Angleterre, les noms d'auteurs et la publication en 1791 au trait ; elle est sur papier de Chine.</small>

58 — Portrait en pied de Marie Stuart et de Jacques II

<small>(*) Son dernier ouvrage est la planche commencée du saint Jérôme, d'après le tableau du Corrège, que M. Henri Muller a terminée, pour le Musée Royal, publié par M. H. Laurent. Paris, 1816, 2 vol. gr. in-folio, 161 planches qui forment la seconde partie du Musée Français.</small>

<small>(**) *Collection of prints, engraved after the most capital painting in england, published by J. Boydell, with a description of each picture in englisch and french.* London, 1769, 6 vol. in-fol., très rare en France.</small>

<small>(***) *A Catalogue of the picture in the National Gallery.* London, 1841, in-8°.</small>

enfant, d'après le tableau de Frédéric Zuccharo. P. en H.

Épreuve avant la lettre; seulement les noms d'auteurs et la publication en 1777 tracés à la pointe.

BAUDET (ÉTIENNE), dessinateur et graveur au burin, né à Blois en 1643, mort à Paris en 1716. Élève de SÉBASTIEN BOURDON, il suivit pour la gravure les principes de C. BLOEMAERT et de F. SPIERRE.

59 — Moïse foulant aux pieds la couronne de Pharaon, d'après le tableau de N. Poussin au Musée Royal. Dans la terrasse du bas de l'estampe, *N. Poussin pinxit. Steph. Baudet del. et sculps. cum privil. Regis.* P. en L.   *50.*

Epreuve avant la lettre. Collect. de *M. de Scitivaux.*

60 — Sainte-Famille, dite la *Vierge au lapin*. Composition dans un rond : au bas, on lit : *S. Bourdon pinx. Baudet sculpsit avec pri. du roy et se vend au faubourg Saint-Antoine.*   *7.*

Belle épreuve avant la dédicace à Colbert.

60 *bis*. — Un ange apparaissant à saint Joseph. Dans le fond, à droite, la Vierge adorant l'Enfant-Jésus. Gravé en 1674, d'après P. Mignard. P. en H.   *35.*

Épreuve avant toutes lettres. Collect. de *M. de Scitivaux.*

BEAUVARLET (JACQUES-FIRMIN), graveur au burin, né à Abbeville en 1733, membre de l'Académie de Peinture en 1776, mort en 1797.

61 — Les couseuses, d'après le tableau du Guide, à la galerie impériale de l'Hermitage à Saint-Pétersbourg. P. en L.   *57.*

Épreuve avant toutes lettres, la signature de *Beauvarlet* au crayon.

62 — J.-B. Poquelin de Molière, né à Paris en 1620, mort le 17 février 1673; il est vu à mi-corps, assis dans un fau-   *30. 50.*

2

teuil, tourné vers la gauche ; peint par S. Bourdon. P. en H.

Très rare épreuve avant la bordure qui entoure le portrait, et dans laquelle on lit le nom du personnage dans un cartouche dans le haut, et dans le bas les vers suivans :

> Vrai poète du peuple, ami de la nature,
> Fléau des charlatans il brava leurs clameurs ;
> Ses crayons vertueux flétrirent l'imposture,
> Et par le ridicule il réforma les mœurs.
>
> CHÉNIER.

BEIN (Jean), graveur au burin, né à Goxweiler (Bas-Rhin), en 1789. Élève de David pour le dessin, et de Guérin de Strasbourg pour la gravure.

63 — La nymphe surprise, d'après le tableau de M. Lancrenon. P. en H. Estampe gravée pour la société des Amis des Arts.

Épreuve avant la lettre, les noms d'auteurs tracés à la pointe ; elle est sur papier de Chine.

BELLE ou Stefano **DELLA-BELLA** (Étienne de la), dessinateur et graveur à l'eau-forte, né à Florence en 1610, mort dans la même ville en 1664. Élève de J.-B. Vanni et de Canta Gallina. L'œuvre de ce maitre est de douze cent soixante-seize pièces décrites au catalogue publié par Jombert (*).

64 — Saint Prosper, évêque, descendant du ciel, une épée nue à la main, pour venir au secours de la ville de Reggio, que l'on aperçoit dans le fond de la composition ; une armée en déroute se voit sur le devant. P. en L., gravée en 1639 (68).

Belle épreuve avant les armes qui se trouvent entre l'oraison latine dans la marge du bas.

(*) Essai du Catalogue de l'œuvre de La Belle, par Ch. Ant. Jombert. Paris, 1772, in-8°.

65 — Le reposoir. Dans la marge du bas, des armes et une dédicace à M. de Tubœuf, par B. D. Amico S. *Della Bella fec.* 1642. P. en L. (85).

<small>Très belle épreuve avant l'adresse de *Witherhout exc.* Jombert ne parle pas de cette remarque.</small>

66 — Vue perspective du Pont-Neuf de Paris. Titre : PONS LUTETIÆ STRUCTUS......, explication latine et française, avec chiffres de renvoi pour les monumens, et *Della Bella Florentinus inv. et fec.* 1646 *cum Pruilegio Regis.* Dans le ciel les armes de France et la dédicace à Louis XIII. P. en L. (112). *100.*

<small>Première épreuve avant la girouette en forme de coq placée sur le clocher de l'église Saint-Germain-l'Auxerrois.</small>

BERGHEM ou BERCHEM (CLAS ou NICOLAS), peintre, né à Harlem en 1624, mort dans la même ville en 1683. Élève de J. VAN GOYEN, N. MOYAERT, P. GREBBER et J.-B. WEENIX, Berghem a gravé à l'eau-forte cinquante-huit estampes décrites par *Bartsch*, vol. 5, pag. 247.

67 — La vache qui s'abreuve. La composition est en partie occupée par un abreuvoir, près duquel un berger debout, appuyé sur un bâton, parle à un homme assis à côté d'une femme qui vient de se laver les jambes; plus loin, à droite, et derrière le berger, deux paysannes assises; sur le devant, du même côté, un bouc près d'un mouton couché; à gauche, deux vaches dans l'eau; l'une, après avoir bu, en laisse découler de sa bouche; près d'elle un bélier, un mouton et une chèvre; plus loin, une ruine avec bas-relief; dans le fond, des montagnes. P. en L. (B. 1.). *415.*

<small>Première et rare épreuve; du côté gauche sur l'eau, on lit en grands caractères gravés à l'eau-forte: *N. Berghem f.* 1680.</small>

68 — La vache qui pisse. Elle est placée vers le milieu de la composition sur un terrain un peu élevé; à la droite du de- *600.*

— 20 —

yant, un homme, une femme et un enfant endormis; plus loin, du même côté, un bœuf, un bélier, un mouton couché et un âne qui brait; derrière eux un coq perché sur la porte d'une masure; à la gauche du devant, deux chèvres et un mouton; beaucoup plus loin, divers animaux; dans le fond, des montagnes; au milieu de la terrasse, sur le trait carré qui entoure la composition, une espèce de cartouche. P. en L. (2).

Première et rare épreuve avant la lettre *C. P. Berghem inventor et fecit* dans le cartouche. Bartsch ne cite pas cet état, il ne parle que de celui ayant l'adresse de *F. de Wit excudit*.

69 — Les trois vaches au repos. Deux sont couchées et une debout; à droite, à peu de distance d'un grand arbre, deux bergères assises; vers la gauche, derrière les vaches, un bouc; du même côté, dans l'éloignement, un pâtre et des animaux; plus loin une tour; un mouton couché est à la droite du devant; à la gauche un vieux tronc d'arbre. P. en L. (3). Ce morceau est un des plus capitaux du maître.

Première et rare épreuve, où le nuage vers le milieu du ciel au-dessus d'un petit bouquet d'arbres n'est que tracé; elle est avant les travaux sur les deux montagnes du fond, et avant le nom de *N. Berghem fec.*, placé au haut à gauche.

70 — Le joueur de cornemuse parlant à un paysan monté sur un âne, dont les pas sont dirigés vers la droite; plus loin, un pâtre conduit un troupeau de moutons et de vaches; dans le fond, des arbres et des montagnes. P. en L. (4). Ce morceau, l'un des plus finis de l'œuvre de Berghem, est nommé le *Diamant*.

Première épreuve avant la lettre *N. Berghem fec.*, placé au coin à gauche sur le ciel dans le second état.

71 — Le retour des champs. Un homme, nu-tête, est assis sur un âne, qui dirige ses pas vers le devant à gauche; il est précédé d'un mouton et d'une chèvre, et suivi d'une femme

qui porte un panier sur la tête ; sur le devant cinq moutons qui se reposent ; au bas, à gauche, on lit : *Berghem* 1664. P. en L. (5).

Morceau rare ; il est avant la totalité des travaux dans le ciel. *Bartsch* ne signale pas cet état.

72 — La même estampe. *130.*

Belle épreuve du 2e état avec la totalité des travaux dans le ciel.

73 — Pâtre, vu par le dos, causant avec une femme assise à terre allaitant un enfant. P. en H. (7). Morceau sans nom de maître ; il est rare. *50.*

74 — Pâtre jouant de la flûte assis près d'une fontaine ; près de lui une fileuse debout ; à gauche, divers animaux ; au bas à droite on lit : *C. Berghem f.* 1652. P. en H. (8). *70.*

Première épreuve avant l'adresse de *F. de Wit, excudit*, après l'année 1652.

75 — Vache couchée près d'une autre qui est debout ; dans le fond, une femme occupée à en traire une (13). *270.*

— Groupe de trois chevaux et deux boucs dont un couché dans le fond à droite (14).

— La vache couchée près de celle qui pisse. Le lointain, à gauche, offre un berger faisant marcher deux moutons ; il est accompagné d'un chien et suivi d'un homme qui joue du flageolet (15).

— Un âne debout au milieu de l'estampe ; il est entouré de moutons et de chèvres qui se reposent ; dans le lointain, un berger parle à une femme (16).

Ces quatre morceaux en largeur qui font suite, sont premières épreuves avant le nom de *Berghem*, le *cum priuilegio*, les numéros 1 à 4, et l'adresse de *N. Visscher* qui se trouvent à la première de ces pièces, aux épreuves postérieures. Collect. *Graves.*

76 — Les vaches à la laitière. Suite de six estampes représentant des vaches et autres animaux dans des paysages ; à *71.*

chacune de ces planches des numéros 1 à 6. A la première, une laitière debout appuyée contre un piédestal sur lequel on lit : *C. P. Berghem fesit et excudit* 1644 (*) (B., 23, à 28).

179.

77 — Le cahier à la femme. Première suite de six estampes représentant des béliers et des moutons. A la première, une femme, tournée vers la droite, assise sur une pierre qui lui cache les jambes ; plus loin, une autre femme vue par le dos. P. en L. (29 à 34).

Premières et très rares épreuves avant le titre: *animalia...* etc., à la première pièce, et avant les numéros; elles sont d'eau-forte pure. Collect. *Van Leyden* et *M. Révil*.

18.

78 — Le cahier à l'homme. Suite de six estampes. La première représente un berger assis sur une large pierre carrée, montrant de la main droite cette inscription : *Animalia ad vivum delineata et aqua forti aeri impressa studio et arte Nicolai Berchemi*. Les cinq autres pièces représentent des chèvres dans diverses attitudes. P. en L. (35 à 40).

BERGE (P.-V.-D.), graveur hollandais.

1. 50.

79 — Portrait d'un rabbin juif. Au bas, de chaque côté des pieds du personnage, une inscription en hébreu, et les mots *P V D Berge ad vivum del.* et *fec. cum priuilegio.* P. en H.

BERVIC (Charles-Clément), graveur au burin, né à Paris le 23 mai 1756, mort le 23 mars 1822. Élève de J.-G. Wille. Membre de l'ancienne Académie de Peinture en 1784, de l'Institut en 1803 ; Bervic était membre de la plupart des académies savantes de l'Europe. On trouve une notice historique sur ce graveur et le détail de

---

(*) On a de ces estampes des copies extrêmement trompeuses, on lit sur le titre: *Animaux de Bergame, inuento et feat;* et elles ne portent pas de numéro.

ses ouvrages, dans le catalogue de la vente qui eut lieu après son décès (*).

80 — Laocoon, fils de Priam et prêtre d'Apollon, et ses deux enfans enveloppés par deux énormes serpens, d'après le groupe antique d'Agésandre, Polydore et Athénodore, trouvé en 1506 dans les ruines du palais de Titus sur le mont Esquilin à Rome. P. en H. Cette estampe a été gravée pour le Musée Français (**). *700.*

Première et très rare épreuve avant toutes lettres, et avant des contre-tailles sur le pilier à gauche.

80 bis. — La même estampe. *265.*

Épreuve avant la lettre, le nom de Bervic tracé à la pointe dans le milieu de la marge du bas, et le pilier de gauche plus travaillé.

81 — L'enlèvement de Déjanire, d'après le tableau du Guide au Musée Royal. P. en H., gravée en 1798. *410.*

— L'éducation d'Achille, d'après le tableau peint par J. B. Regnault pour sa réception à l'Académie royale de Peinture en 1783. Tableau du Musée Royal. P. en H., gravée en 1803.

Très belles épreuves avant la lettre, et avant les mots : *Enregistré le 15 prairial, et le 19 prairial de l'an VI.* Seulement aux deux estampes les noms d'auteurs.

82 — L'éducation d'Achille. *180.*

Première et rare épreuve avant toutes lettres.

83 — Louis XVI représenté en pied et en manteau royal, *191.*

(*) Catalogue d'un choix précieux d'estampes de célèbres graveurs anciens et modernes, etc.; précédé d'une notice historique sur feu M. BERVIC, par Regnault de Lalande. Paris, 1822, in-8°.

(**) Le Musée Français, par Robillard-Péronville et Laurent. Paris, 1803 à 1811, 4 vol. gr. in-fol., de 344 pl.

gravé en 1790, d'après le tableau de Callet, qui est au musée historique de Versailles. P. en H.

Très belle épreuve avant la lettre, seulement les noms d'auteurs et l'adresse du graveur; elle porte la signature de *Bervic*, au crayon.

84 — Le repos, d'après le tableau peint par N. B. Lepicié. P. en H.

Épreuve avant la lettre, et avant la dédicace à M. le comte et Mme la comtesse de Brancas; seulement les armes et les noms d'auteurs.

BISCAINO (BARTHÉLEMI), peintre et graveur à l'eau-forte, né à Gênes en 1632, mort de la peste dans la même ville en 1657. *Bartsch*, vol. 21, décrit quarante pièces marquées de son nom ou des initiales B. B.

85 — La nativité. Au-dessus de la Vierge considérant l'Enfant-Jésus qui vient de naître, une gloire d'ange, dont les deux plus grands tiennent, l'un un encensoir, l'autre une boîte d'encens. Dans la marge du bas: BISCAI^{vs}. GENVE F. P. en H. (7).

Première épreuve avant l'adresse de *Daman, ex.* Collect. de *M. Robert-Dumesnil*.

86 — Moyse sauvé du Nil par la fille de Pharaon. Sur une pierre, au bas à gauche, *Biscainvs exc. in Bassano privil. Remondi.* P. en L. (2).

BLOEMAERT (CORNEILLE), peintre-dessinateur et graveur au burin, né à Utrecht en 1603, mort à Rome en 1680; élève de son père ABR. BLOEMAERT et de CRISPIN DE PASSE.

87 — Saint Pierre ressuscitant Tabitte, veuve de la ville de Joppé, d'après le tableau du Guerchin, qui se voyait dans le palais Colonne à Rome; titre : MIRABILIS DEUS IN SANCTITATE PETRI, etc. P. en L.

Très belle et vigoureuse épreuve.

88 — Nativité, d'après Raphaël (*). Un portrait se voit en médaillon à une colonne à droite de la composition. Titre : SACRÆ CÆSAREÆ.... etc. P. en L. *15.*

Épreuve avant l'adresse de *Rubeis*.

89 — La Vierge et l'Enfant-Jésus et saint Jean. Dans la marge, les armes et la dédicace au cardinal de Montalto. *Annibal Carratius pinxit, Cornelius Bloemaert sculpsit.* P. en H., dite *la Vierge aux lunettes*. *24.*

90 — Sainte Marguerite debout, appuyée sur un piédestal, qui se voit à droite, et sur lequel on lit : SURSVM CORDA... Gravé d'après An. Carrache. P. en H. *11.*

91 — Un chat tourné vers la droite ; il tient une souris entre ses pattes. *C. Bloem. sculp.* P. en H. Rare. *12.*

BLOTELING ou BLOOTELING (ABRAHAM), dessinateur et graveur à l'eau-forte, au burin et à la manière noire, né à Amsterdam en 1634 ; il gravait encore en 1687, on ignore l'année de sa mort. On le croit de l'école des Visscher. Ce maître a beaucoup gravé, principalement le portrait, qu'il a traité avec supériorité. *Heinecke*, vol. 3, pag. 57.

92 — Moëlman ou plutôt Pierre Schout (**), chanoine d'Utrecht, représenté à cheval dans une campagne, d'après le tableau peint par Nestcher, Wouwermans et Wynants. Dans le haut à droite le nom de *Bloteling*. Portrait rare, connu sous le nom du *Cavalier*, P. en H. *81.*

Très belle épreuve.

93 — Egbert Meesz Kortenaert, amiral hollandais, représenté vu jusqu'aux genoux, et tenant de la main gauche le bâton *80.*

(*) Cette composition porte plutôt le caractère des ouvrages du Parmesan ou d'André Schiavone.

(**) On trouve quelquefois des épreuves où ce nom se trouve ajouté en caractères d'impression mobile.

de commandant, d'après le tableau de *B. Vander Helst*. P. en H.

Très belle épreuve avec les barbes de la planche. Collect. *Donnadieu*.

94 — Portrait de Mieris (*), peintre hollandais; il est vu à mi-corps, tourné vers la gauche, la tête de trois quarts; il est enveloppé d'un manteau doublé de velours, la main gauche appuyée sur sa hanche; à gauche un pilier de maison avec chapiteau. P. en H., gravée en manière noire.

Deux épreuves, une est avant la lettre, et les six vers et *F.-V. Mieris delin. A. Bloteling fecit exc., W.-V. Heemskeek*, qui sont dans la marge du bas.

BOISSIEU (JEAN-JACQUES DE), dessinateur et graveur à l'eau-forte, né à Lyon en 1736, mort dans la même ville en 1810. L'œuvre de ce maître est de cent quarante-deux pièces décrites au catalogue Rigal; voyez aussi son éloge historique par *M. Dugas de Montbel* (**).

95 — L'écrivain public près de son échoppe. Une femme raccommode du linge. Composition de sept figures. A droite, dans la marge, D. B. 1790. P. en L. (Rigal, 8).

Ancienne et belle épreuve, ainsi que les quatre suivantes.

95 bis. — Quatre tonneliers dans un caveau; à droite dans la marge, D. B. 1790. P. en L. (R., 9). Morceau dit *les grands tonneliers*.

96 — Le maître d'école réprimandant un enfant debout devant lui. Au fond, à droite, des écoliers autour d'une table. Composition de quatorze figures. Dans la marge, du même côté, D. B. 1780. P. en L. (R., 14).

(*) Ce même portrait a été aussi gravé à l'eau-forte, sans nom de graveur; on l'attribue à *Carle de Moor*.

(**) Imprimé à Lyon en 1810 avec le catalogue des ouvrages de M. de Boissieu; mais il n'y a que cent sept pièces de décrites.

97 — Vue près de l'Arbresle en Lyonnais. Un pâtre, des vaches et des moutons passent près d'un champ de blé. A gauche, dans la marge, D. B. 1793. P. en L. (R., 40).

98 — Homme vu à mi-corps, les mains croisées, vêtu d'un manteau noir. Dans la marge on lit : J. J. D. B. 1803. *Tiré de mon cabinet. D. Téniers p.* P. en H. (R., 127). Épreuve sur papier de Chine.

BOLSWERT (Boèce a), graveur au burin, né à Bolswert, en Frise, florissait dans le XVIIe siècle.

99 — La résurection du Lazare. Titre : LAZARE VENI FORAS... *Petrus Paulus Rubens pinxit cum Priuilegys... Boetius à Bolswert sculp. et excud.* P. en H. (Basan, 61).

Belle épreuve. Collect. de M. de Scitivaux.

100 — Jésus en croix entre les deux larrons. Un centenier perce le côté du Christ avec une lance, et un bourreau casse les jambes au mauvais larron ; d'après le tableau de Rubens qui se voyait dans l'église des Récolets à Anvers. Titre : JESUS CRUXIFIX..... *P. P. Rubens pinxit. Cum Priuilegys Regis..... B. à Bolswert sculp. et excudit.* P. en H. (87).

Très belle et vigoureuse épreuve. Collect. de M. de Scitivaux.

BOLSWERT (Schelte a), frère puiné de Boèce, graveur au burin, né à Bolswert, en Frise, vers 1586, florissait dans le XVIIe siècle. Il partageait avec Pontius l'amitié de Rubens ; habile buriniste, il a traité en maître toutes les parties de son art : le portrait, l'histoire et le paysage. « *Rubens*, dit *Watelet*, retouchait au
» crayon ou au pinceau les épreuves de Bolswert, et ce graveur
» revenant sur ces planches, rendait avec précision les retouches
» du peintre. » L'œuvre de ce graveur est de plus de deux cents pièces. *Heinecke, Dictionnaire des Artistes,* vol. 3, et *Hubert et*

Rost, Manuel des curieux (*), en décrivent une grande partie, et aussi le catalogue de Rubens (par Basan), d'après lequel Bolswert a gravé ses plus belles pièces.

400.   101 — Moïse élevant le serpent d'airain dans le désert ; d'après le tableau de Rubens, dans la galerie nationale à Londres. Titre : FECIT ERGO MOISES... etc. P. en L. (16).

Première et très rare épreuve avant les armes et la seconde ligne du titre, qui est une dédicace à Henri-François de Goubau, commençant ainsi : NOBILI AC GENEROSO..... etc. Elle porte la signature de *P. Mariette*, 1678, le paraphe du *cabinet Nau*, et provient en dernier lieu des collections *Daudet* et *M. de Scitivaux*.

102 — La même estampe.

180.   Très belle épreuve du 2ᵉ état, c'est-à-dire avec la seconde ligne et les armes, mais avant que le cintre qui détache les armes de l'estampe n'ait été raccordé au burin : elle est aussi avant l'adresse de *Gillis Henderick*, qui se trouve au 3ᵉ état, et qui a été remplacée par celle de *C. Van Merlen*, dans les épreuves postérieures.

199.   103 — La fille d'Hérodiade présentant la tête de saint Jean à sa mère, qui la montre à Hérode. P. en L. (41).

Belle et rare épreuve avant toutes lettres, c'est-à-dire avant le titre : MISITQUE ET DECOLLAVIT... *Petr. Paul Rubens pinxit. S. à Bolswert sculpsit. Gillis Hendrix excudit.* Collect. *Blanchon* et *M. Rossi*.

90.   104 — Mariage de la Vierge. P. en H. (nº 1, *Nouveau-Testament*).

Très rare épreuve avant toutes lettres.

30.   105 — La même estampe. Titre : VIRGO DESPONSATA VIRO..... *P. P. Rubens pinxit. S. à Bolswert sculpsit.*

42. 50.   106 — L'éducation de la Vierge. Titre : AUDI FILIA, etc. *P. P. Rubens pinxit. S. à Bolswert sculp.* P. en H. (nº 2 des Vierges).

Très belle épreuve de l'édition de *Martin Van-den-Eden*.

(*) Manuel des curieux et des amateurs de l'art, etc., par M. Hubert et H. Rost. Zurich, 1797 à 1808, 9 vol. in-12.

107 — L'adoration des rois. Titre : ET PROCIDENTES ADORA-   *40.*
VERUNT EUM..... *Matt.* 2. *P. P. Rubens pinxit. S. à Bolswert
fecit. Martinus van den Eden excudit Antuerpiæ cum priuilegio.* P. en H. (15. N. T.).

Très belle épreuve de l'édition de *M. V.-Eden.*

108 — Retour d'Égypte, où saint Joseph conduit son âne par   *44.*
le licol. Titre : ET ERAT SUBDITUS ILLIS. LUC. 2. *P. P. Rubens pinxit. S. à Bolswert fecit.* P. en H. (29).

Très belle épreuve avec l'adresse de *Martinus Van-den-Eden, excudit cum priuilegio.*

109 — Sainte-Famille, où l'Enfant-Jésus caresse un agneau   *20.*
que lui amène saint Jean conduit par sainte Anne. P. en H.
(44). Morceau dit la *Vierge au mouton.*

Épreuve sans le titre et les quatre vers, *Agnus adest agnis... P.-P. Rubens pinxit. S. à Bolswert, fecit.*

110 — Christ en croix entre les deux larrons. *P. P. Rubens*   *111.*
*pinxit. Schelte à Bolswert sculpsit. Gillis Henderix excud.
Antuerpiæ.* P. en H. (86).

Première épreuve avant la lettre : ET LATRONES UNUM A DEXTRIS,
ALTERUM A SINISTRIS.

111 — Christ en croix; dans le fond, la ville de Jérusalem.   *76.*
Titre et dédicace : PRÆDICAMUS.... *P. Paulus Rubens pinxit,
S. à Bolswert sculpsit. Martinus Vanden-Eden ex. An-
tuerpiæ cum priuilegio Regis.* P. en H. (93).

Première épreuve de l'édition de *M. V.-Enden.*

112 — La résurrection. Titre : CHRISTUS RESURGENS.....   *50.*
*P. P. Rubens pinxit. S. à Bolswert fecit. Martinus Vanden-
Eden excud. Antuerpiæ, cum priuilegio Regis.* P. en H. (109).

Première épreuve de l'édition de *M. V.-Eden.*

113 — L'ascension. Titre : VIDENTIBUS ILLIS ELEVATUS EST. *Act. vers.* 9. *Pet. Paulus Rubens pinxit. S. à Bolswert sculpsit. Martinus Van den Eden excud. Antuerpiæ, cum priuilegio.* P. en H. (118).

Première épreuve de l'édition de *M. V.-Eden.*

114 — La conversion de saint Paul. Titre : ILLUSTRISSIMO AC REVERENDISSIMO. DOMINO D. ANTONIO TRIST GANDENSIUM... *P. P. Rubens pinxit. S. à Bolswert sculpsit et excudit cum Priuilegys Regis,* etc. P. en L. (129).

Très belle épreuve. Collect. de *M. de Scitivaux.*

115 — Suite de six grands paysages en largeur et ornés de figures (n° 26 des suites), connus sous les noms suivans : Philémon et Baucis accordant l'hospitalité à Jupiter et Mercure. Titre : *Occidit una domus...* et la dédicace à *P. Van Valkenis.* — La tempeste d'Énée, ou vue de Cadix. Titre : *Tum mihi cœruleus....* et la dédicace à *G. Gevartius.* —Vue de la campagne de Malines ; l'on remarque un charriot ainsi que plusieurs paysans revenant des champs et ramenant leurs troupeaux. Titre : *Temporibus certis....* et dédicace à Ph. le Roy. — Chasse de Méléagre et Atalante. — L'enfant prodigue. — L'hiver, morceau dit l'*étable à vache.* Ces trois derniers sujets sont sans titre. A tous les six, à gauche dans la marge : *P. P. Rubens pinxit,* et au-dessous : *S. à Bolswert sculpsit ;* à l'exception du sixième, l'*hiver,* qui est gravé par *Petr. Clouët.*

Superbes épreuves, suite égale de ton, et avec grandes marges.

116 — Trois cavaliers combattant un lion, qui se jette avec fureur sur un de leurs compagnons pendant que deux autres à pied se défendent contre une lionne. Dans le bas de l'estampe, on lit : *P. P. Rubens pinxit. Cum Priuilegys Regis... S. à Bolswert sculp. et excud.* Dans la marge du bas, en deux

lignes, la dédicace au prince d'Aremberg. P. en L. (21 des suites) (*).

Très belle et vigoureuse épreuve. Collect. de M. *de Scitivaux*.

117 — La Sainte-Famille. L'Enfant-Jésus est endormi sur le sein de la Vierge, qui est assise tournée vers la gauche; saint Joseph derrière elle, qui l'admire. Au bas, quatre vers latins, une dédicace en deux lignes, et *A. Van-Dyck inuen. Cum priuilegio. S. à Bolswert sculp.* P. en H.

Belle épreuve avant l'adresse de *A. Bon-Enfant, exc.*, et avant le mot *regis* à la suite du privilège. Collect. *A Borduge*.

118 — La Vierge et l'Enfant-Jésus. Titre : *Magna trias Maria......* Ant. *Van Dyck pinxit. S. à Bolswert sculpsit. Antuerpiæ cum Priuilegio.* P. en H.

Belle épreuve. Collect. de M. *Robert-Dumesnil*.

119 — Le couronnement d'épines. Un bourreau présente au Sauveur un roseau; les autres dérisoirement le saluent roi des Juifs. Ce morceau, l'un des chefs-d'œuvre de la gravure, est exécuté d'après un tableau passé en 1755 de l'abbaye aux Dunes, à Bruges, dans la collection du roi de Prusse (**). Titre : PLECTENTES CORONAM DE SPINIS..... et la dédicace à Paul Halmalio, par Martinus Vanden-Enden, qui a édité cette belle estampe. P. en H.

Première et vigoureuse épreuve, avant les contre-tailles au vêtement et à la jambe gauche du deuxième soldat qui est debout à droite. Collect. *Daudet* et M. *de Scitivaux*.

120 — Christ en croix. Sainte Catherine de Sienne embrasse

(*) Le Musée Royal possède le dessin original d'après lequel cette estampe a été gravée.

— (**) Il est décrit sous le n° 30, au catalogue des tableaux de la galerie royale de Sans-Souci. Postdam, 1771, in-8°. Cette collection actuellement à Berlin.

le pied de la croix. A droite, saint Dominique, et au bas un ange en pleurs. Titre : AMPLISSIMO....... *Antuerpiæ* 1653. *Ant. Van Dyck pinxit. E. Quelinus delineavit. S. à Bolswert sculpsit.* A droite et à gauche du titre des armes. P. en H., connue sous le nom du *Christ au Jacobin* (*).

121 — Jésus en croix recommandant sa mère à son disciple bien-aimé. A gauche, un des bourreaux présente une éponge au Sauveur ; gravé d'après le tableau de Van-Dyck, qui se voyait dans l'église de Saint-Michel de Gand. Titre : CUM VIDISSET JESUS MATREM...... au-dessous la dédicace à D. François de Montcada, et à la suite *Observentiæ ergo Martinus Van den Enden*. P. en H., connue sous le titre du *Christ à l'éponge*.

Première épreuve de la planche terminée, où saint Jean n'a pas la main sur l'épaule de la Vierge. Elle est avant des contre-tailles à la partie ombrée du corps et du bras droit du Christ, avant l'ombre portée devant le gros doigt du pied de l'homme qui présente l'éponge et avant que l'ombre portée par l'os de mort qui est à terre, n'ait été prolongée. A gauche de la terrasse on lit : *A. Van-Dick pinxit*. Collect. *Vigneron*.

122 — Elévation en croix, composition de neuf figures dont deux à cheval. Titre : ET POTSQUAM...... *Antonius Van-Dyck pinxit. S. à Bolswert*. P. en H.

Première épreuve où la jambe gauche du cheval vue à moitié du côté gauche, croise sur celle de droite. Collect. de *M. Robert–Dumesnil*.

123 — Le Christ mort étendu sur les genoux de la Vierge qui se voit à droite. A gauche trois anges pleurent sur le Christ. Titre : VOCATE ME MARA.. OMNIPOTENS. RUTH I. V. 20. *Antonius Van-Dyck pinxit, S. à Bolswert sculpsit. Gillis Hendrick excudit, Antuerpiæ cum privilegio*. P. en L.

124 — Silène ivre accompagné de satyres et de bacchantes.

(*) On a une copie trompeuse de cette estampe gravée en contre-partie.

Dans la marge du bas, quatre vers latins; *Ant. Van-Dyck S. à Bolswert sc. N. Lauwers exc. Anterpiæ.* P. en H.

125 — Saint Pierre reniant Jésus-Christ. La scène se passe dans une chambre où des soldats rassemblés jouent aux cartes à la clarté d'un flambeau. Sujet de demi-figures, morceau d'un grand effet, gravé d'après un tableau de Seghers du cabinet d'André Colyns de Nole, sculpteur, auquel Gérard Seghers a dédié cette estampe. Au bas quatre vers : QUID TREPIDAS? VOX EST.... etc. P. en L., dite *le reniement de saint Pierre*.   60.

126 — Portrait de Léonard Lessius, jésuite. Il est assis tourné à gauche devant une table où est un crucifix. Titre : *Leonardus*, etc. P. en H.   4. 50.

Voyez VAN-DICK *pour les portraits de ce maître gravés par* BOLSWERT.

BONASONE (JULES), peintre, dessinateur et graveur; on croit qu'il naquit vers 1510 et mourut vers 1580. Il apprit les principes de son art de LAURENT SABBATINI et choisit MARC-ANTOINE pour modèle dans la gravure. *Malvasia, Gori, Heinecke* et *Cumberland* ont donné le catalogue des ouvrages de ce maître; mais le plus complet est celui de *Bartsch*, vol. 15, pag. 103, lequel décrit trois cent cinquante-quatre pièces, plusieurs avec des dates, dont la plus ancienne est de 1531, la plus récente de 1574.

127 — Judith chargeant sa suivante de la tête d'Holopherne et s'en retournant à la ville de Bethulie. On lit au bas de la tente d'Holopherne : I BONASO IMITADO. PINSIT. Q. CELAVIT. A la gauche du bas, six vers italiens, et au-dessous *Michael Angelus pincit in Vaticano.* P. en H. (B., 9).   30.

Très belle épreuve. Collect. de *M. Robert-Dumesnil*.

128 — La naissance de saint Jean-Baptiste, composition d'un grand nombre de figures dans un appartement d'une belle architecture, orné de statues dans des niches; on remarque   42.

au milieu Zacharie écrivant sur une table le nom qu'il veut donner à son enfant nouvellement né. Sur le piédestal qui s'élève à droite de l'estampe est écrit : JACOBUS FLORENTINUS INVENTOR NATIVITAS BEATI JOANNIS BAPTISTÆ. *Iulio* B F ; à la droite du bas, cette adresse : ANT. LAFRERY SEQUANI FORMIS. P. en L. (76). Morceau capital dont la composition est attribué à Jacques Carrucci, dit Pontormo.

Très belle épreuve avec la première adresse.

129 — Clélie traversant le Tibre et ramenant ses compagnes qui étaient prisonnières au camp de Porsenna. Cette composition est également, dit *Bartsch*, attribuée au Polydore, au Pontorme et au Rosso. On lit à droite du bas : JV. BONASO IMITANDO PINSIT ET CELAVIT. P. en H. (B., 83).

Première et très rare épreuve avant l'adresse de *Antoine Lafreri, sequani formis*. Collect. de *M. Révil*.

BOSSE (ABRAHAM), dessinateur et graveur à l'eau-forte, né à Tours, vers 1610. Contemporain de *Della Bella* et de *Callot*, c'est ce dernier qu'il prit pour modèle. A. Bosse a gravé sur ses dessins une suite intéressante de scènes de mœurs et costumes de son époque, et quantité de vignettes pour l'ornement des livres ; il a aussi publié plusieurs traités sur l'architecture, la perspective et la manière de graver à l'eau-forte et au burin. L'œuvre de ce maître est de plus de huit cents pièces. *Heinecke, Dictionnaire des Artistes*, et le catalogue *Paignon-Dijonval* (*).

130 — Le graveur. Titre : *Graveur en taille douce, au burin, etc., fait à l'eau forte par A. Bosse à Paris en l'isle du Palais l'an 1642. avec priuilège.* P. en L.

(*) Cabinet de M. Paignon-Dijonval ; état détaillé et raisonné des dessins et estampes dont il est composé, rédigé par M. Bénard, aux frais de M. Morel de Vindé. Paris, 1810, gr. in-4°. Cette importante collection fut acquise en 1819, au prix de 120,000 fr., par *M. Samuel Woodburn*, négociant anglais.

131 — L'imprimeur. Titre : *cette figure vous montre, etc.*, *fait à l'eau forte par A. Bosse à Paris en lisle du Palais l'an* 1642, *avec priuilège.* P. en L. 25. 50.

BOTH (ANDRÉ), peintre et graveur à l'eau-forte, né à Utrecht au commencement du XVIIe siècle. *Bartsch,* vol. 5, pag. 214, décrit dix pièces de ce maître.

132 — L'ermite. Il est à genoux priant dans un livre placé sur un quartier de rocher, à côté d'une tête de mort. Au bas à droite : *A. Both,* gravé à rebours. P. en H. (1). 14. 50.

Belle épreuve d'eau-forte pure.

133 — Les débauchés et la fille de joie, composition de cinq figures. P. en L. (9). 14. 50.

Première épreuve avant le nom de *A. Both,* placé à gauche de l'estampe.

BOTH (JEAN), peintre et graveur à l'eau-forte, né à Utrecht vers 1620, mort dans la même ville en 1650. Il reçut ainsi que son frère André, les premiers principes d'ABRAHAM BLOEMAERT. Tous deux jeunes encore partirent pour l'Italie où Jean prit *Claude Lorrain* pour modèle. *Bartsch,* vol. 5, décrit quinze pièces de ce maître.

134 — Le pont de pierre, que deux mulets, que l'on voit à gauche, viennent de traverser. P. en L. (5). 39.

135 — Le muletier. Il tient par le cou un mulet chargé de deux tonneaux; il semble parler à un vieux paysan qui est à sa droite; le fond offre quelques maisons fuyant vers la gauche. P. en L. (6). 30.

136 — Deux vaches : l'une de face, l'autre de profil, dirigées vers la droite; elles sont sur le bord d'une pièce d'eau, qui remplit le côté droit de l'estampe. Dans le fond, quelques fabriques ruinées. P. en L. (8). 20.

137 — Torrent traversé par un pont de bois, où marchent 39.

des mulets accompagnés de leurs conducteurs. P. en L. (10).

Cette estampe et les trois qui précèdent sont premières épreuves avant le nom de *J. Both*.

BOULANGER (JEAN), dessinateur et graveur au burin, né à Troyes vers 1613, mort à Paris. *Heinecke, Dictionnaire des Artistes.*

138 — Le Christ descendu de la croix. Au bas, à droite : *S. Bourdon Pinxit. J. Boulanger sculpsit, F. Poilly ex. cum Pri. Regis.* P. en H. sans titre.

Belle épreuve. Collect. *Hibberts*.

BOUT (PIERRE), peintre sur lequel on n'a pas de notice. *Lebrun*, dans la table de son ouvrage, *Galerie des Peintres flamands* (*), le fait naître à Bruxelles vers 1660 et florissant vers 1700. Contemporain de *F. Boudewyns*, il orna de figures les paysages de ce maître. *Bartsch*, vol. 4, cite cinq pièces gravées à l'eau-forte, mais la cinquième nous semble plutôt être de *Bargas*, qui a gravé d'après *P. Bout*.

139 — Les marchands de poissons. Au bas, à gauche, on lit: *Petrus Baut inuenit*; et à droite : *Mart. van den Enden excudit*. P. en L. (1).

139 *bis*. — Les patineurs. Sur le devant, deux traîneaux, à chacun desquels est attelé un cheval. P. en L., sans marque (1).

BRESSE (IO. AN. BX., expliqué par Jean-Antoine de), ancien graveur italien, florissant vers le milieu du XVIe siècle. Il a gravé dans la manière et aussi d'après MANTEGNA. *Bartsch*, vol. 13, pag. 315, décrit vingt-quatre pièces de ce maître. Il a aussi copié

(*) Galerie des peintres flamands, hollandais et allemands, ouvrage enrichi de 201 planches, etc. Paris, 1793 à 1796, 3 vol. in-fol.

la danse des enfans qu'a gravée Marc-Antoine, d'après Raphaël. *Bartsch* n'a pas connu cette copie.

140 — La Sainte-Vierge, l'Enfant-Jésus debout sur ses genoux ; elle est assise entre saint Jean, saint Joseph et sainte Elisabeth ; le Sauveur passe son bras gauche autour du cou de la Sainte-Vierge et avance la main droite pour recevoir une fleur que lui présente le jeune saint Jean. Pièce sans marque, de forme presque carrée (5).

400.

Ce beau morceau, gravé d'après un dessin de Mantegna, est un des plus finis et des plus considérables de *Jean de Bresse*, il est très rare. Notre épreuve, belle et bien conservée, vient des collections *Silvestre* et *Logette*, où elle était attribuée à Mantegna, par *Regnault de Lalande*, et en dernier lieu de la collection de *M. Révil*, en 1838.

141 — Quatre enfans dansant au son d'un tambour que bat un cinquième enfant qui est debout, à gauche, la tête ornée d'une touffe de plumes ; à droite, au bas, la marque IO. A. BX., et au-dessus les lettres AMB. P. en L. (19).

99.

BROWNE (JOHN), graveur à l'eau-forte et au burin, né à Oxford, florissait à la fin du XVIII siècle.

142 — *Apollo and the sybyl* (Apollon et la sibylle), d'après le tableau de Salvator Rosa, de la collection d'Asburnhan. P. en L.

Épreuve avant la lettre ; seulement les armes, les noms d'auteurs et la publication en 1781, tracés à la pointe.

BRUYN ou BRUIN (NICOLAS DE), dessinateur et graveur au burin, né à Anvers dans le XVI siècle, fils d'ABRAHAM DE BRUYN ; il eut son père pour maître. *Heinecke*, *Dictionnaire des Artistes*, donne le catalogue des pièces gravées par cet artiste ; elles sont datées de 1594 à 1645.

143 — *Ecce Homo*.... Composition d'un grand nombre de figures, dans le goût de Lucas de Leyde. On lit dans le bas

12.

de l'estampe : *St-Mathieu, cap. 27. N. de Bruyn invent. et sculpsit*; et en haut, vers la droite, 1604. P. en L.

C.

CALLOT (Jacques), peintre-dessinateur et graveur à l'eau-forte et au burin, né à Nancy en 1594 (*), mort dans la même ville le 23 mars 1635. Élève de Cl. Henriet, de Jules Parigii et de Philippe Thomassin. *Voyez* pour l'œuvre de ce maître le *Dictionnaire des Artistes* d'*Heinecke*, et les catalogues de l'*Orangère, Paignon-*

(*) Quelques biographes le font naître en 1593, mais l'épitaphe qui se trouve sur le portrait de Callot qu'a gravé *A. Bosso*, et qu'a édité *Israël Henriet*, ami et éditeur des planches de Callot, d'après le mausolée qui lui a été élevé dans l'église des Cordeliers de Nancy, porte cette date à 1594. Nous rapportons ici cette inscription :

« A LA POSTÉRITÉ.

» Passant, jette les yeux sur cette écriture; quand tu sauras de com-
» bien mon voyage a esté aduancé, tu ne seras pas marri que je retarde
» un peu le tien : Je suis Jacques Callot, ce grand et excellent cal-
» cographe qui repose en ce lieu en attendant la resurection des corps.
» Ma naissance fût médiocre, ma condition noble, ma vie courte et
» heureuse; mais ma renommée a été et sera sans pareille, personne ne
» m'a esté esgal en toutes sortes de perfections pour le dessin et la gra-
» ueure sur l'airain. Toute la terre a consenti aux louanges extraordi-
» naires qui m'ont esté données, sans que pour cela je sois jamais sorti
» de ma modestie naturelle. Je naquis à Nancy l'année 1594, et mourus
» aussi à Nancy, le 23° de mars 1635. Au regret incroyable de la Lor-
» raine, ma patrie, et de tous les plus rares esprits de notre siècle, et prin-
» cipalement de damoiselle Catherine Puttinger, mon espouse, qui, pour
» d'amitié m'a fait dresser ce tombeau. Prie Dieu pour celui qui ne te
» priera jamais de rien, et passe. »

Dijonval, Silvestre et *Denon*; aussi son éloge historique par le *Père Husson*. Bruxelles, 1766, in-4°.

144 — La tentation de saint Antoine. A terre, à gauche, *Jac. Callot inuen. et fe.*; dans la marge du bas, les armes et la dédicace à Phelypeau de la Vrillère; au-dessous, huit vers latins. A bas, et près des armes, à gauche, *cum priuil. Regis;* à droite, *Israël exc.* 1635. P. en L.

Très belle épreuve où l'on ne trouve que dix rosettes (*) dans les armes de la Vrillière, morceau dit ainsi épreuve *avant les rosettes;* elle est aussi avant les quatre IIII à la droite de la première ligne, entre les mots : JUSSIONUM IIII VIRO, et avec le mot *caecis* au lieu de *cœcis* à la première ligne des vers latins.

145 — La foire de la *Madona del Imprunetta* (**). Dans la marge du bas, la dédicace à Cosme, grand-duc de Toscane, en quatre lignes : SERENISSIMO COSMO.... 1620. A droite, *in Firenza.* P. en L. connue sous le titre de la *Foire de Florence.*

Belle épreuve avant les petits écussons aux armes de la famille Belmonti et celles de l'église de la Madone, qui se voient à chaque coin du bas de l'estampe dans les épreuves postérieures.

146 — Le passage de la mer Rouge par les Israélites. Au bas à droite, *Callot. f.* Dans la marge, le titre en deux lignes : *Tabulam*, etc., et à droite *Israël exc.* 1629. *Parisys.* P. en L.

Première épreuve où le flot qui est au milieu de la composition est en entier; aux épreuves postérieures il a été tronqué par le haut.

(*) Ces rosettes sont au nombre de vingt-une dans les épreuves postérieures.

(**) Cette foire se tient le 18 octobre, jour de saint Luc, dans un lieu nommé l'Imprunetta, à sept milles de Florence, lieu où est l'église qui renferme une image miraculeuse de la Sainte Vierge, qu'on prétend avoir été peinte par saint Luc; cette image était portée solennellement à Florence, dans les temps de calamité et de peste.

147 — Foire de Gondreville, à trois lieues de Nancy. Des gens de la campagne dansent en rond à l'ombre d'un très gros chêne; d'autres, à la droite du devant, jouent à la boule. P. en L., dite *la petite foire* ou *le jeu de boule*.

Première épreuve avant *J. Callot fec. Nancey.*

80.

CAMASSEI (André), peintre, né à Bevagne en 1602, mort à Rome en 1648; élève du Dominiquin et d'André Sacchi. *Bartsch,* vol. 19, décrit deux pièces gravées à l'eau-forte; elles sont rares.

148 — La Sainte Vierge assise à terre dans un paysage, l'Enfant-Jésus endormi sur ses genoux. A gauche, debout à ses pieds, le petit saint Jean; dans le fond à droite, saint Joseph conduisant l'âne. P. en L. (1).

Belle épreuve avant les lettres *A. C. Scolp*, écrites à rebours.

17. 50.

CAMPAGNOLA (Jules), ancien graveur italien, né vers 1481. *Bartsch,* vol. 13, décrit huit pièces; les catalogues des ventes *Buckinkam* et *Ottley* en décrivent aussi plusieurs qu'il n'a pas connues.

149 — Saint Jean-Baptiste (*). Il est debout au milieu de l'estampe; il relève son manteau de la main droite, et tient de l'autre une écuelle; le fond offre un paysage. Au haut, à gauche, est écrit : *Julivs Campagnola F.*, et au bas, à droite, cette adresse : *A presso Nicolo Nelli in Venitia.* P. en H. (3). Ce beau morceau peut être regardé comme le premier essai de la gravure au pointillé (**).

Très belle épreuve d'une pièce très rare. Collect. de *M. Révil.*

300.

CARRACHE (Augustin), peintre et graveur au burin, né à Bo-

(*) *Mozetto* a aussi gravé ce même dessin, mais le paysage est entièrement différent.

(**) Ottley a donné un *fac-simile* d'une partie de cette estampe dans son ouvrage sur la gravure.

logne en 1557, mort à Parme en 1602; élève pour la gravure de
C. Cort. *Bartsch,* vol. 18, décrit deux cent soixante-quatorze pièces
de ce maître, datées de 1570 à 1598; et *Heinecke, Dictionnaire des
Artistes,* 3ᵉ vol., donne le détail des pièces gravées par et d'après les
Carrache.

150 — Saint Jérôme, auquel apparaît la Vierge portée dans
les airs par quatre anges. Le lion se voit sur le devant à
droite ; au bas, à gauche, dans un livre ouvert, on lit : *Hoc
Jacobi Tintoretti ill. pict.,* etc., 1588. P. en H. (76).

30.

Première épreuve d'une des principales pièces d'Augustin; elle est avant
le *cum Priuil. Regis,* et l'adresse de *Riaccioti. Bartsch* ne cite pas cet état.

151 — Portrait du Titien. Il est vu à mi-corps, de trois-
quarts, tourné un peu vers la gauche, vêtu d'une pelisse et
la tête couverte d'un petit bonnet. On lit dans la marge du
bas : ɪʟʟᵐᵒ. et ʀᵐᵒ. ᴅ. ᴅɴᴏ *Henrico Caetano August. Carratius* 1587. P. en H. (154).

165.

Première et rare épreuve avant l'inscription: Tɪᴛɪᴀɴɪ Vᴇᴄᴇʟʟɪ ᴘɪᴄ-
ᴛᴏʀɪs, ᴄᴇʟᴇʙᴇʀɪᴍɪ ᴀᴄ ꜰᴀᴍᴏsɪssɪᴍɪ ᴠᴇʀᴀ ᴇꜰꜰɪɢɪᴇs, placée au haut de
l'estampe.

CARRACHE (Aɴɴɪʙᴀʟ), peintre, né à Bologne en 1560, mort à
Rome en 1669. Il devint un des plus habiles et des plus savans peintres d'Italie et fut le chef de cette école si renommée sous le nom
d'école des Carrache. *Bartsch,* vol. 18, décrit seize pièces gravées
à l'eau-forte, de 1581 à 1606.

152 — Le couronnement d'épines. On lit à gauche : *Annib.
Carracius in. et fecit.* 1606. P. en H. (3).

15. 50.

Épreuve avant l'adresse de *N. Van-Aelst.*

153 — La Vierge assise à droite, vue de profil et ayant sur
ses genoux l'Enfant-Jésus, qui donne à boire dans une
écuelle à saint Jean-Baptiste en présence de sainte Elisabeth.
On lit au haut à droite : *Annib. Carracius in. et fecit.* 1606.
Morceau dit *la Vierge à l'écuelle.* P. en L. (9).

21. 50.

Épreuve avant l'adresse de *N. Van-Aelst.*

20.

154 — Saint Jérôme dans le désert. Il est à genoux, le corps tourné à droite, regardant le ciel ; il tient de la main gauche une pierre pour s'en frapper la poitrine. Dans le bas, les lettres P. S. F. P. en H. (14).

Très belle épreuve d'une jolie pièce de maître où ne se voit pas le nom d'*An. Carracci fec.*, placé à droite sous le livre; état intermédiaire du premier au second état, décrit par *Bartsch*.

10-50.

155 — La Magdeleine pénitente assise dans le désert sur une natte de jonc, la vue tournée vers un crucifix attaché à un tronc d'arbre. A droite de l'estampe (*), à une hauteur du côté gauche, on lit : *Carra. in.*, et vers le milieu du bas, l'année 1591. P. en H. (16).

Belle épreuve avant les lettres P. S. F., c'est-à-dire *Petri Stefanoni formis*.

CARAGLIO (JEAN-JACQUES), peintre et graveur au burin, né vers 1500. *Bartsch*, vol. 15, décrit soixante-quatre pièces de ce maître, deux seulement datées de 1526.

34.

156 — Le carnage, représenté par une femme debout, tenant de la main gauche une épée, et ayant un oiseau de proie perché sur la main droite ; un lion, derrière elle, montre les dents. P. en H., sans marque (55).

CHATILLON (M. HENRI-GUILLAUME), peintre et graveur, né à Paris en 1780; élève de GIRODET pour le dessin, et de A. GIRARDET pour la gravure.

157 — Sommeil d'Endymion. P. en L., gravée en 1810, d'après le tableau de Girodet, peint à Rome, et actuellement au Musée Royal.

Épreuve avant toutes lettres.

(*) Le dessin de cette composition se voit au Musée Royal.

CHÉRUBIN-ALBERTI, peintre et graveur au burin, né à Borgo-San-Sepulcro en 1552, mort en 1615. L'œuvre de ce maître est considérable. *Bartsch*, vol. 17, décrit cent soixante-douze pièces gravées d'après divers grands maitres italiens; elles tiennent du genre de gravure de Corneille Cort et d'Augustin Carrache, dont on le dit élève.

158 — La Sainte Vierge assise près de sainte Elisabeth et ayant sur ses genoux l'Enfant-Jésus, qui tient un oiseau que saint Jean vient de lui présenter. On lit au bas, à gauche, deux privilèges de Grégoire XIII et Urbain VII; et dans la marge du bas : OPUS QUOD RAPHAEL URBIN INVENIT D. D. ROMAE 1582. P. en H. (40).   4. 50.

CLAESSENS (L.-A.), graveur au burin, né à Anvers en 1764, mort à Ruel en 1834; élève de F. BARTOLOZZI.

159 — La descente de croix, d'après le tableau de P. P. Rubens. P. en H. (*voyez aussi Vorsterman*).   500.
Rare épreuve avant toutes lettres; seulement les noms d'auteurs tracés.

160 — La femme hydropique. Gravé d'après le tableau capital de Gérard Dow (*) au Musée Royal. P. en H.   200.
Première épreuve avant toutes lettres, seulement les noms d'auteurs; elle est sur papier de Chine.

(*) L'électeur Palatin acheta ce magnifique tableau au prix de 30,000 florins et en fit don au prince Eugène; à la mort de ce prince, il passa par héritage à la maison de Savoie et entra dans la galerie royale de Turin. Le général Clausel, à qui le dernier roi de Sardaigne en fit présent, s'empressa d'en faire hommage au Directoire-Exécutif, qui de suite l'envoya au Musée central des Arts, aujourd'hui Musée Royal.

G. Dow avait une sorte de prédilection pour ce chef-d'œuvre; sur les volets qui le recouvrait pour le garantir d'accidens, il avait peint une aiguière et un plateau recouverts d'une serviette. Ce tableau est aussi au Musée Royal.

CLÉMENS (Jean-Frédéric), dessinateur et graveur au burin, né à Copenhague vers 1757.

161 — *The death of general Montgomery in the attack of Quebec december* 1775 (Mort du général Montgomery à l'attaque du Québec, en décembre 1775), d'après le tableau de John Trumbull, colonel américain. P. en L., publiée en 1798.

Épreuve avant toutes lettres.

COURTOIS dit le **BOURGUIGNON** (Jacques), peintre et graveur à l'eau-forte, né à Saint-Hippolyte, en Franche-Comté, en 1621, et mort à Rome en 1676, chez les jésuites dont il avait pris l'habit vers la fin de ses jours; ce qui fit que les Italiens l'appelèrent depuis lors, *il Padre Giacomo Cortèse,* nom dont il a lui-même marqué ses estampes. *M. Robert-Dumesnil,* 1er vol. (*), décrit seize pièces de ce maître.

162 — Divers combats de cavalerie. Suite de huit pièces en largeur. Nous ne possédons ici que les quatre dernières : savoir : le chef blessé à mort (5), la mêlée (6), choc de cavalerie (7), la marche vers le champ de bataille (8). A chacun de ces morceaux les numéros et G. Cortèse F. Au n° 6 seulement les initiales G. C.

163 — Combats et batailles. Suite de quatre pièces en largeur (9 à 12). Le combat au pied de la tour, — les blessés secourus, — la bataille au pied de la montagne, — combats de chrétiens et de Turcs. Trois de ces pièces sans marque; à la première les initiales I C.

164 — Quatre estampes pour la guerre de la Belgique, de

(*) Le Peintre-Graveur français. Paris, 1836 à 1841, 5 vol. in-8°; le 6e sous presse.

Strada (*), dont : prise de la ville d'Oudenarde en 1587 (13); combat de Steemberg en 1583 (14); prise de la ville de l'Ecluse en 1588 (15); prise de Berck sur le Rhin en 1589 (16). Deux de ces morceaux sans marque; aux deux autres : *Iaccomo Cortèse fecit* et *inuentor* ou *inuenit.*

CORT (CORNEILLE), dessinateur et graveur au burin, né à Horn, en Hollande, en 1536, mort à Rome en 1578. *Heinecke, Dictionnaire des Artistes,* vol. 3, donne le catalogue des pièces gravées par ce maitre, d'après les compositions des plus célèbres maîtres d'Italie.

165 — Les pères de l'Eglise discutant la présence de Jésus-Christ au Saint-Sacrement. Au bas, à gauche, on lit : *Romae Laurentius Vaccarius formis;* à droite : *C. Cort fe.* 1575. Dans la marge du bas six vers, et la dédicace au cardinal *Jacob Sabello.* P. en H. On attribue la composition de cette estampe à Fred. Zuccharo.

166 — Saint Joseph cueille des cerises, qu'il offre à l'Enfant-Jésus, qui les met sur les genoux de la Vierge, assise dans un paysage. Sur une pierre placée au bas du coin à droite on lit : *Fredericus Barotyus Vrbinas inuentor*, et plus bas : *Cornel. Cort fe.* Dans la marge six vers, et *Romæ An. Jub.* 1575, et dans un cartouche à droite une dédicace à *Jacob Sabello.* P. en H.

COUSINS (SAMUEL), Anglais, graveur à la manière noire.

167 — *Vittoria d'Albano.* Elle est vue jusqu'aux genoux, dirigée vers la gauche. P. en H., gravée en manière noire, d'après le tableau de M. Horace Vernet.

Epreuve avant la lettre; seulement les armes, le titre, les noms d'auteurs et la publication en 1835, légèrement tracés.

(*) *Fabiani Stradae, de Bello Beligico,* etc. Romæ, 1640, 2 vol. in-fol. Il y a aussi une édition de 1647. Jean Miel et W. Baur ont aussi gravé dans cet ouvrage.

CRANACH (Lucas), le père, peintre et graveur, né à Kronach, en Franconie, en 1470, mort à Weimar en 1553. On a beaucoup gravé en bois sur les dessins de ce maître ; il a lui-même gravé six pièces sur cuivre, dont cinq portraits et le sujet que nous décrivons. *Bartsch,* vol. 7.

168 — Pénitence de saint Chrisostôme. On voit ce saint pénitent marcher à quatre pattes dans le fond à droite. Une femme assise à terre sur le milieu du devant de l'estampe, considère son enfant endormi. Au haut, à gauche, l'écu de Saxe (*). Vers la droite du bas une tablette avec le dragon ailé, les lettres L. C., et l'année 1509, marque ordinaire du maître. P. en H. (1).

CUYP ou KUIP (Albert), peintre, né à Dordrecht en 1606, mort en Angleterre. Il a gravé à l'eau-forte.

169 — Suite de six petites estampes presque carrées représentant des bœufs et vaches dans des prairies ; à quatre de ces pièces les lettres A. C. (manque le titre).

D.

DALEN (Corneille-Van), dit le jeune, graveur au burin, né à Harlem vers 1615. Son genre de gravure rappelle celui de *C. Visscher,* dont on le croit élève. *Heinecke, Dictionnaire des Artistes,* vol. 4.

170 — François Delboë, médecin, vu à mi-corps, tourné vers la droite, le regard de face ; il est enveloppé d'un manteau.

(*) L'Électeur de Saxe, Frédéric, avait conféré le titre de noblesse à Cranach, en 1508.

Au haut, à gauche, ses armes. On lit au-dessous : BENE-
AGERE AC LÆTARI 1659 ÆT. XLV. Titre : *Franciscus*... etc.,
en deux lignes. Au bas, à droite : *C. Van Dalen Junior delineavit et sculpsit*. P. en H.

171 — Portrait de Charles II, roi d'Angleterre, vu jusqu'aux
genoux et cuirassé; il s'appuie de la main droite sur un bâton de commandant, près duquel est une couronne. Au haut
à droite, dans le ciel, on lit : *R. Nason pinxit. C. V. Dalen
J. sculpsit*. P. en H.

12.

DAULLÉ (JEAN), graveur au burin, né à Abbeville en 1703, reçu
à l'Académie de Peinture en 1742, mort à Paris, en 1763.

172 — Charles Edouard, dit le Prétendant, fils aîné de Jacques
Stuart, né à Rome le 31 décembre 1720. Il est vu jusqu'aux
genoux, la main droite appuyée sur un bâton de commandant, près duquel est son casque. P. en H., sans inscription
ni nom de peintre, qui est Rigaud. On lit seulement au bas à
droite : *J. Daullé sculp*.

9. 50.

DELFF père (GUILLAUME-JACQUES), peintre-graveur au burin,
né à Delff en 1580, mort en 1638.

173 — Gaspard, comte de Coligny, seigneur de Chastillon,
vu à mi-corps dans un ovale, avec inscription. Dans la
marge du bas quatre lignes de titre. P. en H., gravée d'a-
près Mirevelt, en 1631.

7.

DESNOYERS (M. AUGUSTE-BOUCHER, Baron), dessinateur et
graveur au burin, né à Paris en 1779; élève de M. ALEX. TARDIEU;
Membre de l'Institut, en 1816.

174 — La Vierge, l'Enfant-Jésus et saint Jean, sujet dit la
belle jardinière, d'après le tableau de Raphaël au Musée
Royal. P. en H.
Première et rare épreuve avant toutes lettres; seulement on lit : *Aug*.

540.

Boucher Desnoyers del. et sculpsit, an II (1802). Elle est signée au crayon, *B. Desnoyers.*

620.

175 — La Vierge au donataire, dite *de Foligno*, d'après le tableau de Raphaël peint à la prière de Sigismond Conti, et placé au maître-autel de l'église d'*Ara-Cœli* à Rome, et après 1565 dans celle des comtesses de Foligno, et actuellement au Vatican (*). P. en H., cintrée.

Première et très rare épreuve avant toutes lettres, avant l'auréole autour de la tête de la Vierge et avant que les angles soient terminés ; ils sont seulement d'une seule taille.

480.

176 — La même estampe.

Rare épreuve d'un 2ᵉ état avant toutes lettres, mais avec l'auréole à la tête de la Vierge, les angles non terminés ; cette épreuve est celle exposée au salon de 1810.

109.

177 — La Vierge à la chaise. Dessiné et gravé par M. Aug. Boucher Desnoyers, d'après le tableau original de Raphaël à la galerie de Florence. Sujet dans un rond. P. en H.

Épreuve avant la lettre, les noms d'auteurs tracés.

250.

178 — La Vierge à genoux, levant un linge pour regarder l'Enfant-Jésus qui dort. Sujet dit *la Vierge au linge*, d'après le tableau de Raphaël au Musée Royal.

Épreuve avant la lettre ; seulement la seconde ligne tracée. Elle est sur papier de Chine.

215.

179 — La Vierge au poisson. Tableau de Raphaël, peint en 1513 pour l'église *San Domenico Maggiore* de Naples, et acquis depuis par Philippe IV. Dessiné en 1815 et gravé en

---

(*) Ce tableau, qui était venu en France par suite du traité de Tolentino, était sur bois ; il fut reporté sur toile par les soins de Haquin. Cet important travail fut fait sous les yeux d'une commission nommée par l'Institut, composée de *MM. Guiton*, *Bertholet*, *Vincent* et *Taunay*, lesquels en firent un rapport.

1822, par M. Desnoyers. Tableau de la galerie royale de Madrid. P. en H.

<small>Épreuve avant la lettre; seulement les lettres tracées. Elle est sur papier de Chine.</small>

180 — La Vierge au berceau. Dessiné et gravé par M. le baron Boucher Desnoyers, d'après le tableau de Raphaël au Musée Royal. P. en H.

<small>Épreuve avant la lettre; seulement la seconde ligne tracée. Elle est sur papier de Chine.</small>

181 — Les trois vertus théologales, la Foi, l'Espérance et la Charité. Gravé d'après les peintures en grisailles qui étaient à Pérouse. P. en L.

<small>Ces trois estampes, épreuves avant la lettre; seulement les noms d'auteurs, et un médaillon symbolique au milieu de la marge.</small>

182 — La belle jardinière de Florence. Raphaël commença ce portrait à Florence en 1504; il en fit hommage à monsignor Tadeo Tadei, dans l'année 1507. Cette jeune villageoise servait de modèle à Raphaël pour peindre ses têtes de vierge. P. en H.

<small>Épreuve avant la lettre, le titre tracé. Elle est sur papier de Chine.</small>

183 — La transfiguration. Peint par Raphaël en 1520 (l'année de sa mort). Gravé par M. le baron Desnoyers, d'après une copie à l'huile qu'il a faite en 1834. Le tableau original est dans une des salles du Vatican. P. en H.

<small>Première épreuve avant toutes lettres; elle est signée de M. Desnoyers.</small>

184 — La même estampe.

<small>Épreuve avant la lettre; le titre TRANSFIGURATION et les noms d'auteurs tracés.</small>

185 — Bélisaire aveugle portant son conducteur blessé par un serpent. Gravé en 1806, d'après le tableau de Gérard, à la galerie du prince de Leuchtemberg, à Munich. P. en H.

<small>Première et très rare épreuve avant toutes lettres; c'est-à-dire avant</small>

la dédicace à M. de Talleyrand, seulement les noms d'auteurs; épreuve avec le cachet de M. Desnoyers, et signée ainsi: *Épreuve curieuse et magnifique, B^er. Desnoyers.*

149.

186 — Napoléon, empereur des Français, représenté en pied et en costume du sacre, gravé d'après le tableau de Gérard. P. en H.

Très rare épreuve avant les noms d'auteurs.

DESPLACES (Louis), dessinateur et graveur au burin, né à Paris en 1682, mort dans la même ville en 1739. *Heinecke, Dictionnaire des Artistes,* vol. 4.

25. 50.

187 — La guérison des malades, d'après le tableau de Jean Jouvenet au Musée Royal. P. en L.

Rare épreuve avant la lettre.

DIETRICH ou **DIETRICY** (Christian-William-Ernest), peintre, né à Weimar en 1712, mort à Dresde en 1774. Élève de son père et de Jean Thièle; il a gravé à l'eau-forte et à la manière noire, de 1731 à 1769, un grand nombre de pièces à l'imitation de Rembrandt, Ostade, Salvator-Rosa et autres maîtres. *Heinecke, Dictionnaire des Artistes,* vol. 4, et le *Catalogue Rigal,* pag. 106.

16. 50.

188 — Nativité. On lit dans le fond de l'étable à gauche: 1735 : *Dietricy scul.*

Belle épreuve du 1er état, chargée de manière noire.

12.

189 — Fuite en Égypte, la marche se dirige à gauche. Au bas de ce côté, D. 1734.

39. 50.

190 — Le charlatan entouré de gens de la campagne. Composition de vingt-cinq figures, imitée de Van-Ostade. Dans la marge: *C.W.S. Dietricy inv.* et *Aqua forte A°. 1740. den 9 januaio.* P. en H. cintrée.

Première épreuve avant le numéro.

— 51 —

191 — Les musiciens ambulans. Composition de six demi-figures, imitée d'Adr. Van-Ostade. P. en H.

Deux épreuves, une est avant le n° 69, placé sur le tonneau à droite.

192 — Le marchand de mort-aux-rats. Composition de onze figures, imitée de Téniers. Au haut, à droite : *Dietrich f.* 1732. P. en H.

193 — Le gagne-petit et le savetier. Composition de sept figures dans le goût d'Ostade. Au coin, à gauche : *Dietricy del. f.* 1741. P. en H.

Trois épreuves ; la première d'eau-forte pure, le rémouleur n'a pas de plume à son chapeau ; la deuxième travaillée au burin dans plusieurs parties et terminée à la manière noire, le rémouleur a une plume à son chapeau ; la troisième, nettoyée tout autour de la planche de la manière noire, et avec le n° 68 à gauche.

194 — Le porte-balle. Il offre des lunettes à une vieille femme appuyée sur la porte d'une chaumière à droite. Composition de six figures dans le goût d'Adr. Van-Ostade. Au coin du bas, à gauche : *Dietricy A°.* 1741. P. en H.

Trois épreuves ; la première avant le ciel terminé et où le trait carré qui entoure la composition n'est pas entièrement formé ; la deuxième terminée à la manière noire ; la troisième, le trait carré entièrement formé, et le n° 67 se voit au coin à gauche.

195 — Paysage de site montagneux ; au premier plan un homme assis sur une pierre et près de lui un autre couché. Au bas vers la droite : *Dietricy.* 1748. P. en H.

Première épreuve avant le rameau d'arbre effacé (*).

(*) Le graveur Zinck, à Dresde, ayant retouché après la mort de Dietricy, les planches que la veuve possédait, a employé cette planche pour le frontispice ; on a effacé le rameau qui est sur le rocher pour y écrire : *OEuvre de C. W. E. Dietrich, peintre de S. A. électorale de Saxe,* etc., *à Dresde, chez la V° Dietrich.* Ce recueil contient 87 planches sur 58 feuilles in-fol.

DOSSIER (Michel), graveur au burin, né à Paris en 1684.

196 — Le mariage de la Vierge, d'après le tableau de Jean Jouvenet. P. en H.

DREVET (Pierre), graveur au burin, né à Lyon en 1664, mort à Paris en 1739. Il avait reçu dans sa ville natale des leçons de Germain Audran; il vint ensuite se perfectionner à Paris, où il se consacra presqu'entièrement à la gravure de portrait; la plus grande partie de ces portraits est d'après H. Rigaud et se trouve décrite à l'œuvre de ce peintre dans le catal. *Paignon Dijonval.*

197 — Louis-le-Grand, représenté debout revêtu du manteau royal. P. en H., gravée en 1712, d'après le tableau de H. Rigaud au Musée Royal.

Première et très rare épreuve avant que la boucle de cheveux qui touche à l'extrémité du sourcil de l'œil gauche, n'ait été supprimée; avant l'augmentation faite au mollet de la jambe droite pour rendre cette jambe moins maigre; avant les contre-tailles au bas de la première des deux colonnes et avant d'autres travaux faits pour donner plus d'harmonie à la planche. Collect. de *M. de Scitivaux.*

198 — Louis de France, duc de Bourgogne, fils aîné du dauphin, vu à mi-corps tourné à droite, couvert d'une cuirasse, dans un ovale armorié sans inscription, posé sur un appui où on lit: *H. Rigaud pinxit*, à droite; *P. Drevet, sculp.*, à gauche. P. en H.

199 — Boileau Despréaux. Il est vu à mi-corps, tourné vers la gauche, regardant à droite, les deux mains appuyées sur un livre, une plume à la main droite. P. en H.

Première et rare épreuve avant la lettre, c'est-à-dire avant l'inscription dans la marge et sur la pierre qui est à gauche de l'estampe; seulement: *H. Rigaud, P. Drevet,* 1706.

200 — Dom Denys de Sainte-Marthe, supérieur général de la congrégation de Saint-Maur. *Cazes pinxit. P. Drevet, sculpsit.* P. en H.

201 — Portrait de Hyacinthe Rigaud. Il est représenté vu de face à une croisée, la main gauche appuyée sur un livre et tenant de la droite un crayon. P. en H. *61.*

Première et rare épreuve avant les noms et qualités du personnage au bas de la croisée, et avant les noms de *Hyacinte Rigaud pinxit, P. Drevet sculpsit*.

202 — La même estampe. *19.*

Belle épreuve avant les noms d'auteurs, mais avec le nom de *Hyacinte Rigaud, peintre du Roi....*, etc., dans l'appui du bas de la croisée.

DREVET fils (PIERRE-IMBERT), graveur au burin, né à Paris en 1697, mort dans la même ville en 1739; élève de son père PIERRE DREVET.

203 — La présentation au temple, d'après le tableau de Louis de Boullongne, qui orne le chœur de l'église de Notre-Dame à Paris. P. en L. *800.*

Première et rarissime épreuve avant la seconde colonne à la gauche de la composition, avant les noms d'auteurs, les armes, la dédicace à Pardaillon de Gondrin, duc d'Épernon. Cette épreuve, la seule connue de cette qualité, vient des collections *Logette* et de *M. de Scitivaux*.

204 — Rebecca recevant les présens des mains d'Eliezer, envoyé d'Abraham, d'après le tableau d'Antoine Coypel, au Musée Royal. P. en H. *295.*

Première et très rare épreuve avant la bordure (*) qui entoure le sujet, avant les armes, la dédicace au roi et l'explication du sujet, la seule connue de cette qualité. Collect. *Daudet* et *M. de Scitivaux*.

205. — Jean Benigne Bossuet, évêque de Meaux, représenté en pied et debout dans son cabinet, chef-d'œuvre de gra- *200.*

(*) Une épreuve aussi avant la lettre se voit au cabinet des estampes, mais elle a la bordure, elle vient du cabinet Dufresne et a été payée 1,000 fr. en 1812.

vure exécuté par P. Imb. Drevet fils, à l'âge de 26 ans, d'après le tableau de H. Rigaud au Musée Royal.

Très belle et rare épreuve avec le mot *Trecencès*, au lieu de *Trecensis*, dans la quatrième ligne à droite au titre et avant l'entre-taille et la troisième taille continuée horizontalement au haut du fauteuil, placé à la gauche du prélat. Pièce ainsi nommée: épreuve *au fauteuil blanc*.

8.

206 — Robert de Cotte, architecte, surintendant et contrôleur des bâtimens du roi en 1707. Il est vu presque de trois quarts, le regard tourné à droite, la main droite appuyée sur un livre et de la gauche montrant un plan. P. en H. Beau portrait.

355.

207 — Adrienne Lecouvreur, célèbre actrice, morte à Paris en 1730, représentée dans le rôle de Cornélie; elle est vue à mi-corps, et porte dans ses mains le vase qui contient les cendres de Pompée. D'après le tableau de Ch. Coypel. P. en H.

Première épreuve avant le nom dans la bordure ovale qui entoure le portrait et avant les quatre vers qui sont sur la table renfoncée au piédestal qui supporte l'ovale.

42.

207 *bis*. — La même estampe, avec le nom dans la bordure, et dans la tablette, les quatre vers suivans :

> *C'est peu de voir ici, pour attendrir vos cœurs,*
> *Les cendres de Pompée et Cornélie en pleurs*
> *Recconnoissés, pleurés cette actrice admirable,*
> *Qui n'eut point de model et fut inimitable.*

Belle épreuve où le mot modèle est écrit *model*, dite ainsi *épreuve avec la faute*.

DUCHANGE (Gaspard), graveur au burin, né à Paris en 1662, mort conseiller de l'Académie en 1757.

8.

208 — Tobie recouvrant la vue, d'après le tableau d'Antoine Coypel, qui se voyait dans le cabinet du duc de Chartres à Versailles. P. en L.

Première épreuve avant toutes lettres.

209 — La même estampe, avec la lettre.

210 — Le sacrifice de Jephté, d'après le tableau d'Antoine Coypel. P. en L.

211 — Les vendeurs chassés du temple. La Magdeleine au pieds de Jésus-Christ chez le Pharisien. Ces deux sujets d'après les tableaux de Jean Jouvenet, au Musée Royal. P. en L. Ils font suite aux deux gravés par Jean Audran, décrits sous le n° 41. Les planches de ces quatre estampes sont à la Calcographie.

DUJARDIN (CARLE), peintre, né à Amsterdam vers 1640, mort à Venise en 1678; il fut le meilleur élève de N. BERGHEM. Dujardin a gravé à l'eau-forte cinquante-une pièces représentant divers animaux, et le portrait de Devos. *Bartsch,* vol. 1er.

212 — Portrait de Devos, poète hollandais, vu presque de face, à mi-corps, un rouleau de papier à la main gauche. Au haut du fond, *K. Dujardin F.;* dans la marge, quatre vers de Vondel, en hollandais. P. en H. (52).
Belle épreuve d'un morceau rare.

213 — Deux chiens couchés à terre ; à droite de l'estampe, divers ustensiles de chasse. Au haut à droite on lit : K. DV 1 *fe.* P. en H. (5).

214 — Un chariot devant une auberge, dans un paysage de vaste étendue. P. en L. (50).
Ces deux estampes, épreuves avant les numéros.

DUPONT (M. PIERRE-LOUIS HENRIQUEL), graveur au burin, né à Paris en 1797. Élève de BERVIC.

215 — *Christus Consolator*, d'après le tableau de M. Ary Scheffer. P. en L.
Épreuve avant toutes lettres, papier de Chine.

216 — Le comte de Strafford conduit à la mort, le 16 mai 1640, d'après le tableau de M. Delaroche, en la possession du duc de Sutherland. P. en L.

Épreuve avant toutes lettres, sur papier de Chine.

DUPUIS (CHARLES), dessinateur et graveur au burin, né à Paris en 1685, mort dans la même ville en 1742 ; élève de G. DUCHANGE, il fut membre de l'Académie de Peinture.

217 — Nicolas Coustou, sculpteur du roi, peint par Legros et gravé par Dupuis, pour sa réception à l'Académie en 1730. P. en H. La planche est à la Calcographie.

Épreuve avant toutes lettres, rare.

DURER (ALBERT), peintre-graveur à l'eau-forte et au burin, né à Nuremberg, le 20 mai 1471. Son père, orfèvre de cette ville, le destina à suivre la même profession, dans laquelle le jeune homme montra des talens supérieurs. Le génie d'Albert, peu fait pour être asservi, l'emporta, et l'inclination qui l'entraînait à l'étude des sciences et des arts, lui fit bientôt abandonner l'orfèvrerie. En 1486, il entra à l'école de MICHEL WOHLGEMUT, peintre de Nuremberg, et y fut engagé pour trois ans. Il y apprit la peinture et se livra aussi à l'étude de la gravure : les estampes de *Martin Schongauer* et d'*Israël de Mecken* lui servirent de modèles ; les talens distingués qu'il acquit et la réputation qu'ils lui obtinrent le firent bientôt connaître à la cour de l'empereur Maximilien Ier. Ce monarque le manda pour exécuter les travaux qu'il avait projetés. Il s'y rendit, et fit pour ce prince nombre de grands ouvrages.

Albert se maria jeune, cette union ne fut pas heureuse ; le caractère violent et emporté de sa femme détruisit le bonheur qu'il espérait. Vers 1520, notre artiste entreprit son voyage aux Pays-Bas; arrivé à Leyde, il se lia d'une étroite amitié avec *Lucas*, qui jouissait alors en Hollande de la réputation due à ses grands talens. De retour à Nuremberg, vers 1524, il fut nommé membre du conseil de cette ville ; mais ni les honneurs ni la fortune ne purent adoucir l'amertume de ses chagrins domestiques; il en mourut le 6 avril 1528, âgé de cinquante-sept ans.

Restaurateur de la peinture en Allemagne, quelle que soit la gloire que Durer s'est acquise dans cet art, celle que lui ont valu les productions de son burin n'est pas moindre, et on peut le regarder comme le premier qui ait illustré la gravure en Allemagne. Non content de ses succès dans la peinture et dans la gravure, cet artiste célèbre prouva la profondeur de son savoir par des ouvrages sur la géométrie, les fortifications, la perspective et les proportions du corps humain.

Bartsch, vol. 7, donne le catalogue de l'œuvre de ce maître en cent huit pièces gravées sur cuivre, la plus grande partie marquée de son chiffre et des années 1497 à 1526 ; aussi cent soixante-dix pièces gravées en bois sur ses dessins, et un appendice de soixante-douze pièces gravées en bois et dont les compositions lui sont attribuées.

218 — Adam et Ève séduits par le serpent, qui leur persuade de manger du fruit de l'arbre de vie. Dans une petite tablette suspendue à une branche d'arbre qu'Adam tient de la main droite, on lit : ALBERTUS DURER NORICUS FACIEBAT; le chiffre et l'année 1504. P. en H. (1).

Superbe épreuve d'une pièce capitale du maître.

219 — La Nativité. Jésus, couché sur une pierre carrée dans l'étable de Bethléem, est adoré par la Vierge, qui est à genoux à gauche. Dans une cour, à droite hors de la maison, saint Joseph est occupé à puiser de l'eau d'un puits. Le chiffre et l'année 1504 sont marqués sur une tablette suspendue en guise d'enseigne au pignon de la maison. P. en H. (2). Dans ce morceau, connu aussi sous le nom de la *Petite Treille,* Durer a apporté un soin dont rien n'approche dans ses autres ouvrages.

Très belle épreuve d'une pièce rare.

220 — Suite de divers sujets de la Passion de notre Seigneur Jésus-Christ représentée en seize pièces en hauteur; à ces morceaux les chiffres et les années 1507 à 1513 (N°s 3 à 18).

Superbes épreuves avec grandes marges, à l'exception des n°s 3, 6, 12 et 15 qui en sont privés. Collect. de *M. Robert-Dumesnil.*

40.

50.

55.

25.

200.

31.

16.

221 — Jésus en prière au jardin des Olives; il est à genoux dirigé vers la droite; au milieu du bas l'année 1515 et au-dessous le chiffre. P. en H. (19). Morceau gravé sur une planche de fer.

Superbe épreuve. Collect. *Boutourlin.*

222 — Jésus-Christ, l'homme de douleur; il est au pied de la croix les bras étendus; à gauche une tête de mort, à droite, sa robe et les dés avec lesquels elle fut jouée par les soldats. Le chiffre au bas à droite. P. en L. (20).

223 — Les saintes femmes secourant la Vierge évanouie au pied de la croix où Jésus est crucifié. Au milieu du bas le chiffre, et au dessous l'année 1508 dans une tablette. P. en H. (24).

224 — Un ange sur les nues, tenant en l'air un voile sur lequel est la sainte face de Jésus. Au bord à droite, l'année 1516 et le chiffre. P. en H. (26).

225 — L'enfant prodigue gardant des pourceaux; il est vu de profil dirigé vers la droite, il implore à genoux la miséricorde de Dieu. Au milieu du bas le chiffre P. en H. (28). Dans ce morceau, l'un des premiers de Durer, il a exprimé son portrait sous la figure de l'enfant prodigue.

Très belle et vigoureuse épreuve. Collect. *Boutourlin.*

226 — La Vierge aux cheveux longs liés avec une bandelette. Elle est debout sur un croissant, l'Enfant-Jésus dans ses bras. Au milieu du bas le chiffre. P. en H. (30).

226 *bis.* — La Vierge à la couronne d'étoiles et au sceptre; vers le haut à droite l'année 1516, le chiffre vers le bas du même côté. P. en H. (32).

227 — La Vierge aux cheveux courts liés avec une bandelette. Elle est debout sur un croissant, l'Enfant-Jésus dans ses bras. Au bas à droite l'année 1514 et le chiffre. P. en H. (33).

228 — La Vierge allaitant l'Enfant-Jésus ; derrière elle une tige d'arbre où est suspendue une tablette où se lit l'année 1503. Au milieu du bas, sur une pierre, le chiffre. P. en H. (34). *90.*

229 — La Vierge embrassant l'Enfant-Jésus ; elle est assise sur un gazon à droite au pied d'un arbre. Au milieu du haut l'année 1503 et le chiffre. P. en H. (35). *26.*

230 — La Vierge assise sur un siège de gazon bordé de planches ; elle donne le sein à l'Enfant-Jésus. Au coin à gauche, sur une pierre, l'année 1512 et le chiffre au-dessus. P. en H. (36). *26. 50.*

231 — La Vierge assise sur un banc de bois couvert d'un coussin ; elle est couronnée par un ange. Sur une tablette à terre à gauche, l'année 1520 et le chiffre au-dessus. P. en H. (37). *15.*

232 — La Vierge assise sur une pierre couverte d'un coussin, l'Enfant-Jésus emmaillotté sur ses genoux. Au coin à gauche, une tablette avec l'année 1520 et le chiffre au-dessous. P. en H. (38). *21.*

233 — La Vierge assise à gauche sur une grosse pierre, auprès d'une haie ; elle est couronnée par des anges. Au coin du bas à droite, l'année 1520 et le chiffre. P. en H. (39). *38.*

234 — La Vierge assise à droite au pied d'une muraille ; l'Enfant-Jésus sur ses genoux ; dans le fond à gauche on voit une ville. L'année 1514 et le chiffre sont marqués sur le bord à droite. P. en H. (40). *70.*

235 — La Vierge, l'Enfant-Jésus sur ses genoux, est assise sur une butte, au pied d'un arbre ; elle tient une poire dans la main. Au bas à gauche une tablette avec le chiffre. Dans le haut, l'année 1511. P. en H. (41). *30.*

236 — La Sainte-Vierge tenant l'Enfant-Jésus sur ses genoux qui joue avec un oiseau ; elle est assise au bord d'une rivière, sur une terrasse soutenue par des planches auxquelles un *100.*

singe est attaché. Au milieu du bas, le chiffre. Morceau connu sous le nom de *la Vierge au singe*. P. en H. (42).

A cette estampe on lit l'autographe suivant au crayon: *Épreuve de la plus grande beauté*. Bartsch. Collect. *Poggi*.

100.

237 — La Vierge au papillon; elle est assise sur un siège de gazon, l'Enfant-Jésus dans ses bras. A gauche, saint Joseph endormi. Dans le ciel se voit Dieu le père et le Saint-Esprit. Au bas à gauche un papillon, et au milieu le chiffre en caractères gothiques. P. en H. (44). Cette estampe, dit *Bartsch*, est une des premières que *Durer* ait gravées.

10. 50.

238 — Saint Simon debout, vu de face, les deux mains croisées et tenant de la main droite un sabre dentelé. L'année 1523 et le chiffre au bas à droite. P. en H. (49).

12. 50.

239 — Saint Christophe portant l'Enfant-Jésus; il passe à gué une rivière et tourne la tête à gauche. Sur une pierre à droite, dans l'eau, l'année 1521 et le chiffre. P. en H. (51).

12. 50.

240 — Saint Christophe; il passe à gué une rivière, l'Enfant-Jésus, qu'il porte sur ses épaules, tient la main droite élevée pour donner sa bénédiction. L'année 1521 et le chiffre sur une pierre carrée du bas à gauche. P. en H. (52).

22. 50.

241 — Saint Georges; il est représenté debout, armé de toutes pièces et tenant de la main droite un étendard. A ses pieds, le dragon qu'il vient de terrasser. Au coin à gauche, le chiffre sur une tablette. P. en H. (53).

9. 50.

242 — Saint Georges à cheval; il se dirige à droite, tenant de la main droite un étendard, balancé sur sa selle, le dragon renversé au pied de son cheval. Au bas vers la gauche, une tablette avec le chiffre et l'année 1508. P. en H. (54).

400.

243 — Saint Hubert ou saint Eustache (*); il est à genoux à

(*) Suivant la légende, le crucifix apparut à l'un et à l'autre de ces

gauche de l'estampe et dirigé vers la droite, où se voit sur une hauteur un cerf ayant un crucifix entre ses bois, que le saint adore à genoux, les mains élevées; sur le devant, le cheval du saint et cinq chiens de chasse dans diverses attitudes, le chiffre est au milieu du devant. Cette estampe, dit *Bartsch*, l'une des plus finies et des plus rares de l'œuvre, en est aussi la plus grande (*). P. en H. (57).

Très belle épreuve.

244 — Saint Jérôme écrivant dans sa cellule, où l'on voit un lion et un renard couchés par terre, des meubles et divers accessoires y sont gravés avec un soin infini; on admire l'intelligence avec laquelle est rendu l'effet de la vive lumière qui frappe les vitres d'une croisée dont les fenêtres sont fermées. L'année 1514 et le chiffre sont marqués dans une tablette à droite près du bord de l'estampe, au-dessous de la croupe du lion (**). P. en H. (60).

245 — Saint Jérôme en pénitence; il est représenté à genoux, étendant la main droite, de laquelle il tient un caillou pour se frapper la poitrine; le chiffre tracé au milieu du bas de l'estampe. P. en H. (61).

Belle épreuve. Collect. *Poggi*.

246 — Sainte Geneviève, représentée nue, assise dans le creux d'un rocher, allaitant un enfant qu'elle tient dans ses bras.

---

saints; Durer l'appelle saint Eustache dans son Voyage aux Pays-Bas, en 1520 et 1521; il dit: J'ai donné au maitre Giles, portier du roi Charles, un Eustache et une Némésis; — au facteur de Portugal, l'Eustache.

(*) Une épreuve fut adjugée au prix de 841 fr., en 1836, à la vente du Cabinet *Poggi*.

(**) Une épreuve de cette belle estampe fut adjugée au prix de 338 fr., à la vente du cabinet de M. le duc de R ***, en 1839.

Dans le fond, saint Chrisostôme faisant pénitence. Au milieu du bas, le chiffre. P. en H. (63).

6. 50. 247 — Trois génies en accompagnement d'un écusson d'armes. Le chiffre est marqué au bas à gauche. P. en H. (66).

20. 248 — Apollon et Diane. Le chiffre est marqué à droite sur la roche où Diane est assise caressant un cerf. P. en H. (68).

36. 249 — La famille du satyre ; il est debout à gauche jouant de la flûte devant une femme assise, un enfant couché sur ses genoux. Au haut à droite, suspendue à une branche d'arbre, une tablette avec le chiffre et l'année 1505. P. en L. (69).

6. 250 — Cinq études de figures, quatre sont nues, la cinquième, à mi-corps et de profil, est vêtue à l'allemande. P. en H. sans marque (70).

130. 251 — Triton ravissant Amyone, une des cinquante filles du roi Danaüs, par ordre de Neptune. Dans le fond à gauche, la ville d'Argos, située au pied d'une haute montagne. Le chiffre du maître est marqué au milieu du bas de l'estampe. P. en H. (71).
Très belle épreuve avec l'autographe de *P. Mariette*, 1668.

21. 252 — Le ravissement d'une jeune femme, par un homme monté sur une licorne dirigée à droite. Dans un nuage, dans le haut vers la droite, l'année 1516 et le chiffre. P. en H., gravée sur fer (72).

154. 253 — Une femme nue surprise dans les bras d'un satyre par une autre femme qui veut la frapper avec un bâton; un faune pare le coup avec une branche d'arbre ; le chiffre est sur le devant, près le pied gauche du faune. P. en H. Morceau connu sous le titre, *les effets de la jalousie*, et aussi quelquefois sous celui du *grand satyre*.
Très belle épreuve. Collect. *Bourduge*.

254 — La mélancolie, représentée par une femme ailée assise sur une estrade; elle tient un compas et semble livrée à la méditation. Le polygone, les balances, la clepsydre, la cloche et divers instrumens d'arts dont elle est entourée, sont les marques du travail naturel aux personnes mélancoliques. Le mot MELANCOLIA. S I. est écrit sur les ailes d'une chauve-souris placée dans le haut à gauche; on remarque du côté opposé une table de chiffre; au bas, sur l'estrade, l'année 1514 et le chiffre. P. en H. (74).

111.

Belle épreuve. Collect. *Poggi*.

255 — Vénus et le démon de l'impureté, près d'un homme endormi, assis et appuyé sur des coussins; sur le devant l'amour essaie de monter sur des échasses. Le chiffre est gravé au milieu du bas de l'estampe. P. en H., connue sous le titre de l'*oisiveté* et aussi *le songe* (76).

150.

Belle épreuve. Collect. *Ottley*.

256 — Pandore ou la fortune, représentée par une femme ailée, tenant d'une main un vase et de l'autre une bride (*); elle est élevée sur un globe porté sur des nuages; le bas de la composition offre le village d'Eytas, dans la haute Hongrie, lieu originaire de la famille du père d'Albert Durer; à la droite du devant, le chiffre sur une tablette. P. en H. (77).

350.

Superbe épreuve. Collect. de *M. Rossi*.

256 *bis*. — La petite fortune, représentée par une femme nue, vue de profil, dirigée à gauche; elle est élevée sur un globe, et la main gauche appuyée sur un roseau. Le chiffre est au milieu du bas. P. en H. (78).

11.

(*) Dans cette allégorie, on prétend que Durer a voulu exprimer par le vase, que l'orfèvrerie exercée par son père, et par la bride, que la profession de son oncle, qui faisait des brides de chevaux, avaient tiré sa famille de l'oubli où elle vivait dans le village d'Eytas pour l'élever à la fortune.

257 — La justice, représentée par un homme assis sur un lion, une épée dans la main droite et de l'autre des balances. Au bas le chiffre. P. en H. (79).

<small>40.</small>

Superbe épreuve. Collect. *Boutourlin.*

258 — Le petit courrier ; il a une épée à son côté et tient un fouet de la main droite élevée. Au milieu du bas, le chiffre. P. en H. (80).

<small>15.</small>

259 — La dame à cheval ; elle se dirige vers la droite, elle a la main droite posée sur l'épaule d'un homme qui marche à côté d'elle, portant une hallebarde. Au milieu du bas, le chiffre. P. en H. (82).

<small>46.</small>

260 — L'hôtesse et le cuisinier ; ce dernier, placé à gauche, tient de la main droite une poêle et une cuillère à pot. Le chiffre au milieu du bas. P. en H. (84).

<small>40.</small>

261 — Un oriental, tenant de la main gauche son arc et ses flèches, est suivi par sa femme qui porte un enfant dans ses bras. Au milieu du bas, le chiffre. P. en H. (85).

<small>30.</small>

262 — Trois paysans s'entretenant ensemble, celui de droite porte un panier rempli d'œufs. Le chiffre au milieu du bas. P. en H. (86).

<small>40.</small>

263 — Assemblée de gens de guerre : près d'un officier, trois militaires, dont un est appuyé sur sa hallebarde ; plus loin, du côté gauche, un autre soldat armé d'une pique semble parler à un cavalier turc. Au milieu du bas le chiffre en caractères gothiques, marque des premiers ouvrages d'*Albert Durer*. P. en H. (86).

<small>170.</small>

Très belle épreuve. Collect. *Boutourlin.*

264 — Le paysan du marché ; il est à droite, debout, à côté d'une vieille femme qui tient une poule. Au bas vers la droite, sur une pierre, le chiffre ; l'année 1512 dans le haut. P. en H. (89).

<small>27.</small>

265 — Le branle, danse exécutée par un paysan et une paysanne dirigeant leurs pas vers la gauche; au bas, le chiffre. P. en H. (90). Copie par Jérome Wierx. *2.*

266 — Le joueur de cornemuse. Il est appuyé contre un arbre à droite; vers le bas à gauche, l'année 1514 et le chiffre. P. en H. (91). *10.*

267 — Un vieillard sec et décharné, faisant violence à une femme assise près de lui sur un siège de gazon. Morceau sans marque regardé comme le premier qu'ait gravé Durer; il est connu sous le titre, *le Violent*. P. en H. (92). *40.*

Belle épreuve d'un morceau rare. Collect. *Boutourlin*.

268 — Un vieillard mettant la main à son escarcelle pour obtenir les faveurs d'une femme près de laquelle il est assis. Le chiffre est au milieu du bas. Morceau dit *les Offres d'amour*. P. en H. (93). *83.*

Belle épreuve. Collect. *Boutourlin*.

269 — Le seigneur et la dame se promenant dans une campagne, dirigeant leurs pas vers le gauche de l'estampe; au milieu du bas, le chiffre. P. en H. (94). *40.*

270 — Le petit cheval sans selle et sans bride vu de profil et tourné vers la gauche; sur une pierre dans le bas, le chiffre, et en haut, à travers l'arcade, l'année 1505. P. en H. (96). *35.*

271 — Le grand cheval tenu par la bride par un guerrier armé d'une hallebarde et ayant un casque en tête; il dirige ses pas vers la gauche. Dans le coin, à droite, le chiffre; dans le haut, l'année 1505. P. en H. (97). *50.*

272 — Un cavalier, armé de toutes pièces, suivi par la Mort qui lui présente un sablier, et par le Démon. Sur la tablette placée à la gauche du devant, la lettre S, l'année 1513 et le chiffre. P. en H. (98). Ce morceau, connu sous le titre *250.*

du cheval de la **Mort,** est au nombre de ceux que Durer a le plus finis.

Belle épreuve. Collect. *Poggi.*

273 — Le canon, sur le devant à gauche d'un paysage d'une vaste étendue ; à droite, plusieurs guerriers. Dans le coin du haut à gauche, le chiffre et l'année 1518. P. en L. (99)

274 — Des armoiries où l'on voit un lion rampant, couronné d'un casque garni de ses lambrequins et surmonté d'un coq. Le chiffre est au bas à droite. P. en L. (100).

Belle épreuve. Collect. *Boutourlin.*

275 — Un écusson avec la tête de mort. Il est couronné d'un casque garni de ses lambrequins et supporté par un sauvage et une femme habillée à l'allemande, à laquelle le sauvage veut donner un baiser. L'année 1503 et le chiffre sont marqués sur une pierre au bas de l'estampe. P. en H. (101). Morceau exécuté avec art et l'un des plus estimés de notre artiste.

Très belle épreuve. Collect. de *M. Robert-Dumesnil.*

276 — Albert de Mayence, à mi-corps et vu de face. Au haut à gauche, ses armoiries surmontées du chapeau de cardinal ; à droite, dans le haut, une inscription en sept lignes ; à gauche, à la moitié et vers le bord de la planche, le chiffre ; dans la marge une inscription en sept lignes. P. en H. (102).

277 — Le même personnage, à mi-corps, vu de profil, ses armoiries vers le haut à droite ; le chiffre vers le bas à gauche. Dans une marge, dans le haut, une inscription en trois lignes, et dans celle du bas une autre en quatre lignes. P. en H. (102).

278 — Philippe Mélanchton. Il est vu à mi-corps et de profil, tourné à droite. Dans une tablette, dans le bas, on lit : 1526 VIVENTIS, etc., et le chiffre de Durer. P. en H. (105).

279 — Bilibald Pirkheimer, sénateur de Nuremberg, vu à mi-corps de trois-quarts, tourné à gauche. Au bas, dans une tablette, quatre lignes de titre, l'année MDXXIV et le chiffre. P. en H. (106). *18.*

280 — Erasme de Rotterdam, représenté à mi-corps, assis dans son cabinet, occupé à lire une lettre. Sur une très grande table blanche placée à la gauche du fond on lit : IMAGO ERASMI ROTERODAMI AB ALBERTO DURERO AB VIVAM EFFIGIAM DELINEATA, etc. Plus bas, en caractères grecs, se traduisant par ces mots : *il est encore plus connu par ses ouvrages*. Au-dessous l'année 1526 et le chiffre. P. en H. (107). Morceau rare. *110.*

PIÈCES GRAVÉES EN BOIS.

281 — La vie de la Vierge, suite de vingt pièces gravées en bois. La première, formant le titre, représente la Vierge couronnée d'étoiles, allaitant l'Enfant-Jésus ; elle est assise sur un coussin et portée sur un croissant. Morceau sans marque. Au dix-neuf autres, le chiffre; une d'elles porte la date de 1509 et deux celle de 1510. P. en H. (76-95).

Très belles épreuves avant le texte latin au verso, moins le n° 79, où se trouve ce texte.

282 — L'adoration des Mages. La Vierge est assise à droite, tenant l'Enfant-Jésus debout sur ses genoux; il met la main dans une cassette que lui présente un des Mages à genoux devant lui; au bas du même côté, le chiffre. Du côté opposé, sur une pierre sur laquelle pose une des poutres qui supporte le toit de l'étable, l'année 1511. H. 29 c. 2 m. L 22. c. *Bartsch* ne décrit pas cette pièce. *161.*

DUSSART (CORNEILLE), peintre, né à Amsterdam en 1665 ; mort dans la même ville en 1704; élève d'ADRIEN VAN OSTADE. Ce maître a gravé à l'eau-forte et en manière noire. *Bartsch,* vol. 5, décrit quarante-une pièces; *Rigal*, six autres.

283 — Dans l'intérieur d'un cabaret, un homme assis joue du *16. 50.*

violon; autour de lui plusieurs hommes, femmes et enfans assemblés, semblent l'écouter. Sur une feuille de papier suspendue à une cheminée on lit : *Corn. du Sart f.* 1685. Dans la marge du bas est écrit: *Rusticus ex animo*, etc. P. en H. Morceau à l'eau-forte dit *le Violon assis.* (15).

DUVET (Jean), dit le maître à la Licorne, né à Langres en 1485. « Cet artiste, dit M. *Robert-Dumesnil* (Peintre-Graveur français,
» vol. 5), est l'un de nos plus anciens graveurs en taille-douce,
» ainsi qu'il résulte du n° 27 de son œuvre, par lui exécuté en 1555,
» à l'âge de 70 ans. Il fut orfèvre de François Ier et de Henri II, rois
» de France, comme nous l'enseigne le titre l'*Apocalypse figurée*, et
» le privilège qu'il obtint en 1556, pour la publication de ce livre (*) ».

284 — Des animaux de toutes espèces rassemblés sur les bords d'une fontaine pour s'y désaltérer. Sur le devant une licorne y trempe sa corne pour en rendre l'eau plus pure. P. en L. (42).

Cette estampe fait partie d'une suite de six sujets, faisant peut-être, dit M. *Robert-Dumesnil*, allusion aux amours de Henri II et Diane de Poitiers. Dans quatre de ces sujets figure une licorne, ce qui valut sans doute à Duvet le surnom de *Maître à la Licorne*.

DYCK (Antoine-Van), peintre, né à Anvers en 1599, mort à Londres en 1641. Son père, qui était peintre sur verre, lui donna les premiers principes de dessin et le plaça ensuite chez Henri-Van-Balen ; déjà il avait fait de grands progrès sous ce maître, lorsqu'il fut admis à l'école de Rubens ; sur le conseil de ce grand peintre, il fut

---

(*) L'Apocalyse figurée par maître Ichan Duuet, iadis orfèvre des rois François premier de ce nom, et Henri deuxième. Lyon, s. a., 1561, in-fol. composé de 23 feuillets de texte y compris celui du titre, et de 23 estampes (n°s 27 à 49). Ce volume, de la plus grande rareté, paraît être demeuré inconnu à nos bibliographes. Un exemplaire se voit au cabinet des estampes, à Paris ; un autre dans la bibliothèque de M. Coste, à Lyon.

en Italie, où il travailla à Rome et à Gênes et copia à Venise les ouvrages du *Titien* et de *Paul Véronèse*. Il revint dans sa patrie, qu'il quitta par suite des désagrémens que lui causèrent la jalousie de ses rivaux, pour se rendre à La Haye, où il fit un grand nombre de portraits, et enfin pour la seconde fois passa à Londres, où il était mandé par Charles Ier. Alors seulement il abandonna tout-à-fait l'histoire pour le portrait, dans lequel genre il obtint une supériorité que les ouvrages du Titien seul peuvent surpasser. « On ne peut se lasser,
» dit *Watelet*, d'admirer la collection des artistes de son temps, dont
» il s'est plu à faire gratuitement les portraits; hommage qu'il ren-
» dait à l'art en perpétuant les traits de ceux qui l'honoraient. » Ces portraits ont été gravés par les plus habiles graveurs, ses contemporains; dix-sept (*) à l'eau-forte de la main de Van-Dyck. Voyez pour l'œuvre de ce maître les catalogues *Messire del Marmol*, 1794; *Alibert*, 1803; *Paignon-Dijonval*, 1810; et *Silvestre*, 1810.

PIÈCES GRAVÉES A L'EAU-FORTE PAR VAN-DYCK.

285 — Jésus insulté par un de ses bourreaux qui lui présente un roseau; sujet de demi-figures, composé et gravé par *Ant. Van-Dyck*. Titre : *Ecce stat innocus spinis...*, etc. P. en H. Morceau dit le *Christ au roseau*.

Première épreuve avant les mots *Aqua forti*, après *inuen*. (**).

173.

286 — Le Titien considérant sa maîtresse; sujet de demi-figures, gravé d'après le Titien par *Ant. Van-Dyck*. Au bas quatre vers : *Ecco il belveder!...* Au-dessous une dédicace à Van-Uffel. P. en H.

Première épreuve avant *A. Bon enfant exc*.

120.

(*) Le catalogue Alibert cite un portrait d'Antoine Cornelissen, curieux de tableaux, à Anvers, planche qui n'a pas été terminée. Nous n'avons pu rencontrer ce portrait; aucun biographe ni aucun catalogue ne décrivent cette pièce; nous ne connaissons que celui du même personnage gravé par Vorsterman.

(**) Une épreuve sans doute unique d'eau-forte pure et avant toutes lettres, se trouve décrite au catalogue de la collection de sir Marmol.

ICONOGRAPHIE (*).

287 — *Portraits représentés à mi-corps, gravés à l'eau-forte par Van-Dyck et d'après lui par divers graveurs; très belles épreuves avec toutes leurs marges et réunies dans un volume grand in-4°, relié en maroquin vert, tranches dorées. Recueil de la plus grande rareté.*

Par VAN-DYCK.

— BREUGHEL le Vieux, dit le Drôle (Pierre), de Breughel près Breda, peintre de scènes villageoises.

Épreuve avant toutes lettres; la planche de ce portrait n'a pas été terminée.

(*) Cette collection de portraits, connue sous le titre d'*Iconographie de Van-Dyck*, se compose de cent portraits, dont les premières épreuves sont, pour les eaux-fortes, de la main de Van-Dyck, sans aucunes lettres; pour celles des portraits gravés d'après lui par Bolswert, Pontius, Vorsterman et autres graveurs, avec une seule ligne d'écriture, aussi quelquefois avant le nom du graveur, mais avec l'adresse de l'éditeur *Martin Vanden-Eden*. Aux secondes épreuves, les planches terminées et la lettre pour les eaux-fortes de Van-Dyck, et une seconde ligne de titre et l'adresse de *M. Vanden-Eden* enlevée aux portraits d'après lui. Le buste de Van-Dyck, qui fait le titre de cette collection, est terminé par J. de Neeffs, il est posé sur un fût de colonne où on lit: *Icones principum virorum doctorum, pictor chalcographorum,* etc., *numero centum. Antuerp. Gil. Hendricx.* Aux secondes épreuves de cette édition, à chacun des portraits, les lettres G. H. (Gillis Hendricx), on y a ajouté vingt portraits. Troisième édition, les lettres G. H. enlevées et un titre imprimé, *le cabinet des plus beaux portraits de Van-Dyck, gravés en taille-douce par les meilleurs graveurs. Anvers, Verdussen, sans date.* Il y a aussi une édition de Bruxelles, mais elle est moins bonne; on trouve à ces deux éditions une table des portraits qui sont au nombre de cent trente. Quatrième édition dont les épreuves sont très médiocres, sous le titre d'*Iconographie, ou vies des hommes illustres du XVIIe siècle, écrites par M. V., avec les portraits par Ant. Van-Dyck et gravés sous sa direction. Amsterdam, 1759, 2 vol. in-fol.*; le 1er de 55 portraits, le 2e de 70.

— **Breughel**, dit de Velours (Jean), né à Bruxelles, peintre de paysages et de fleurs.

Épreuve avant toutes lettres et avant le fond terminé; la planche de ce portrait n'a pas été terminée.

— **Dyck** (Antoine Van), d'Anvers, peintre de portraits et d'histoire.

Première épreuve, la tête seulement de gravée. Ce portrait a été terminé par J. de Neeffs et fait le titre de l'*Iconographie*.

— **Erasme** (Didier), de Rotterdam.

Épreuve avant toutes lettres; la planche de ce portrait n'a pas été terminée.

— **Franck** (François), d'Anvers, peintre d'histoire.

Épreuve avant toutes lettres et avant le trait carré qui entoure le fond; la planche de ce portrait n'a pas été terminée.

— **Leroi** (Philippe), seigneur de Ravels, curieux de tableaux.

Épreuve avant toutes lettres, où il n'y a de gravé que la tête, très peu du collet et du haut du manteau; il se trouve une tache d'eau-forte au-dessus de l'épaule gauche (*).

— **Monper** (Josse), d'Anvers, peintre de paysages.

Épreuve avant toutes lettres; la planche de ce portrait n'a pas été terminée.

— **Oort** ou **Noort** (Adam Van), d'Anvers, peintre d'histoire.

Épreuve avant toutes lettres et avant le trait carré qui entoure le fond; la planche de ce portrait n'a pas été terminée.

(*) Dans la collection de M. Révil, vendue en 1838, se trouvaient trois épreuves de trois différens états: le 1er, celui que nous décrivons; le 2e, même état, moins la coulure d'eau-forte; le 3e terminé avec les angles à l'ovale du portrait. Les catalogues *Alibert* et *Silvestre* n'en décrivent que deux.

— Pontius ou Dupont (Paul), d'Anvers, graveur au burin.

Épreuve avant toutes lettres et avant que d'être terminée au burin.

— Snellinx (Jean), de Malines, peintre d'histoire.

Épreuve avant toutes lettres; la planche de ce portrait n'a pas été terminée.

— Snyders (François), d'Anvers, peintre de chasses, d'animaux et de fruits.

Épreuve avant toutes lettres où il n'y a que la tête de gravée; cette planche a été terminée par *Jacques de Neeffs*.

— Suttermans (Juste), ou Josse Citermans, d'Anvers, peintre d'histoire du grand duc de Toscane.

Épreuve avant toutes lettres; la planche de ce portrait n'a pas été terminée.

— Vorsterman (Lucas), de Gueldre, graveur au burin.

Épreuve avant toutes lettres et avant le fond terminé au burin.

— Vos (Paul de), d'Ulst, peintre de batailles et de chasses.

Épreuve avant toutes lettres, la tête et le fond seulement gravés. *Jean Meyssens et Sch. à Bolswert* ont terminé la planche de ce portrait.

— La même estampe terminée avec le titre: PAULUS DE VOS PICTOR. *Ant. Van-Dick fecit. Iean Meyssens excudit.*

— Vos (Guillaume de), peintre d'histoire à Anvers.

Épreuve avant toutes lettres, avant que d'être terminée par *Bolswert*.

— Wael (Jean de), d'Anvers, peintre d'histoire.

Épreuve avant toutes lettres; la main et le bas de l'estampe ne sont pas indiqués. Ce portrait n'a pas été terminé.

— Triest (Antoine), évêque de Gand.

Cette planche, dont on ne connaît pas d'épreuve avant la lettre, a été terminée par P. de Jode. *Voyez l'article de ce graveur.*

Portraits gravés d'après Van-Dick, au bas de chacun les noms du personnage, ceux du peintre et du graveur, et l'adresse de Martinus Vanden-Enden excudit cum priuilegio.

Par PIERRE BAILLU.

— URFÉ (Honoré d'), gentilhomme de la chambre, auteur de l'Astrée. Deux lignes de titre. *Joannes Meyssens excudit.*

Par SCHELTE A BOLSWERT.

— AREMBERG (Albert, comte d'), prince de Barbançon. Quatre lignes de titre.

— BARBÉ (Jean-Baptiste), d'Anvers, graveur au burin. Une ligne de titre.

— BRAUWER (Adrien), d'Harlem, peintre. Une ligne de titre.

— LIPSE (Juste), historiographe du roi d'Espagne. Deux lignes de titre.

— MARGUERITE DE LORRAINE, femme de Gaston, duc d'Orléans. Deux lignes de titre.

— PEPYN (Martin), d'Anvers, peintre d'histoire. Une ligne de titre.

— VRANCX (Sébastien), peintre de batailles. Une ligne de titre ; *épreuve avant le nom du graveur.*

Par DELFT.

— MIREVELT (Michel), de Delft, peintre de portraits. Une ligne de titre. Première épreuve où le nom du graveur est indiqué *Henri Hondius*, au lieu de *Delft* qui en est le graveur.

Par CORNEILLE GALLE, LE VIEUX.

— WOLFART (Artus), d'Anvers, peintre d'histoire. Une ligne de titre. Première épreuve où le nom de *S. Bolswert* est indiqué au lieu de *C. Galle*, qui en est le graveur.

Par GUILLAUME HONDIUS.

— Hondius (Guillaume), de la Haye, graveur au burin. Une ligne de titre.

— Eugénie (Isabelle-Claire), infante d'Espagne. Trois lignes de titre.

— Franck (François), d'Anvers, peintre d'histoire. Une ligne de titre. Épreuve avec le nom de *P. de Jode*, au lieu de celui de *Hondius*, qui a gravé ce portrait.

Par PIERRE DE JODE, dit Le Vieux.

— Tserclaes de Tilly (Jean, comte de). Trois lignes de titre.

Par PIERRE DE JODE, dit Le Jeune.

— Colyns (André), de Nole, sculpteur. Une ligne de titre.

— Coster (Adam de), peintre de Malines. Une ligne de titre. *Épreuve avant le nom du graveur.*

— Ferdinand d'Autriche, infant d'Espagne. Deux lignes de titre. *Joannes Meysens excudit.*

— Fritland (Albert, duc de). Une ligne de titre.

— Halmalivs (Paul), sénateur d'Anvers. Une ligne de titre.

— Jordaens (Jacques), d'Anvers, peintre d'histoire. Une ligne de titre.

— Poelenbovrch ou Poelemburg (Corneille), d'Utrecht, peintre d'histoire et de paysages. Une ligne de titre.

— Puteanus (Erycius), historiographe des Pays-Bas. Deux lignes de titre.

— Snellinx (Jean), de Malines, peintre d'histoire et de batailles. Une ligne de titre.

— Triest (Antoine), évêque de Gand. Trois lignes de

titre. La tête et les mains de ce personnage sont gravées à l'eau-forte par *Ant. Van-Dyck.*

— TVLDENUS (Diodore), professeur à l'université de Louvain. Deux lignes de titre (*).

PAR NICOLAS LAUWERS.

— BLANCATCIO (frère Lelio), commandeur de Malte. Trois lignes de titre.

PAR JEAN MEYSSENS, QUI LES A ÉDITÉS.

— CHARLES Ier, roi d'Angleterre. Une ligne de titre. *Joan. Meyssens excudit.*

— HENRIETTE MARIE DE FRANCE, reine d'Angleterre. Une ligne de titre. *Joan. Meyssens fecit et excud.*

— EE (François-Vander), bourgmestre de Bruxelles. Deux lignes de titre. *Joan. Meyssens fecit et excudit.*

— RVTEN (Marie), épouse de Van-Dyck. Une ligne de titre. *Joan. Meyssens fecit et excudit.*

— Vos (Paul de), d'Ulst, peintre de chasses et de batailles. Une ligne de titre. *Joan. Meyssens excudit.*

PAR PAUL PONTIUS.

— BAELEN (Henri-Van), d'Anvers, peintre d'histoire et curieux d'antiquités. Une seule ligne de titre.

— BAZAN (don Alvar de), général espagnol. Trois lignes de titre.

— BREVCK (Jacob de), architecte à Mons. Une ligne de titre.

— COLOMA ou COLONNE (Don Charles). Deux lignes de titre.

— CRAYER (Gaspard de), d'Anvers, peintre d'histoire. Une seule ligne de titre.

(*) Le dessin de ce portrait est au Musée Royal.

— Frockas Pingra et Pimentel (Emanuel). Une ligne de titre. Épreuve avec le mot *Pingra,* au lieu de *Perera.*

— Geest (Corneille-Vander), curieux de tableaux, à Anvers. Une ligne de titre.

— Gerbier (Balthazard). Au bas des armes quatre lignes de titre, et de l'écriture sur le papier que Gerbier tient à la main.

— Gevartius (Gaspard). Deux lignes de titre.

— Gusman (Don Diégo, Philippe de). Quatre lignes de titre.

— Gustave (Adolphe), roi de Suède. Deux lignes de titre.

— Honthorst (Gérard), d'Utrecht, peintre d'histoire. Une ligne de titre.

— Hugens (Constantin). Deux lignes de titre.

— Lon ou Loon (Théodore), peintre d'histoire. Une ligne de titre.

— Marie de Médicis, reine de France. Deux lignes de titre.

— Miræus (Aubert), de Bruxelles. Deux lignes de titre.

— Mytens (Daniel), peintre d'histoire, à la Haye. Une ligne de titre. *Épreuve avant le nom du graveur.*

— Nassau (Jean, comte de). Trois lignes de titre.

— Palamèdes, Palamedessen Stewers, peintre de batailles. Une ligne de titre. *Épreuve avant le nom du graveur.*

— Pontius (Paul), graveur. Une ligne de titre.

— Raphael Sanzio d'Urbin, peintre d'histoire, gravé d'après le tableau de ce maître. Au bas, après le nom du personnage, six vers : *Vrbinum Vrbs...,* etc. *Paulus Pontius fecit et excudit. Cum priuilegys.*

Première épreuve avant l'adresse de *Jean Meyssens.* Cette planche, gravée sous la conduite de Van-Dick, se place dans la suite des portraits de ce peintre.

— RAVESTIN (Jean Van), de la Haye, peintre de portraits. Une ligne de titre. Epreuve avec le titre écrit *Gaspard Ravestyn*.

— SCRIBANIUS (Charles), de la société de Jésus. Titre. *Carolvs Scribani soc. Jesv*..... etc. *Antonius Van-Dick pinxit. Cum priuilegio Paulus Pontius sculpsit.*

— ROMBOUST (Théodore), d'Anvers, peintre d'histoire. Une ligne de titre. *Epreuve avant le nom du graveur.*

— ROCKOX (Nicolas), portrait dans une bordure ovale posée sur une décoration d'architecture; dans cette bordure le nom du personnage, au bas l'année de sa mort et six vers. Sur la tablette où pose l'ovale, *Pet. Paul Rubenius. Paul Pontius sculpsit* 1639. H. de *Neyt exc.* Van-Dick aurait fait le dessin de ce portrait, peint par Rubens.

— RUBENS (Pierre Paul), peintre d'histoire. Une ligne de titre.

— SCAGLIA (César Alexandre). Une ligne de titre et six vers au-dessous. Épreuve avant l'année 1641.

— SAVOYE (François Thomas de), prince de Carignan. Titre en trois lignes.

— SEGERS (Gérard), d'Anvers, peintre d'histoire. Une ligne de titre.

— STALBENT (Adrien), peintre de paysages à Anvers. Une ligne de titre. *Epreuve avant le nom du graveur.*

— STEENWICK (Henri), peintre de vues d'intérieurs, d'églises et de palais. Une ligne de titre. *Épreuve avant le nom du graveur.*

— Vos (Simon de), d'Anvers, peintre d'histoire. Une ligne de titre. *Épreuve avant le nom du graveur.*

— WAVERIUS OU VAN DER WOUWER (Jean), du conseil de

guerre et des finances des Pays-Bas. Une ligne de titre. Épreuve avant la date de la naissance, avant les armes et avec le premier titre *Waverius*.

— WILDENS (Jean), d'Anvers, peintre de paysages. Une ligne de titre.

PAR ANDRÉ STOCK.

— SNAYERS (Pierre), d'Anvers, peintre d'histoire et de batailles. Une ligne de titre; épreuve avant le nom du graveur et avec le nom du peintre écrit *Snaeyers*.

PAR ROBERT-VAN ou VANDER-VOERST.

— DIGBI (Kenelme), chevalier. Une ligne de titre.

— JONES (Inigo), architecte du roi d'Angleterre. Deux lignes de titre; épreuve avant le nom du graveur.

— VOERST (Robert Van), d'Arnhein, graveur au burin (*). Une ligne de titre. *Épreuve avant le nom du graveur.*

— VOUET (Simon) peintre d'histoire. Une seule ligne de titre.

PAR LUCAS VORSTERMAN.

— CACHIOPIN (Jacques), curieux de tableaux, à Anvers. Une seule ligne de titre.

— CALLOT (Jacques), de Nancy, peintre et graveur.

— COEBERGER (Venceslas), peintre à Bruxelles. Une ligne de titre. *Épreuve avant le nom du graveur.*

— CORNELISSEN (Antoine), curieux de tableaux, à Anvers. Une ligne de titre.

— DEL MONT (Déodat), de Saint-Tron, peintre d'histoire. Une ligne de titre.

— DICK (Antoine Van) peintre. Une ligne de titre.

(*) Le dessin de ce portrait est au Musée Royal.

— EYNDEN (Hubert Van den) sculpteur. Une ligne de titre.

— GALLE (Théodore), graveur au burin, à Anvers. Une ligne de titre.

— GASTON DE FRANCE. Deux lignes de titre.

— GENTILESCHI (Horace), de Pise, peintre d'histoire. Une ligne de titre.

— JODE le vieux (Pierre de), d'Anvers, graveur au burin. Une ligne de titre.

— LIVENS (Jean), de Leyde, peintre d'histoire. Une ligne de titre.

— MALLERY (Charles de), graveur au burin, à Anvers. Une ligne de titre.

— MILDER (Jean Van), sculpteur. Une ligne de titre.

— MONCADA (François de), marquis d'Aytone. Quatre lignes de titre. Épreuve avec le *cum priuilegio tracé à la pointe après le nom du graveur.*

— MONPER (Josse de), peintre de paysage à Anvers (*). Une ligne de titre. *Epreuve avant le nom du graveur.*

— PEIRESCE ou PEIRESC (Nicolas Fabre de). Leux lignes de titre.

— ROCKOX (Nicolas), ancien conseiller de la ville d'Amsterdam, représenté à mi-corps, assis dans son cabinet. Peint par Van-Dick en 1625.

Première et rare épreuve avant la lettre, ayant les médailles sur la table, les titres aux deux volumes de Platon et de Sénèque, et le nom au buste d'Homère. On lit : *A. Van-Dick pinxit. L. Vorsterman sculp. excud. cum priuilegys*, dans le fond à droite, à la place qu'occupent les armes de Rockox dans les épreuves postérieures.

(*) Une épreuve où il n'y avait que la tête de gravée à l'eau-forte, fut vendue au prix de 315 fr. à la vente du cabinet de M. Revil, en 1838.

— SACHTELEVEN (Corneille), de Roterdam, peintre d'histoire. Une ligne de titre. *Epreuve avant le nom du graveur.*

— STEVENS (Pierre), curieux de tableaux, à Anvers. Une ligne de titre.

— SPINOLA (Ambroise), général des armées d'Espagne dans les Pays-Bas. Trois lignes de titre.

— SCHUT (Corneille), peintre d'histoire à Anvers. Une ligne de titre. *Epreuve avant le nom du graveur.*

— UDEN (Lucas Van), peintre de paysages, à Anvers. Une ligne de titre.

— WOLFANG GUILLAUME, Comte Palatin. Trois lignes de titre.

— Vos (Corneille de), d'Hulst, peintre d'histoire. Une ligne de titre.

PAR CONRAD WAUMANS.

— CROY (Marie Claire), duchesse du Hàvre. Deux lignes de titre. *Ioannes Meysens excudit.*

— ORANGE (Frédéric Henri, prince d'). Trois lignes de titre. *Ioannes Meysens excudit.*

— ORANGE (Emélie de Solins, princesse d'). Deux lignes de titre. *Ioannes Meysens excud.*

PORTRAITS D'APRÈS DIFFÉRENS MAITRES ET QUI FONT PARTIE DU VOLUME DES PORTRAITS DE VAN-DICK.

ANONYME.

— BOSSCHAERTS (Thomas Willeboirts) peintre. Une ligne de titre. Epreuve sans nom de peintre ni de graveur.

JACOB DE NEEFFS.

— NEMIUS (D. Gaspard), évêque d'Anvers. Trois lignes

de titre. *Gerardus Seghers pinxit. Iacobus Neeffs sculpsit et excudit.*

— Tollenario (R. P. Jean), de la société de Jésus. Cinq lignes de titre. *P. Fruytiers delin. Jac. Neeffs sculpsit et excudit cum priuilegio.*

PAUL PONTIUS.

— Heem (Jean de), d'Utrecht, peintre de fruits. Titre : le nom du personnage, quatre vers latins, et *Joannes Lyvyüs pinxit. Paulus Pontius sculpsit.*

— Jean, baron de Beck, seigneur de Beaufort, etc. Quatre lignes de titre. *Franciscus de Nys pinxit. Paul Pontius sculpsit.*

— Seghers (Daniel), de la société de Jésus. Trois lignes de titre. *Joannes Lyvyus; épreuve avant le nom du graveur.*

LUCAS VORSTERMAN.

— Dom. Ieronino de Bran, etc. *L. Vorsterman sculptor. I. Liuius delin.*

— Lanier (Nicolas). Il est couvert d'un manteau fourré et porte sa main droite, de laquelle il tient un bâton, vers son chapeau placé sur ses genoux. Titre et dédicace en trois lignes. *Joannes Lyvyus pinxit. Lucas Vorsterman sculpsit.*

— Piccolomino (Octave), d'Aragon. Titre en deux lignes et au-dessous quatre vers. *G. Seghers pinxit. Cum priuilegio Regium. Vorsterman sculpsit.*

LUCAS VORSTERMAN, le Jeune.

— Vorsterman (Lucas). Deux lignes de titre. *Joannes Lyvius delineavit. Franciscus Vanden Wyngaërde fecit et excudit.*

P.-P. RUBENS.

— Vieille, un panier passé sous le bras; elle tient de la main gauche une chandelle à laquelle un jeune garçon vient allumer la sienne. P. en H. Au bas deux vers: *Quis vetet...* etc. *Pet. Paul. Rubenius invenit et excud. Cum privilegiis Regis*, etc. Cette estampe, dit Basan, que l'on attribue mal à propos à Corn. Visscher, est certainement de Rubens, qui la grava lui-même à l'eau-forte, et qui après en avoir fait tirer quelques épreuves, la fit terminer au burin par *Pontius* ou par *Vorsterman* (*).

E.

EARLOM (RICHARD), dessinateur et graveur à l'eau-forte et à la manière noire, né dans le comté de Sommerset en 1728; mort à Londres vers 1790. Ce maître a porté au plus haut degré de perfection la gravure en mezzotinto ou manière noire. Son œuvre est considérable en sujets, portraits, et divers recueils dont celui du *Livre de Vérité* (*). Voyez *Hubert et Rost*, 9ᵉ vol., école anglaise.

288 — Agar et Ismaël dans le désert. Gravé d'après une peinture de Louis Carrache, faite sur le tableau du Corrège.

(*) *P. Soutman* a copié parfaitement cette estampe, mais de sens opposé; la femme qui est à gauche dans l'original est à droite dans la copie, et on ne lit que *P.-P. Rubens invenit. P. Soutman Fecit. Jac. Stohl* a aussi copié cette estampe en 1646.

(**) *Liber veritatis, or collection of two hundred prints, after the original designs of Claude-le-Lorrain, in the collection of the Duke of Devonshire executed by Richard Earlom, in the manner and taste of the drawings....*London, Boydell, 1779 à 1812, 3 vol. in-fol., avec le supplément, 300 planches.

Tableau de la galerie de Parme, connu sous le nom de *la Zingarina*. P. en H.

Épreuve avant la lettre, les noms d'auteurs et la publication en 1768, tracés à la pointe.

289 — *Mary Madelen Washing Chrit's feet* (Marie Madeleine lavant les pieds du Christ). Gravé en manière noire d'après le tableau de Rubens de la galerie Houghton (*), et actuellement dans la galerie de l'Hermitage, à Saint-Pétersbourg. P. en L. *39.*

Épreuve avant le lettre; première planche, avec les armes; les noms d'auteurs et la publication en 1777 tracés à la pointe.

290 — *A Iron.* (Intérieur d'une forge). Gravé en manière noire, d'après le tableau de *Wright*, 1772. R. Earlom *published*, 1778. P. en L. *20.*

Épreuve avant la lettre.

291 — *A Blacksmith's Shop* (Les Forgerons). Gravé en manière noire, d'après le tableau de *Wright*, 1771. R. Earlom *published*, 1771. P. en H. *39.*

Épreuve avant la lettre.

292 — *A flowers* (les fleurs); *A fruits pièce* (les fruits), d'après les tableaux peints par Van Huysum en 1722-23, tableaux de la galerie Houghton et actuellement à la galerie de l'Hermitage à Saint-Pétersbourg. P. en H. *176.*

Premières planches de 1778-1781. Belles épreuves avant la lettre, avec les armes; les noms d'auteurs et la publication tracés à la pointe. Collect. de *M. de Scitivaux*.

(*) *The collection of the pictures at Houghton, published by J. Boydell.* Londres, 1775, 2 vol. in-fol. de 161 planches. Les tableaux de cette galerie ont été vendus à l'impératrice Catherine de Russie, pour la somme de 40,555 livres sterling, somme à laquelle ils avaient été estimés par les artistes *B. West* et *Cipriani*.

292 bis. — Les deux mêmes estampes, secondes planches (*).
Épreuves avant la lettre.

293 — George III, roi d'Angleterre, et sa famille, d'après le tableau de Zoffani. P. en L.

Épreuve avant la lettre; seulement le nom *Zoffani pinxit, Rich. Earlom sculpsit,* tracés à la pointe.

294 — Portrait en pied du duc d'York, d'après le tableau d'Ant. Van-Dyck, de la galerie de l'Hermitage à Saint-Pétersbourg. P. en H.

Épreuve avant la lettre; les noms d'auteurs et la publication en 1773 tracés à la pointe.

295 — Portrait à cheval du duc d'Aremberg, d'après le tableau d'Ant. Van-Dyck, de la collection de W. Coke. P. en H.

Épreuve avant la lettre avec les armes; les noms d'auteurs et la publication en 1783 tracés à la pointe.

EDELINCK (GÉRARD), graveur au burin, né à Anvers en 1639; mort à Paris, aux Gobelins, à l'âge de 67 ans, le 2 avril 1707; élève de CORN. GALLE, dit le jeune. Appelé à Paris en 1665 par le ministre Colbert, il se perfectionna sous NIC. PITTAU et FRANC. DE POILLY. Il fut reçu membre de l'Académie de Peinture. *Watelet*, à l'article d'Édelinck, dans son Dictionnaire de Peinture (**), caractérise ainsi le génie de cet artiste : « Son travail est fier et précieux et annonce un
» sentiment profond de la couleur ; son burin est plus soigné que
» celui des Bolswert et Pontius, sans être moins pittoresque; mais
» chez lui le soin ne dégénérait pas et n'entraînait pas cette longueur

---

(*) Les premières planches ayant été usées, on les grava une seconde fois. On reconnaît ces secondes planches à des légendes qui sont ajoutées dans les banderolles au bas des armes.

(**) Dictionnaire de peinture, sculpture et gravure, par Watelet et l'Évêque. Paris, 1792, 5 vol. in-8°.

» de temps que les graveurs mettent aujourd'hui à leurs ouvrages,
» la grandeur et le nombre de ses estampes témoignent de son éton-
» nante facilité (*) ». Edelinck n'a pas fait d'ouvrage médiocre, on
trouve dans tous la même hardiesse de burin, la même chaleur qui
anime ses portraits, et qui en fait le plus habile graveur qui ait illustré le siècle de Louis XIV.

296 — La Sainte-Famille accompagnée de sainte Anne, du jeune saint Jean et de deux anges : l'un en acte d'adoration ; l'autre prêt à répandre des fleurs sur le Sauveur; d'après le tableau peint par Raphaël en 1515 pour François Ier. Tableau du Musée Royal. P. en H.   605.

Superbe épreuve (**) avant les armes de l'abbé Colbert qui ont été placées postérieurement au bas du milieu du sujet et qui ont été effacées dans les dernières épreuves. La planche est à la Calcographie royale.

297 — Sainte-Famille. Le Sauveur et la Vierge assise près d'une table ; debout devant eux, saint Joseph appuyé près d'une pierre à droite, sur laquelle on lit : *Tableau peint pour les compagnons charpentiers de la confrérie de Saint-Joseph, érigée en l'église Saint-Paul à Paris*. Gravé d'après Le Brun en 1704. P. en H., dite *le Bénédicité*.   190.

Rare épreuve avant la lettre, de la collection de *M. de Scitivaux*.

298 — La Magdeleine repentante renonçant aux vanités du siècle, d'après le tableau de Charles Le Brun, peint pour   340.

(*) Une note insérée dans le Rapport de l'état des beaux-arts en France, en 1808, porte à trois cent cinquante-cinq pièces, le total de l'œuvre d'Edelinck, ainsi divisé : 50 portraits in-folio, 192 in-4° et in-8°, et 113 sujets historiques. Il est à supposer que l'on a confondu dans ce nombre celles gravées par son frère Jean et son fils Nicolas, et d'autres sous sa direction, et portant son nom comme éditeur.

(**) Une épreuve sans aucune lettre se voit au cabinet des estampes à Paris. Elle a été payée 73 livres sterling à la vente du cabinet du duc de Buckingam, en 1834.

— 86 —

l'église des Carmélites de la rue Saint-Jacques, et actuellement au Musée Royal. P. en H. (*).

Belle et rare épreuve avant la lettre ; seulement les noms d'auteurs. Collection de M. de Scitivaux.

400.

299 — Des anges adorant Jésus crucifié, d'après le tableau de Ch. Le Brun au Musée Royal. P. en H., de deux feuilles, connue sous le titre du *Christ aux Anges* (**).

Très rare épreuve avant l'adresse de Drevet, dans la marge du bas à droite. Dans cette épreuve le mot *contemple*, qui est le premier des vers qui sont au bas de l'estampe, est écrit avec une *s* (contemples).

295.

300 — La mère de douleur assise au pied de la Croix. P. en H.

Très belle et rare épreuve avant les quatre vers: *Offre à Dieu mon fils*, etc., et avant les noms de *Phil. de Champagne pinxit. G. Edelinck sculps. cum priuilegio regis.*

180.

301 — Saint Charles Borromée en prière devant un crucifix, d'après le tableau de Ch. Le Brun, peint pour l'église de Saint-Nicolas, à Paris. P. en H.

Première et très rare épreuve avant la lettre et avant la bordure qui entoure le sujet ; seulement à gauche dans l'estampe on lit : *C. Le Brun pinxit. G. Edelinck sculp. cum pr. reg.* Collect. de *M. de Scitivaux.*

201.

302 — Moïse tenant de la main gauche les Tables de la Loi, sur lesquelles sont écrits les commandemens de Dieu ; il tient une palme de la main droite posée sur un appui. D'après le tableau de Ph. de Champagne, qui était dans la collection de M. De Lalive (***). P. en H.

Première épreuve avant les noms : *Champagne pinxit, Nanteuil* et

---

(*) Cette belle estampe, qui s'est vendue plusieurs fois au prix de 800 et 900 fr., a fait partie de la première exposition de l'Académie au Louvre, en 1699.

(**) On prétend que cette composition est une réminiscence d'un songe qu'avait eu la reine Anne d'Autriche.

(***) Catalogue historique du cabinet de peinture et sculpture française de M. de La Live. Paris, 1764, in-8°.

Edelinck sculp. 1699, et avant la dédicace à M. le président de Harlay (*).
(Le Peintre-Graveur français, 4e vol. pag. 49.)

303 — Louis XIV, vu à mi-corps, tourné à droite, le regard presque de face; il est revêtu d'une cuirasse. Portrait dans un ovale. P. en H., in-8°. Ce morceau fait partie de la suite d'Odieuvre (**).

<small>Première épreuve avant la lettre.</small>

304 — Louis, duc de Bourgogne, vu à mi-corps dans un ovale armorié. *Pint par de Troye, gravé par le chevalier Edelinck.* C. P. R. P. en H.   9.

305 — Philippe, duc d'Anjou, vu à mi-corps dans un ovale armorié. *Pint par de Troye, gravé par le chevalier Edelinck.* P. en H.   10. 50.

306 — Nathanaël Dilgerus, ministre de Dantzick, à l'âge de 75 ans, vu à mi-corps, dirigé vers la droite. Portrait dans un ovale. *G. Edelinck sculpsit* 1683 *Cù.* P. R. P. en H.   122.

<small>Première épreuve où le tracé des lignes du titre est apparent.</small>

307 — Mathurin Savary, évêque de Séez, vu à mi-corps, dans un ovale armorié avec inscription. *Ferdinand Junior pinxit, G. Edelinck sculp.* C. P. Regis 1683. P. en H.   8. 50.

308 — Pierre Daniel Huet, évêque de Soissons et depuis d'Avranches, vu à mi-corps dans un ovale armorié avec inscription. *De Largillière pinxit. G. Edelinck sculpsit* C. P. R. 1686. P. en H.   10.

309 — Nicolas Feuillet, chanoine de Saint-Cloud, vu de face, un papier à la main droite, dans un ovale avec inscription. *Compardel pinxit. G. Edelinck sculpsit.* C. P. R. P. en H.   12.

310 — Thomas-Alexandre Morant, maître des requêtes, vu à   11.

(*) Cette planche, commencée sous la direction de Nanteuil, a été terminée en 1699, par G. Edelinck, qui a fait la tête et les mains.

(**) Les Hommes Illustres, par Dreux du Radier. Paris, Odieuvre, 1755 6 vol. gr. in-8°.

mi-corps, tourné à gauche, dans un ovale armorié, posé sur un appui, avec inscription. Au bas de l'ovale, on lit : *de Largillière pinxit*. *G. Edelinck sculp*. C. P. R. 1685. P. en H.

25. 311 — Michel Le Pelletier de Sousy, maître des requêtes, représenté assis, vu à mi-corps dans un ovale. *Van Oost pinxit. G. Edelinck sculp. cum Priuil. Regis* 1679. P. en H.

40. 312 — Pierre-Vincent Bertin, trésorier général du sceau. Peint par de Largillière et gravé par G. Edelinck; d'après le dessin de Coypel fils. P. en H.
Épreuve avant la lettre, seulement les armes.

7. 50. 313 — Baptiste de Blye, premier président du parlement de Tournay, vu à mi-corps, tourné à gauche, dans une bordure ovale armoriée, avec inscription. *L'Adam Pinx. G. Edelinck sculp*. P. en H.

10. 50. 314 — Philippe Evrard, avocat, vu à mi-corps dans un ovale armorié, avec inscription. *Tortebat pinxit. Eques Edelinck sculpsit*. P. en H.

19. 315 — Christophe Gottvaldt, physicien. *Stech pinxit. Edelinck sculp*. C. P. R. P. en H.

315 bis — Christian Hugens, mathématicien hollandais, vu à mi-corps, la main appuyée sur un livre. P. en H., gravée d'après Nestcher.
Épreuve avant la lettre.

35. 316 — Jean Cousin, peintre français. P. en H.
25. 317 — Titien, peintre italien. P. en H.
20. 318 — Goltzius, peintre et graveur allemand. P. en H
Ces trois portraits, épreuves avant la lettre.

8. 319 — Charles Perrault, de l'Académie Fançaise (*); il est représenté à mi-corps, debout, la main droite appuyée sur un

---

(*) Ce portrait est en tête de l'ouvrage : *Les Hommes Illustres qui ont paru en France pendant ce siécle avec leurs portraits au naturel*, par Perrault. Paris, Dezallier, 1690, 2 vol. in-fol. de 100 portraits.

livre. *Tortebat pinxit. Edelinck sculp. cum privil.* R. 1694.
P. en H.

320 — Philippe de Champagne, peintre, vu à mi-corps, presque jusqu'aux genoux; il est dans une campagne, un rouleau à la main droite. P. en H., gravée en 1676, d'après le tableau peint par Champagne en 1668 (*). Ce portrait est l'un des plus beaux qu'Edelinck ait gravés; il lui donnait la préférence sur toutes ses autres productions.

1350.

Épreuve rarissime et peut-être unique; elle est avant la lettre, avant des contre-tailles sur le tronc d'arbre, près la tête du personnage, et aussi sur la partie lumineuse de la berge qui est à droite. Collect. de *M. de Scitivaux*.

321 — Charles Le Brun, peintre. Il est représenté à mi-corps, enveloppé d'un riche manteau. Portrait dans un ovale.

126.

Épreuve de la plus grande rareté et peut-être unique; elle est avant les armes, et avant les angles de l'ovale et les noms *de Largillière pinxit. G. Edelinck sculpsit*. Il n'y a que le portrait de gravé. Collect. de *M. de Scitivaux*.

322 — Hyacinthe Rigaud, peintre du roi, chevalier de Saint-Michel. Il est vu à mi-corps à travers une croisée, au-dessous de laquelle est un bas-relief représentant un sacrifice antique, d'après le tableau peint par ce maître en 1692. *Se ipse pinxit. G. Edelinck sculp.* C. P. R. P. en H.

15.

323 — Martin Van den Bogart, connu en France sous le nom de *Desjardins*, sculpteur du roi, recteur de l'Académie royale..., représenté debout, vu jusqu'aux genoux, sa main droite posée sur une tête de bronze d'un des captifs enchaînés aux pieds de la statue de Louis XIV, qui décorait la place des Victoires. Ce morceau, gravé en 1698, d'après le

191.

(*) Ce beau tableau fut donné à l'Académie de Peinture, dont Champagne était membre dès 1648 et professeur en 1655, par M. de Reussel, graveur, huit ans après la mort de ce peintre célèbre, en 1674. Il est actuellement au Musée Royal, qui possède aussi la planche d'Edelinck à sa Calcographie.

tableau peint par H. Rigaud en 1692, est placé au rang des chefs-d'œuvre de G. Edelinck. P. en H.

Première et rare épreuve avant la lettre.

323 bis — Jacques Savary, auteur du parfait négociant; vu à mi-corps, dans un ovale armorié. P. en H., gravée en 1668 d'après Coypel fils.

Épreuve avant la lettre.

ESTÈVE (M. RICHARD), graveur au burin, vivant à Madrid.

324 — Le frappement du rocher. Dessiné et gravé en 1839, d'après le tableau de Murillo qui est à Séville. P. en L.

Belle épreuve avant toutes lettres, papier de Chine.

325 — La même estampe.

Épreuve avant la lettre, les noms d'auteurs tracés à la pointe; elle est sur papier de Chine.

EYNHOUEDTS (REMOLDUS ou ROMBAUT VAN), peintre, graveur à l'eau-forte, né à Anvers en 1605.

326 — Saint Christophe portant l'Enfant-Jésus, d'après P.-P. Rubens (8). P. en H.

Première épreuve avant les noms de *Rem. Eynhouedts sc.*

EVERDINGEN (ALDERT VAN), peintre et graveur à l'eau-forte, né à Alkmaer en 1621, mort en 1675; élève de ROLAND SAVERY et de PIERRE-MOLYN. *Bartsch,* vol. 2, décrit cent cinq pièces, représentant des paysages de style agreste, et aussi cinquante-sept pièces pour un ancien poëme allemand, du Reynier-le-Renard, par Henri d'Alkmaer.

327 — Le grand paysage de forme ronde. Au bas à droite, sur une pierre, les lettres A. V. E., marque du maître (4). Ce morceau est très rare.

Épreuve de la planche réduite.

328 — Paysages en hauteur. Le porcher (8). Le paysage à la meule (9). La chapelle (10).

329 — Paysages en largeur. Le hameau à la pente d'une montagne (17). Le rocher (18). Le hameau au terrain montueux (19). Marine à travers le rocher percé (47). Les deux barques dans la large rivière (58). Les deux nacelles vides (60). La nacelle dans les joncs (61). Les deux paysans sur la colline (71). La femme regardant la nacelle (75). La roue sous le toit mobile (77). Le moulin sous la chute d'eau (78). La large rivière (82). Le clocher (84). Les deux charriots (85). Le berger (87). Les deux échelles (90).

330 — Les fontaines d'eaux minérales, suite de quatre pièces en largeur (95 à 98).

331 — La butte (100), la cascade près du moulin à eau (102).

A ces vingt-quatre morceaux anciennes épreuves, les lettres A. V. E., marque du maître, exception faite des n°s 75, 77 et 96, où le nom de A. *Everdingen* est écrit en entier.

F.

FAITHORNE ou FAYTHORNE le vieux (GUILLAUME), dessinateur et graveur au burin, né à Londres vers 1620 ; mort dans la même ville en 1691. Ayant embrassé la cause de Charles Ier, il s'expatria et vint en France où il étudia sous Phil. de Champagne, et se lia avec Nanteuil, dont les conseils lui furent très utiles. Il tient le premier rang parmi les burinistes anglais du 17me siècle.

332 — Portrait de François Rous, prévôt d'Eton, à mi-corps, dans un ovale armorié avec inscription. A droite sur l'appui où pose l'ovale : *Guil. Faythorne scul.*, et dans la marge du bas, quatre vers en anglais. P. en H.

Belle épreuve d'un portrait rare.

FALCONE (Jean-Ange), architecte. Selon *Soprani* (*), il travailla à Gênes, où il mourut de la peste en 1657.

333 — Paysage d'une vaste étendue ; une ville ancienne se voit dans le fond, s'étendant à gauche jusqu'au bord de la mer. Au milieu de la composition, un rocher en forme d'aiguille, en avant duquel se voient quelques arbres et une prairie où paissent des vaches gardées par une femme avec un enfant. Au premier plan à gauche, un homme et une femme, cette dernière assise au pied d'une butte où est un grand arbre. On lit au bas, à gauche : ANCIOLO FALCONETO F., les deux L des deux noms retournés, et à gauche une inscription illisible. P. en L., très rare.

FIELSING (J.), artiste vivant en Allemagne, graveur au burin.

334 — Sainte-Famille, d'après le tableau d'Overbeck; composition à l'imitation de Raphaël. P. en H.

Épreuve avant la lettre, elle est sur papier de Chine. Au milieu de la marge du bas on lit : *J. Fielsing sculp.*, tracé à la pointe.

FICQUET (Etienne), graveur au burin, né à Paris en 1731, mort dans la même ville en 1794. Elève de G.-F. Schmidt de Berlin.

335 — Ariosto (*Ludovico*). *Titien pinxit. Ch. Eisen del. Ficquet sculp.* 1794. Ce portrait ainsi que les suivans sont en hauteur.

Trois épreuves avec différences: 1re épreuve d'eau-forte avec des armes au bas; 2e terminée, et avant toutes lettres, les armes supprimées; 3e avec les noms ci-dessus.

(*) *Vite de Pittori, scultori ed architetti Genovesi*, etc. Genova, 1674, in-4°. Il y a une édition de 1768.

— Le même portrait gravé sur un plus grand format.

Deux épreuves, une est avant une double bordure qui couvre les noms d'auteurs.

— Cicéron. Titre : *M. Tullius Cicero ex marmore antiquo. P. P. Rubens del. Ficquet sculpsit.*

— Crébillon (*Joliot de*). *Aved pinxit. E. Ficquet sculpsit.*

Trois épreuves : 1re avant que d'être entièrement terminée ; 2e terminée, avant les noms d'auteurs ; 3e avec les noms.

— Chenevière (*N. de*). *Gravé à Paris en 1770 par Ficquet, graveur de leurs majestés impériales et royales.*

— Corneille (*Pierre*). *C. Lebrun pinxit. E. Ficquet sculp.*

Deux épreuves : 1re avant les noms, très rare ; 2e avec les noms d'auteurs.

— Descartes (*René*). *François Hals pinxit. E. Ficquet sculp.*

Trois épreuves : 1re où il n'y a que le portrait de gravé ; 2e entièrement terminée, avant les noms d'auteurs ; 3e avec les noms.

— Eisen (*Charles*), dessinateur. *Vispré pinxit. E. Ficquet sculp.* 1761.

Épreuve où ne se voit pas le nom du personnage dans la tablette de l'appui sur lequel pose l'ovale. Elle est avec les noms d'auteurs.

— Fénélon (*de la Mothe*). *Vivien pinxit. Ficquet, graveur de leurs majestés impériales et royales, sculp.*

Deux épreuves ; 1re avant les noms d'auteurs ; 2e avec les noms.

— La Fontaine (*Jean de*). *Hyacinthe Rigaud pinx. Ficquet sculp.*

Trois épreuves : 1re avant le nom du personnage dans la tablette au-dessous de l'ovale et avant le trait carré qui entoure le portrait ; 2e avant le nom, mais avec le trait carré ; 3e avec le nom de Jean de la Fontaine et les noms d'auteurs dans la marge du bas, mais avant quelques légers travaux sur le ruisseau et les arbres qui sont dans la fable du loup et l'agneau qui est gravée au bas du portrait. Épreuve dite au *chemin blanc*.

— Louis XV. Au bas, à droite, *Ficquet*, tracé à la pointe, Rare.

— Maintenon (*Françoise d'Aubigné, marquise de*), née le 26 novembre 1635, décédée le 15 avril 1719. *Peint par Mignard en 1694, gravé par E. Ficquet, en 1759.*

Belle épreuve sur papier double.

— Molière (*Poquelin de*). *Coypel pinx. Ficquet sculp.*

Deux épreuves ; 1re avant les noms d'auteurs, très rare ; 2e terminée, et avec les noms, mais avant les travaux ajoutés sur les masques qui sont sur l'appui sur lequel pose le portrait.

— Montaigne (*Michel de*). *Dumonstier pinx.* 1578. *Ficquet sculp.* 1772.

Deux épreuves : 1re avant plusieurs travaux sur le vêtement du personnage et dans le fond, et avant les noms d'auteurs ; 2e terminée et avant les noms.

— Regnard (*Jean-François*). *Rigaud pinxit. E. Ficquet, graveur de leurs maj. imp. et roy.* 1776.

Deux épreuves : 1re avant les noms d'auteurs ; 2e avec les noms.

— Rousseau (Jean-Jacques). *De la Tour pinx. E. Ficquet sculp.*

Cinq épreuves : 1re non terminée ; 2e deux épreuves terminées avec quelques légères différences dans la bordure ; 3e entièrement terminée avant les noms d'auteurs ; 4e avec les noms.

— Vayer (*La Mothe le*). *Nanteuil del. Ficquet, graveur de leurs maj. imp. et roy.* 1775.

Trois épreuves : 1re avant les noms d'auteurs ; 2e avec les noms ; 3e, la bordure historiée est remplacée par une bordure simple où est une tablette où se lit : *François de La Mothe Levayer, conseiller d'état ordinaire de sa Majesté très chrétienne.* Cet état orne les Hommes Illustres d'Odieuvre.

Portraits gravés pour l'ouvrage: Vies des Peintres Flamands et Hollandais, par Descamps (*). Ils sont à mi-corps dans des ovales placés sur un fond travaillé. P. en L. Premières épreuves avant l'impression au verso.

— Artaud (*Jacques-Antoine*). *Ficquet. s.*

— Bisschop (*Jean de*). *Ficquet. s.*

— Brandenberg (*Jean*). Sans noms d'auteurs.

— Denner (*Balthazard*). Sans noms d'auteurs.

— Dunz (*Jean*). Deux épreuves; une avant le nom de *Ficquet. s.*

— Dullaert (*Herman*). *Ch. Eisen del. Ficquet scul.*

— Duval (*Robert*). *Ficquet sc.*

— Genoels (*Abraham*). *C. Eisen del. Ficquet sc.*

— Hoet (*Guérard*). *Ficquet sc.*

— Hondius (*Abraham*). *C. Eisen del. Ficquet sculp.*

— Huysmans (*Corneille*). *Ficquet sc.*

— Koeston Block (Jeanne). *C. Eisen del. Ficquet sculp.*

— Meulen (*Antoine-François Van der*). Deux épreuves; une est avant le nom de *Ficquet scul.*

— Meyer (*François*).

— Moucheron (*Isaac*). *Ficquet sc.*

— Muller (*Grégoire Brand*).

— Netscher (*Théodore*). *Ficquet sc.*

— Oost (*Jacques Van*). *Ficquet scul.*

— Orley (*Richard Van*). *C. Eisen del. Ficquet sculp.*

(*) *Paris*, 1753-63, 4 vol. in-8º. On y ajoute un 5ᵉ vol.; Voyage pittoresque de la Flandre et du Brabant.

— Plas (*David Van der*). *C. Eisen d. Ficquet sc*.
— Romboust (*Théodore*). *Ant. Van-Dyck pinxit. Ch. Eisen 77 ans. Ficquet scul*.
— Roore (*Jacques de*).
— Schalken (*Godefroy*).
— Steen (*Jean*). *C. Eisen del. Ficquet sculp*.
— Terwesten (*Mathieu*). *Ch. Eisen del. Ficquet del*.
— Tideman (*Philippe*). *Ficquet s*.
— Tillemans (*Pierre*). *C. Eisen del. Ficquet sculp*.
— Torenvliet (*Jacques*). Deux épreuves; une est avant le nom de *Ficquet*.
— Velde (*Adrien Van de*). *Ficquet sc*.
— Verkolie (*Jean*). *C. Eisen del. Ficquet sculp*.
— Voet (*Charles* Bosschard). *Ficquet s*.
— Vollemans (*Jean*). *Ficquet s*.
— Voorhout (*Jean*). *Ficquet sc*.
— Viez (*Arnould de*).
— Wasser (*Anna*). *Ficquet*.
— Werdmüller (Jean-Rudolff). *Ficquet s*.
— Werner (*Jean*).
— Wildens (*Jean*). *An. Van-Dick pinx. C. Eisen del. Ficquet sculp*.
— Wulfraat (Mathieu). *Ficquet s*.

FLAMEN (ALBERT), peintre et graveur à l'eau-forte. *M. Robert-Dumesnil*, à la suite d'une excellente notice sur cet artiste, décrit cinq cent quatre-vingt-un morceaux de ce maître, dans le 5° vol. de son Peintre-Graveur français.

336 — DIVERSES ESPÈCES DE POISSONS DE MER ET D'EAU DOUCE. Soixante-une pièces en largeur (n° 414 à 474).

— Un titre commun aux cinq suites qui suivent. Dans un cartouche carré, formé de plusieurs espèces de poissons, on lit: ICONES....., etc. *Parisys in via Iacobea, sub signo vrbis Antuerpiæ.* FIGURES DE PLUSIEURS SORTES DE POISSONS *Tant de la mer, que de l'eau douce desseignez et grauez sur le naturel, par Albert Flamen peintre, auec priuil. du roi* 1664. Dans un cartouche au milieu du bas: *à Paris, chez Van Merlen, rue St-Jacques a la ville d'Anuers.* Ce titre est très rare.

— *Titre:* Cartouche entouré de huit poissons avec conque et armoirie, on lit: *Première partie. Diuerses espèces de poissons de mer, etc.*, et la dédicace à Guillaume Tronson. Dans la marge à droite: *A Paris, chez I. Van-Merlen*, etc. Les onze autres pièces sont: le crabe, le homard, la sardine, la pucelle, le merlan, le flez, le congre, le maquereau, le grenaut, le cocu et le saumon.

— *Titre: Seconde partie de* POISSONS DE MER, etc. Dans la marge à droite: *A Paris chez Van-Merlen*, etc. Les onze autres pièces sont: araignée de mer, la tortue, le hareng, l'éperlan, le rouget, l'alose, la vive, la raie, la morue fraîche, la plie et la roussette.

— *Titre:* Un chiffre surmonté d'une banderolle sur laquelle on lit: *Troisième partie de* POISSONS DE MER, dédiée à MESSIRE GUILLAUME TRONSON..., etc. Dans la marge du bas, l'adresse de Van-Merlen. Les autres pièces sont: l'anchois, le turbot, la sole, le carrelet, l'aigrefin, l'aiguille de mer, l'esturgeon, le dauphin, le marsouin et la barbue.

— *Titre:* Cartouche entouré de poissons et serpens, avec guirlandes et armoirie, dans lequel on lit: *Diuerses espèces de poissons d'eau douce, dédiées à M. Fouquet*....., etc. Dans la marge du bas, l'adresse de Van-Merlen. Les onze autres pièces sont: le gardon, le barbeau, la perche, le brochet, la barbotte, le meunier, la tanche, la brème, la truite, la vandoise et la carpe.

7

Titre : Dans une banderolle au haut est écrit : *Seconde partie de poissons d'eau douce*, etc. Dans la marge, l'adresse de Van-Merlen. Les onze autres pièces sont : le chabot, le vairon, la loche, l'épinoche, le goujon, l'écrevisse, l'anguille, l'éperlan, la tortue, l'ablette et la lamproie.

A chacune de ces suites, les n⁰ˢ I à XII, et à chaque pièce, le titre du poisson en latin et en français, le nom d'*Albert Flamen fe.* et le *cum priuil. Regis.*

Les soixante-et-une pièces dont cette collection se compose sont très belles épreuves du 2ᵉ état, de l'édition de *Van-Merlen*. Les épreuves postérieures portent l'adresse de *Gallays ex.*

336 bis. — *Livre d'oiseaux*. Suite de douze estampes en largeur, sans numéro. Au titre, sur une draperie armoriée au bas, soutenue par deux génies, on lit la dédicace à messire Gilles Fouquet, et dans la marge, *graués et dessignés au naturel ; par Albert Flamen. Auec priuilege du Roy.* Les onze autres pièces sont : le vanneau, la sarcelle, la perdrix rouge, la pivoine, la bécasse, la bécassine, le râle, le chardonneret, le martin-pêcheur, le geai et la chouette ; ces noms en latin et en français et le nom de *A. Flamen fe.* (402-413).

Épreuve avant l'adresse de *Drevet* au premier morceau.

FORSTER (M. François), graveur au burin, né à Locle, principauté de Neufchâtel, en 1790. Elève de M. P. G. Langlois.

337 — Sainte-Famille. Gravé d'après le tableau de Léonard de Vinci, en la possession de M. Samuel Woorburn. P. en H., connue sous le nom de *la Vierge au bas-relief.*

Première épreuve avant toutes lettres, seulement les mots *Léonard de Vinci pinxit. F. Forster sculpsit*, 1835, tracés à la pointe. Elle est sur papier de Chine et signée de l'auteur.

338 — Sainte Cécile chantant les louanges de Dieu ; d'après le tableau de M. Paul Delaroche. P. en H.

Épreuve avant la lettre, sur papier de Chine, seulement les noms d'auteur et d'éditeur. Signée au crayon *Forster*.

339 — Portrait de Raphaël, gravé d'après le tableau de ce maître, à la galerie de Florence. P. en H.   *150.*

Première épreuve avant toutes lettres; dans la marge du bas, *Forster sculp.*, 1836, tracé à la pointe et le n° 9. Elle est sur papier de Chine.

340 — Les trois Grâces. Gravé en 1841, d'après le tableau de Raphaël, peint en 1508; en la possession de lord Dudley. P. en H.   *300.*

Première épreuve avant la lettre et avant le trait carré qui entoure l'estampe; on lit au milieu de la marge du bas: *VIIII° épreuve d'essai.* Elle est sur papier de Chine.

FREY (JEAN-PIERRE), graveur à l'eau-forte et au burin, né à Amsterdam vers 1760, mort à Paris en 1834. Elève de JACQUES LAINVERS.

341 — La présentation au temple, d'après le tableau de Rembrandt qui décorait la galerie du Stathouder, à la Haye P. en H., cintrée.   *5.*

Épreuve sans titre, seulement on lit: *imprimé par Chardon*, au milieu de la marge du bas; elle est sur papier de Chine.

G.

GARAVAGLIA (GIOVANNI), artiste italien, graveur au burin.

342 — La Vierge, l'Enfant-Jésus et saint Jean, dite la *Madonna della sedia*, où la Vierge à la chaise, d'après le tableau de Raphaël, à la galerie de Florence. Sujet dans un rond.   *200.*

Épreuve avant la lettre; seulement les armes et les noms d'auteurs. Elle est sur papier de Chine.

343 — L'assomption de la Vierge. Gravé d'après le tableau du   *250.*

Guide. P. en H. Cette belle estampe, commencée par Garavaglia, a été terminée par Anderloni.

Épreuve avant toute lettre.

344 — *Beatrici Cenci*, d'après le Guide. P. en H.

Épreuve avant la lettre.

GELLÉE dit LE LORRAIN (Claude), peintre, né à Chamagne, près de Charmes, dans les Vosges, en 1600, mort à Rome en 1682. C'est cette date qui se trouve sur son tombeau, qui se voyait dans l'église de la Trinité-du-Mont, à Rome. Cette inscription (*) fixe d'une manière certaine la mort de Claude, à laquelle plusieurs biographes ont donné celle de 1678. Cet artiste a gravé à l'eau-forte quarante-deux pièces que décrit *M. Robert-Dumesnil*, 1er vol. du Peintre-Graveur français.

345 — L'apparition. Un bois clair occupe le milieu du fond, où l'on voit un religieux à genoux, qui paraît écouter dévotement la parole qu'un ange, descendu vers lui sur un nuage, semble lui adresser. A droite, sur la terrasse, les lettres *C. L. G.*, mal exprimées. P. en L. (2).

Épreuve du 1er état, avec les angles aigus.

(*) Sur un marbre blanc on lit: *D. O. M. Claudio Gellée. Lotharingo. ex Loco. de Chamagne orto. Pictori. eximio. qui. ipsos. orientis et ocidentis. solis. Radios. in campestribus. Mirifice. Pingendis. effinxit. Hic. in. urbe. artem. coluit. Summara. Laudem. inter. magnates consecutus. est », obiit », ix » kalend. decembris, MDCLXXXII, ætatis suae, Annor. LXXXII.*

Joann. et Josephus. Gellée. Patruo charissimo monum. hoc sibi posterique suis poni curarunt.

Cette tombe a été détruite lors du passage des troupes de la république française, en 1798. Cette description se trouve dans la notice sur le Claude qui est en tête des deux volumes des dessins du *Liber veritatis*, gravés par Louis Carraciolo, et publiés à Rome en 1815. Ce livre est une copie de celui d'Earlom.

346 — Le passage du gué. A droite, sur la terrasse, on lit avec peine *C L AV D Gille* 1634. Les chiffres 6 et 4 à rebours. P. en L. (3). *85.*

Premier état, la planche non ébarbée.

347 — Le bouvier rappelant son troupeau. Charmant paysage; effet de soleil couchant. Dans la marge, à droite, on lit : *Claudius in.* et *F. Romae* 1636 ; le reste illisible. P. en L. (8). *205.*

Épreuve du 2ᵉ état, avec le n° 4 dans la marge de côté, mais avant quelques traits horizontaux de pointe sèche, qui dans le 3ᵉ état couvrent un petit oiseau qui vole dans le ciel, près la touffe la plus à droite du bois.

348 — Port de mer, où se voit à gauche une grosse tour ronde. Sur le devant, trois hommes chargeant des ballots; à gauche, sur le côté de la marge, le n° 9. P. en L. (13). *122.*

Belle épreuve du 2ᵉ état, avant l'inscription n° 44, p. 5, qui se voit dans la marge du bas au 3ᵉ état.

349 — Mercure et Argus. Ce dernier est assis à droite sur une pierre près d'un temple; il paraît s'endormir au son de la flûte dont Apollon lui joue à l'oreille. P. en L. (17). *49.*

Belle épreuve du 1ᵉʳ état, avant la retouche.

350 — Le troupeau en marche par un temps orageux. Il se dirige à gauche, vers les restes d'un monument d'ordre corinthien. P. en L. (18). *215.*

Belle épreuve avant deux traits croisés de pointe, au-dessus des arbres près la tour ronde de la droite ; 1ᵉʳ état du catalogue de *M. Robert-Dumesnil* (*).

(*) Il existe au *Britisch Museum*, une épreuve, peut-être unique, de ce morceau, elle est d'eau-forte pure ; les terrains où marchent les animaux sont blancs, les broussailles et plantes du devant sont indiqués légèrement et sans effet, ainsi que le temple à gauche. Il se voit un nuage au-dessus d'une des montagnes, et une fumée épaisse sort de la maison près de la tour (ces deux objets n'existent plus dans la 2ᵉ épreuve.); elle est aussi avant l'inscription : *Claudius Gellée fecit Romæ* 1651. On voit seule-

— 102 —

50.

351. — Le chevrier. Il est assis au milieu de l'estampe au pied d'un gros arbre, dont le tronc est garni de plantes grimpantes et qu'environnent cinq autres arbres. Il paraît garder un troupeau de chèvres qui se voit à gauche; du même côté, dans la marge, l'année 1663 *et le chiffre A G* à peine exprimé. P. en L. (19).

Belle épreuve du 2e état, avant la retouche.

70.

352 — Le Temps, Apollon et les Saisons. Titre : *Apollo.... etc. Claudio Gillée inuen Fec. Romae* 1662, etc. P. en L. (20).

Belle épreuve du 1er état du catalogue de *M. Robert-Dumesnil* (*), avant que le trait carré du haut, qui est finement indiqué, n'ait été renforcé et que celui du bas n'ait été raccordé dans les parties mal venues.

288.

353 — Berger et bergère conversant; ils sont assis. Au bas, à droite, leur troupeau, composé de chèvres, de moutons et de vaches, paraît se diriger vers une rivière. A travers de grands arbres, qui sont sur un plan plus éloigné à droite, on aperçoit une ville fortifiée. P. en L. (21).

Très belle et rare épreuve du 1er état à l'eau-forte pure; le groupe d'arbres qui se voit entre la montagne du fond et la ville fortifiée, s'élève près du bord de la planche. Cet état est avant la lettre.

61.

354 — Pâtre assis à gauche, parlant à une bergère debout et qui semble diriger son troupeau vers la droite; au milieu de la marge, une inscription écrite à rebours et illisible. P. en H. (25).

Belle épreuve du 1er état avant les angles raccordés.

100.

355 — Les trois chèvres. Sur la terrasse on lit avec peine *C. L. AV. IN. F.* (26). P. en H.

Belle épreuve du 1er état, où se voit encore les coulures d'eau-forte.

---

ment mal exprimé le chiffre du maître et la date que nous croyons lire, 1628.

(*) Une épreuve avant la lettre, peut-être unique dans cet état, se voit au *Britisch Museum*, à Londres.

356 — Les quatre chèvres. P. en H.; sans marque (27).   72.

Belle épreuve du 1er état avec les coulures d'eau-forte et des essais de pointes dans la marge du haut et du bas.

GHISI dit MANTUAN (JEAN-BAPTISTE), peintre et graveur au burin, né vers 1515. Il est le chef d'une famille d'artistes qui ont tous pris le nom de *Mantuan*, il fut élève de JULES ROMAIN et a été connu comme peintre et architecte. *Bartsch*, vol. 15, pag. 377, décrit vingt pièces de ce maître, dont plusieurs portent les dates de 1536 à 1540.

357 — Les Troyens repoussant les Grecs jusque dans leurs vaisseaux, où ils les combattent. On voit sur le devant, à gauche, les quatre chevaux marins du char de Neptune. D'après Jules Romain. Au milieu du bas, on lit : *I. B. Mantuan sculptor* 1558. P. en L. (20). Morceau capital du maître.   80.

Première épreuve où les bonnets phrygiens des Grecs, qui sont dans le haut de l'estampe, sont avant des tailles horizontales ajoutées aux épreuves postérieures. *Bartsch* ne cite pas cet état.

GHISI dit MANTUAN (GEORGE), peintre-dessinateur et graveur au burin, né vers 1520. *Bartsch*, vol. 15. pag, 384, décrit soixante-onze pièces de ce maître, dont vingt-quatre portent des dates ; la plus ancienne est de 1540, la plus récente de 1578. Sa manière de graver a quelque rapport avec celle de Marc-Antoine.

358 — La Sainte Vierge saluant sainte Elisabeth à qui elle vient rendre visite. On lit au haut à droite : FRANÇOIS SALVIATI IN.; et en bas, dans une tablette : GEORGIUS MANTUANUS F. P. en L. (1).   20.

Belle épreuve avant l'adresse d'ANTOINE LAFRERIE. *Bartsch* ne cite pas cet état.

359 — L'homme de douleur ; il est couronné d'épines et revêtu d'un manteau. Au coin du bas à droite, le chiffre formé   15.

— 104 —

des lettres G. M. F. P. en H. (15). Ce morceau est ordinairement entouré d'une bordure, avec sujets, divisée en neuf compartimens.

360 — La dispute du Saint-Sacrement, grande pièce de deux feuilles jointes en largeur. On lit au bas à droite : *Raphaël urb. in.* GEORG 9 MANTUAN 9 F. — COLLANDANT.... etc.; et à gauche, *Hieronymus Cock pictor excu.* MDLII, etc. (23).

Très belle épreuve d'une pièce capitale du maître.

361 — Les angles de la chapelle Sixtine au Vatican, peints par *Michel-Ange Buonaroti*. Suite de six estampes en hauteur (17 à 22), savoir : Jérémie, HIEREMIAS ; Joel, JOEL ; le chiffre et l'année 1540. Sibylle Perse, PERSICHA, le chiffre et l'année 1540. Sibylle Delphique, DELPHICA, le chiffre et l'année 1540. Une sibylle sans nom, on lit au bas dans une frise : MICHAEL ANGELVS INVENIT ET PINXIT. GEORGIVS MANTVANVS FECIT. A ces six morceaux l'adresse de *Nic. van Aelst fecit Romae*.

Très belles épreuves. Collect. de M. Michel.

362 — Vénus blessée par les épines d'un rosier dont elle change les fleurs blanches en rouge par la teinture de son sang. Au milieu du bas une tablette où se lit : L. PENIS R. *in.*, et dans une autre, à droite, le chiffre et l'année 1556. P. en H. (40).

363 — Hercule, statue antique du palais Farnèse. Au bas à gauche, le chiffre dans une tablette. P. en H. (41).

364 — Vénus embrassant Adonis au retour de la chasse. Au bas à gauche, dans une tablette, on lit : THÉODORO GHISI IN. Un peu plus bas, vers la droite, le chiffre de *Ghisi*. P. en H. (42).

Superbe épreuve. Collect. de M. Robert-Dumesnil.

365 — Hercule victorieux de l'hydre de Lerne renversé à

ses pieds, d'après Jean-Baptiste Bertano. Dans une tablette à mi-hauteur, du côté gauche : I. B. B. INV. et dans une du côté opposé : GEORGIVS GHISI MANTVAN^s F. P. en H. (44).

366 — L'Amour et Psyché, couchés sur un lit antique et couronnés par une des heures. Au bas à droite, sur une tablette : JVLIVS RO. IN., et au-dessous le chiffre et l'année 1574. P. en H. (45).   *60.*

<small>Belle épreuve avant la draperie; état inconnu à *Bartsch*. Collect. de M. *Robert-Dumesnil*.</small>

367 — Les trois Parques filant la vie des humains, sujet peint par Jules Romain, au palais du T, à Mantoue. Dans une tablette au bas à droite : IV. RO. INVENT. IN PALATIO THE. Dans une autre à gauche : GEOR. MAN. F. MDLVIII, et au milieu, CUM PRIUILEGIO REGIS. P. en L. (47).   *24.*

<small>Belle épreuve avant les noms des Parques : *Lachesis, Clotho* et *Atropos*.</small>

368 — La Calomnie accusant l'Innocence devant le tribunal d'un juge ignorant assis au milieu de la Flatterie et de l'Aveuglement. Dans un petit écusson ménagé au trône, on lit : *Georgivs Ghisi Mant*. F., 1569. Dans une tablette au milieu du bas six lignes : ATTRAHIT..., etc.; dans une petite à droite : LVCAS PENNI IN.; dans une autre à gauche : *Cum Privilegis Regis*. P. en H. (64).   *90.*

<small>Superbe épreuve avant l'adresse de *J. Honeruogt*.</small>

369 — Une prison où sont représentés les supplices de divers criminels. Composition de Jules Romain, dont les initiales I. R. sont marquées au bas à gauche. P. en L. (66). Cette estampe, dit *Bartsch*, est généralement attribuée à *George Mantuan*, cependant elle approche beaucoup plus de la manière de *George Pencz*.   *30.*

<small>Très belle épreuve avant l'inscription : *Reatus diuerse acriterq. July Cesaris imperatoris iustitia*.</small>

370 — Pièce emblématique, où se voit à gauche un vieillard   *98.*

appuyé sur un rocher stérile et environné de bêtes féroces et d'une mer orageuse ; il parle à une reine armée d'un dard, qui semble représenter la gloire, lui promettant la félicité s'il surmonte, par sa patience, les difficultés qui s'opposent à lui. « L'on nomme ordinairement cette pièce, dit » Bartsch, *le songe de Raphaël*, ou aussi *la mélancolie de* » *Michel-Ange*, vu la ressemblance de la tête du philoso- » phe avec ce dernier artiste. Mais il est plus raisonnable » de croire que l'auteur, qui, à n'en pas douter, est *Lucas* » *Penni*, a voulu y représenter les traverses auxquelles le » sage est exposé pendant sa vie. »On lit au bas du rocher: SEDET AETERNUMQUE SEDEBIT INFOELIX. A droite, au-dessous des pieds de la reine : TU NE CEDE MALIS, SED CONTRA AUDENTIOR ITO ; à gauche : RAPHELIS URBINATIS INVENTUM PHILLIPUS DATUS ANIMI GRATIA FIERI JUSSIT. Dans une petite tablette au milieu du bateau : GEORGIUS GHISI MANT. F. 1651. P. en L. (67).

Très belle épreuve. Collect. *Durand.*

371 — Un cimetière, où des squelettes sortent de leurs tombeaux et reprennent une nouvelle chair pour paraître au jugement dernier. En haut cinq anges portent une banderole où est écrit : DABO SUPER, etc.; sur une tablette, au bas vers la gauche : JO. BAPTISTA BRITANO MANTUANUS IN.; et sur une autre tablette, au bas vers la droite : GEORGIUS DE GHISI MANTUANUS F. MDLIIII. P. en L. (69).

Très belle épreuve avant l'adresse d'*Ant. Lafreri*, écrite dans le bas de l'estampe. *Bartsch* ne cite pas ce premier état.

GHISI dit **MANTUAN** (DIANA), fille de JEAN-BAPTISTE GHISI. *Bartsch*, vol. 15, décrit quarante-six pièces de cette artiste, dont vingt-trois marquées des dates de 1573 à 1588.

872 — Jésus-Christ renvoyant la femme adultère, après avoir confondu les juifs qui la lui avaient amenée pour la juger;

d'après Jules Romain. On lit au bas à gauche: JVLIVS R. INVENTOR. DIANA F., et au milieu: CON PRIVILEGIO DI PAPA GRÉGOR XXIII, PER ANNI X ; et à droite une dédicace à Eléonore d'Autriche, duchesse de Mantoue, en 1575. P. en L. (4) Morceau capital du maître.

Superbe épreuve avant les mots: *Diana scultore Mantoaana fece. Antonio Carenzano la Stampa in Roma lanno* 1613, écrits vers le milieu du bas de l'estampe.

373 — Les apprêts du festin des noces de Psyché, grande estampe de trois feuilles jointes sur la largeur, dite le *Festin des Dieux*. Composition peinte par Jules Romain dans une des salles du palais du T, à Mantoue. Dans le milieu du bas, un peu vers la droite, on lit: D. GREGORII P. P. XIII. PRIVILEGIO AD DECEN. ROMAE MDLXXV; sur un écriteau, à mi-hauteur du côté gauche: JULIUS ROM. INVENTOR. DIANA F. et au coin du bas du même côté, dans une tablette, la dédicace à Claude de Gonzague, par Diane de Mantuan, en 1575 (40). Bartsch ne parle pas de cette dédicace.

Très belle épreuve. Collect. *Denon*.

374 — Un charlatan tenant des couleuvres et des serpens; il débite des drogues à une foule de gens assemblés autour de lui; d'après Jules Romain. P. en L., sans marque (44).

Très belle épreuve avant l'adresse de *Horatius Pacificus formis*. Collection de *M. Robert-Dumesnil*.

GMELIN (GUILLAUME-FRÉDÉRIC), dessinateur et graveur à l'eauforte et au burin, né à Badenweiler en Brisgaw, en 1745, mort à Rome le 22 septembre 1820.

375 — *Templum Veneris* (le temple de Vénus), *il molino di Claudio* (le moulin du Claude). Gravé en 1804 et 1805, d'après les tableaux de Claude le Lorrain ; le premier au palais Colonne, le second au palais Doria, à Rome. P. en L.

Épreuves avant la lettre et avant les armes ; seulement les noms d'auteurs.

GODEFROY (Jean), graveur au burin et au pointillé, né à Londres d'une famille française, mort à Paris en 1839.

180.

376 — Bataille d'Austerlitz. Le moment est celui où le général Rapp vient annoncer à l'empereur que la garde impériale russe a été repoussée. P. en L., gravée en 1813, d'après le tableau de F. Gérard, peint en 1809, pour la grande salle du Conseil d'État, au Louvre. Ce tableau, actuellement au Musée historique de Versailles, galerie des Batailles.

Première et très rare épreuve avant toutes lettres.

159.

377 — La même estampe.

Épreuve avant la lettre, les noms d'auteurs et l'adresse du graveur, tracés à la pointe.

GOLTZIUS ou GOLTZ (Henri), peintre et graveur au burin, né à Mulbrecht, dans le duché de Juliers, en 1558, mort à Harlem en 1617. Il apprit la peinture de son père, peintre sur verre, et la gravure de Théodore Cornhert. L'œuvre de ce maître est considérable. *Bartsch,* vol. 3, décrit trois cent vingt-trois pièces.

33.

378 — La circoncision. P. en H. (18). Dans ce morceau, gravé à l'imitation d'Albert Durer, Goltzius s'y est représenté dans la figure de l'homme qui paraît derrière le vieillard qui tient l'Enfant-Jésus. Titre : *cernis vt octaua,* etc., le chiffre formé des lettres G H, et l'année 1594. Cette estampe porte le n° 4 de la suite des six estampes, dite *les chefs-d'œuvre de Goltzius.*

261.

379 — Henri IV, roi de France et de Navarre, en buste, décoré des colliers des ordres de Saint-Michel et du Saint-Esprit. Dans le bas quatre vers : *Ce grand Roy...,* etc. *H. Goltzius sculp. — Auec priuil. du Roy. Paules de la Houue excudebat. Au palais.* P. en H. (172).

Première et très rare épreuve avant que l'adresse de Paul de La Houue n'ait été biffée sur le cuivre et avant l'adresse d'*Harman Adolfz excudit Haerlemensis. Bartsch* ne cite pas cet état.

380 — La même estampe. *80.*

Belle épreuve du 3ᵐᵉ état; l'adresse de *P. de La Houue* biffée de deux traits et avec l'adresse d'*Harman Adolfz*.

381 — La même estampe. *41.*

Quatrième état; l'adresse de *P. de La Houue* entièrement effacée.

382 — Le fils de Thierry Frisius, peintre hollandais. Ce jeune *321.*
homme, un oiseau de proie sur le poing droit (*), veut monter sur un gros chien de chasse comme sur un cheval; le fond est terminé par un paysage. P. en H. (190). Morceau gravé en 1597, le plus capital et le plus rare de l'œuvre, connu sous le titre du *chien de Goltzius*.

Superbe épreuve de la collection de *M. Revil* (**).

383 — Les amours de Mars et Vénus. *B. Spranger inventor.* *10.*
H. Goltzius sculptor. Aº 1588. Dans la marge du bas, six vers. P. en H. (276).

Première épreuve avant la dédicace qui est au bas à droite près du bouclier de Mars.

GOODALL (Edward), anglais, graveur à l'eau-forte et au burin.

384 — Composition inspirée à Tivoli, gravée d'après le tableau de Turner. P. en L.

Épreuve avant la lettre, on lit seulement: *Painted by Turner. Engraved by Ed. Goodall*, 1828; ces mots tracés à la pointe.

(*) Il y a erreur dans la description que *Bartsch* donne de cette estampe; c'est sur le poing droit et non sur celui de gauche. L'indication de ce sens pourrait faire prendre l'original pour une copie, nous le rétablissons en indiquant aussi que le privilège, l'année et le chiffre du maître doivent se trouver à gauche vers le bas de l'estampe.

(**) A la vente de laquelle collection elle fut adjugée au prix de 289 fr. Une autre épreuve à la vente Valois, en 1801, fut vendue 260 fr.; et antérieurement, en 1774, à la vente Brochant, 260 livres tournois.

GREEN (Valentin), graveur en manière noire, né à Londres vers 1737, mort en 1800. *Hubert* et *Roost,* 9ᵉ vol. École anglaise.

385 — Samuel déclarant à Elie le jugement de Dieu sur sa maison ; d'après le tableau de Singleton-Copley, en la possession de Nicolas Ashton. P. en H.

Épreuve avant la lettre ; seulement les noms d'auteurs et la publication en 1780, tracés à la pointe.

386 — La charité romaine, d'après le tableau d'Adrien Vander-Werff, en la possession de M. Edmond Antrobus. P. en H.

Épreuve avant la lettre ; les noms d'auteurs et la publication en 1785 tracés à la pointe.

GROBON (Michel), de Lyon, élève et imitateur de J. J. de Boissieu.

387 — Intérieur d'une forêt. P. en L., gravée à l'eau-forte, dans le goût de Boissieu.

Épreuve avant la lettre.

H.

HAINZELMAN (Elie), dessinateur et graveur au burin, né à Augsbourg en 1640, mort dans la même ville en 1693. Élève de F. Poilly, dans la manière duquel il grava.

388 — La Sainte Vierge, l'Enfant-Jésus et saint Jean ; sujet dit la *Vierge au silence,* d'après le tableau d'Annibal Carrache, au Musée Royal. P. en L.

Rare épreuve avant toutes lettres, avant que le ciel et le vase sur la

croisée à gauche, aient été gravés, dite ainsi : *épreuve avant la croisée.*
Collect. W. *Esdaille.*

389 — La même estampe ; titre : *Ne suscites...,* etc.; et sur la table de pierre où l'Enfant-Jésus est endormi, on lit : *Annibal Carratius. E. Hainzelman sculp. F. Poilly exc., cum priuilegio regis.* *51.*

390 — Le repos au retour d'Egypte ; la Vierge lave du linge que l'Enfant-Jésus, saint Joseph et trois anges font sécher ; d'après le tableau de Sébastien Bourdon. P. en L., dite la *Vierge à la lessive.* *79.*

Première épreuve avant toutes lettres.

HALL (JEAN ou JOHN), graveur au burin, né en Angleterre en en 1740, florissait vers 1770.

391 — Olivier Cromwell dissolvant le long Parlement. *Voyez Sharp.*

HECKE (JEAN-VAN-DEN), peintre, né au bourg de Quaremonde, près d'Oudenarde, vers 1620. Après un séjour de plusieurs années en Italie, il retourna dans sa patrie et s'établit à Anvers, où il vivait encore en 1660. On connaît de ce maître seize pièces gravées à l'eau-forte ; *Bartsch*, vol. 1er, en décrit quatorze ; *Rigal*, les deux autres.

392 — Suite de différens animaux, douze pièces en largeur. (1 à 12.) A la première, représentant un âne, un cheval, un bœuf et des moutons à une fontaine, on lit au piédestal d'une pyramide : PAVLO IORDANO *Bracciani Duci..., Joannes Van-den-Hecke,* 1656. Les onze autres pièces sans marque. *55.*

HOLLAR (WENCESLAS), dessinateur et graveur à l'eau-forte, né à Prague en 1607, mort à Londres en 1677. Élève pour la gravure, de MATH. MÉRIAN; l'œuvre de ce maître est considérable (*), le catalogue en a été publié par Vertue, en 1759 (**).

28. 40.   393 — La Magdeleine pénitente, dans un riche paysage, d'après Van-Avont. Le titre et la dédicace à Thomas Lopes de Ulloa. P. en L.

58.   394 — Représentation d'un calice, d'après Mantègne. Titre: TABULAM..., *Wenceslaus Hollar Bohemen, aqua forticæri in, sculpsit* 1640. P. en H. (***).

109.   395 — Vue du portail et d'une partie de la cathédrale d'Anvers. Dessiné et gravé en 1649. P. en H.

Première épreuve avec une seule ligne d'écriture au bas de la planche: PROSPECTUS TURRIS..... etc., et avant les contre-tailles sur le toit de la maison qui est à droite (****).

16.   396 — La publication de la paix entre l'Espagne et la Hollande, devant la maison de ville d'Anvers; sur le devant une table carrée, et au bas quatre lignes d'écriture en hollandais, et à gauche: *F. V. Wingaerde exc.* P. en L.

Première épreuve; aux secondes on a substitué un cartouche où il y a

---

(*) Les estampes de Hollar sont très recherchées, surtout en Angleterre. A Londres, à la vente de M. John Townley, en 1818, l'œuvre de ce maître produisit la somme de 2,084 livres sterling.

(**) *Description of the Works of the ingenious delineator and engraver Wenceslas Hollar, in the second edition, with additions.* London, 1759, in-4°.

(***) On a de cette estampe une très belle copie par Meyer, elle porte le même titre, mais est en contre-partie; les figures de la passion qui ornent le tour du calice se dirigent à droite, et le mot *forticæri* est écrit *fortiari* dans cette copie.

(****) Aux secondes épreuves trois lignes d'écriture commençant par AN-TERPIÆ.... Ces épreuves ont été jointes à l'ouvrage ayant titre: *Castella et Prætoria nobilum Brabantia*, etc. Anvers, 1694, in-fol. Cette planche a passée ensuite en Angleterre; la marge du bas a été coupée, et on lit dans le haut: *The cathedral church of Antwerp*.

sept lignes d'écriture à la place de la table, et l'adresse de *Wingaerde* est effacée.

397 — Lièvre mort pendu par les pattes à une colonne. Au bas du côté droit, un chien vient le flairer; à droite, dans la marge du bas, on lit: *P. Boël pinxit. W. Hollar sculpsit aqua forti*, 1649. P. en H. (*). *88.*

Première épreuve; à celles postérieures on lit après l'année: *J. le Pouterfax.*

398 — Un chien couché, dirigé à gauche. Au bas: *A. Maetham delin. W. Hollar fecit*, 1649. P. en L. *10. 50.*

HOOGÉ ou HOOGHE (Romyn de), peintre, dessinateur et graveur à l'eau-forte, né à la Haye en 1638, mort en 1718. L'œuvre de ce maître se compose d'une très grande quantité de pièces historiques et satyriques sur la Hollande, la France et l'Angleterre; des suites de vignettes pour les contes de Boccace et de La Fontaine, etc.

399 — Le roi d'Espagne descendu de son carrosse pour rendre hommage au Saint-Sacrement. On aperçoit dans le fond la ville de Madrid et le palais de l'Escurial. On lit sur la terrasse au-dessous du carrosse: *R. Hooghe f.* Au haut à droite, *pag.* 132. P. en L. Morceau capital du maître. *19.*

HOUBRAKEN (Jacques), dessinateur et graveur au burin, né à Dordrecht en 1698, mort dans la même ville en 1780. Il a gravé une grande quantité de portraits de personnages célèbres de la Hollande, pour la gravure desquels il paraît avoir étudié les travaux de Nanteuil et d'Edelinck; il a aussi gravé conjointement avec Vertue une suite de beaux portraits pour l'histoire d'Angleterre, publiée par Knapton en 1740, et la seconde édition en 1813, in-folio.

400 — Marie-Christine, archiduchesse d'Autriche, vue à mi- *11. 50.*

(*) Gaywood a très bien copié cette estampe en contre-partie.

corps dans un ovale attaché à une colonne ornée de draperies. *J. Houbraken sculps. Amst.* 1752. P. en H.

5. 401 — Portrait d'un ministre protestant; il est vu à mi-corps, tenant un de ses boutons des deux doigts de la main droite. Au bas, une tablette sans inscription. P. en H.
Épreuve avant la lettre.

16. 50. 402 — Portrait d'un ministre protestant, vu jusqu'aux genoux, un livre à la main gauche, dans un ovale formant croisée, au bas duquel est une tablette sans inscription. P. en H.
Épreuve avant la lettre.

403 — Christianus Rompf, vu à mi-corps dans un ovale avec inscription; au bas, un cartouche avec six vers hollandais, et au-dessous : *Henr. Danckers*, à gauche; et *Hagiensis sculp.*, à droite. P. en H.
Épreuve signée de *P. Mariette*, 1674.

2. 75. 404 — Jean Kinper, vu à mi-corps dans un ovale posé sur un appui avec tablette, sur laquelle on lit en hollandais les noms et qualités du personnage, en cinq lignes. P. en H.

6. 405 — Adrien-Jean Elzevier, vu à mi-corps dans un ovale posé sur un appui, où se voit une tablette avec trois lignes de titre. Dans la marge : *J. M. Quinkhard pinxit*, *J. Houbraken sculpsit*, 1754. *H. Vierrot excudit*. P. en H.

12. 50. 406 — Van Geel, peintre, vu à mi-corps, montrant un tableau posé sur un chevalet. P. en H.
Épreuve avant la lettre.

30. 407 — Portrait de John Russel, le premier des comtes de Bedfort, en 1549; vu à mi-corps dans un ovale posé sur un socle où est une bataille, et où s'appuie un enfant qui est à droite; à gauche une ancre, un casque et un drapeau. Gravé d'après un tableau peint du temps, en la possession du duc de Bedfort. Dans la marge à droite: *J. Houbraken sculps. Amst.* P. en H.

K.

KILIAN (Lucas), dessinateur et graveur au burin, né à Augsbourg en 1579, et mort dans la même ville en 1637; c'est le plus ancien de la nombreuse famille des artistes de ce nom.

408 — Portrait d'Albert Durer, vu à mi-corps de trois quarts et tourné à droite. Dans une tablette au bas, la dédicace à Dominique Custos, graveur, par Kilian, en 1608, et ces mots : *Ab excellentiss. pictore Iohanne Rottenhamer Boio ex originali ipsius. Alb. Dur. de pict. A. Luca Kiliano Aug. sculpta.* P. en H.   11. 50.

408 *bis*. — Deux portraits d'Albert Durer, représentés en pied à deux différens âges, en 1509 et 1517; ils sont placés de chaque côté d'une table, sous un portique d'architecture. P. en H.   16. 50.

KOLBE (Ch. Guillaume), peintre-graveur à l'eau-forte, né à Berlin en 1776.

409 — Un paysage, scène pastorale; à gauche une jeune fille, assise sur le bord d'une fontaine, écoute un jeune homme qui joue de la lyre; il est ombragé par une touffe de diverses plantes au milieu desquelles est un therme en ruine. P. en L. sans marque.   20.

Épreuve avant la lettre, sur papier de Chine.

L.

LAER, LAEER ou **LAAR**, surnommé **BAMBOCHE** (Pierre de), peintre, né à Laaren, en Hollande, en 1613. Il alla de bonne heure à Rome, où le surnom de *Bamboche* lui fut donné à cause de la singularité de sa figure. Après un séjour de seize ans en Italie, il retourna dans sa patrie et s'établit à Harlem, où il mourut en 1674. Il a gravé vingt estampes à l'eau-forte représentant des animaux; elles sont décrites par *Bartsch*, vol. 1er.

410 — Différens chevaux; suite de six pièces en largeur. Au   10.

ciel, à ces morceaux, au premier : P. D. *Laeer fe.* Aux cinq autres : P. D. L, *fe.*, et le n° 1 à 6 à chacune de ces pièces (9 à 14).

LAIRESSE (Gérard de), peintre et graveur à l'eau-forte, né à Liége en 1640, mort à Amsterdam en 1711 ; élève de son père Reinier Lairesse. On a de Gérard un Traité sur la Peinture (*) ; on sait, dit *Hubert*, qu'il a mérité à bien des égards, le surnom du Poussin des Pays-Bas. Son œuvre est considérable et on a beaucoup gravé d'après lui.

411 — Six sujets de l'histoire d'Adam et Ève, de Caïn et d'Abel. P. en L.

Épreuves avant la lettre, seulement *G. L. f. ex.*

412 — Abraham à table avec Sara. P. en L.

Épreuve avant la lettre.

413 — Créuse et Ascagne s'efforçant de retenir Enée. P. en L.

Épreuve avant la lettre.

LAUGIER (M. Jean-Nicolas), graveur au burin, né à Toulon en 1785.

414 — Zéphir se balançant sur les eaux, d'après le tableau de Prud'hon, qui faisait partie de la collection de M. le comte de Sommariva (**). P. en H. Cette estampe a été gravée pour la Société des amis des arts, en 1820.

Rare épreuve avant toutes lettres et sur papier de Chine.

415 — Bonaparte visitant les pestiférés de Jaffa, d'après le tableau de Gros, au Musée historique de Versailles. P. en L.

Épreuve avant la lettre et avant le deuxième trait carré qui borde celui

---

(*) Le Grand-Livre des Peintres ou l'art de peinture considéré dans toutes ses parties, etc., traduit du hollandais, par Jansen. Paris, 1787, 2 vol. in-4°.

(**) A la vente duquel ce tableau fut adjugé au prix de 21,050 fr., en 1839.

de l'estampe. Dans la marge, *Gros*, 1804; *Laugier*, 1829, tracés à la pointe.

LAUWERS ou LAEUWERS (Nicolas), graveur au burin, né à Leus, dans le XVIIe siècle. Élève de Paul Pontius.

416 — Des soldats fumant pendant la nuit, sujet de demi-figures. Dans la marge du bas, quatre vers latins et quatre vers flamands, et *Gerardus Seghers iuen., cum Priuilegio. Nicolaus Lauwers sculp.* P. en L., dite *la Tabagie*. Ce morceau fait pendant au reniement de saint Pierre, de Bolswert.

<small>Très belle épreuve. Collect. de M. *de Scitivaux*.</small>

LE CLERC (Sébastien), dessinateur et graveur, né à Metz en 1637, mort aux Gobelins en 1714. (Voyez son éloge historique par l'abbé de Valmont. Paris, 1715, 1 vol. in-12.) L'œuvre de ce maître est considérable; Jombert décrit trois mille quatre cent douze pièces gravées de 1650 à 1714 (*).

417 — Portrait du maréchal de La Ferté; au bas à gauche, sur le bourlet de la culasse d'un canon, on lit: *Sebastien Le Clerc f.* P. en L. (58).

418 — Portrait de M. Egon de Fustemberg, évêque de Strasbourg, vu à mi-corps dans une bordure octogone armoriée avec devises aux angles. Au bas, *Sebastianus Le Clerc f.* P. en L. (58).

<small>Ces deux portraits gravés en 1659, sont rares.</small>

419 — Les tireurs de Nantes à l'arquebuse et au fusil. Dans le bas, à droite: *S. Le Clerc f.*, et dans la marge du bas, en trois lignes: *Cette table a été faicte en l'an 1668*, etc. P. en H. (86), très rare.

(*) Catalogue raisonné de l'œuvre de Sébastien Le Clerc, par C.-A. Jombert. *Paris*, 1774, 2 vol. in-8°.

6. 50. 420 — Fleuron placé à la fin de l'ouvrage : *La mesure de la terre*, par M. Picart, en 1771. Dans le bas de l'estampe : *Le Clerc in. et f.* (102). Pièce gravée en 1671.

3. 421 — Représentation du mausolée érigé en l'église des RR. PP. de l'Oratoire de la rue Saint-Honoré, par l'Académie royale de Peinture et Sculpture, à la mémoire de M. le chancelier Séguier, son protecteur; fait le 5 mai 1672. Dans la marge du bas, on lit à gauche : *C. Le Brun inuenit;* à droite : *Seb. Le Clerc fecit.* P. en H. (105), qui a servi pour la réception de l'artiste à l'Académie, à laquelle il a été présentée par M. Le Brun.

Très belle épreuve avant les noms enlevés et le titre ajouté.

19. 422 — *Veüe d'une partie de l'Hostel royal des Gobelins où sont establies les manufactures des meubles de la couronne.* Ce titre sur une banderole placée à gauche sur le ciel. Dans la marge du bas, seize vers, et au-dessous l'adresse de l'auteur et celle de Gantrel. P. en L. (191).

Très belle et rare épreuve avant la femme placée près de la portière du carrosse qui est dans le coin à gauche; où l'homme qui tient un cheval, à droite, et le jeune garçon qui court, ont la tête couverte, et avant l'adresse de *Gantrel* effacée.

6. 423 — Représentation des machines qui ont servi à élever les deux grandes pierres qui couvrent le fronton de la principale entrée du Louvre (*). P. en L. (132).

Très belle épreuve avant l'année 1677 à la suite de *S. Le Clerc fec.*, et avec le nom de *Goyton*, gravé à la pointe et à rebours.

3. 424 — Décoration pour un feu d'artifice tiré à la manufacture des Gobelins, à l'occasion de la naissance du duc de

---

(*) On trouve quelquefois cette estampe insérée à la page 342 de l'ouvrage : *Les Dix livres d'Architecture de Vitruve, corrigés et trad. en français par Perrault. Paris, Coignard,* 1684, in-fol.

Bourgogne, le 6 août 1682. Au coin du bas, à droite: *Le Clerc*. P. en H. (175).

425 — Ecran royal où se voit le portrait de Louis XIV dans un médaillon; il est couronné de lauriers et soutenu par l'Histoire; au-dessous une draperie où se lit huit vers. P. en H. (223). Le Clerc a fait seulement le dessin de cette estampe dont le graveur est inconnu. *13.*

426 — *Puer parvulus*, ou le passage d'Isaïe; composition allégorique où se voit sur le devant un jeune berger conduisant un troupeau de lions, d'ours et de moutons, etc. P. en L. (245), gravée en 1695. *20. 50.*

Deux épreuves; la 1re est avant la lettre, avant le nom de *S. Le Clerc*, et avant un petit serpent au coin à gauche près d'un enfant couché; la 2e est avant la lettre, mais avec le nom de *S. Le Clerc* et le petit serpent.

427 — Mons, capitale du Hainault, assiégée par le roi, et emportée le 9 avril 1691, après seize jours de tranchée. *S. Le Clerc f.* P. en L. (246), gravée en 1695. *6.*

428 — Cérémonie de la prestation de serment de fidélité, entre les mains du roi, dans la chapelle de Versailles, par M. le marquis de Dangeau, etc.; le 18 décembre 1695. P. en L. (250). *16. 50*

Rare épreuve avant la lettre.

429 — La multiplication des pains dans le désert. P. en L. (251), gravée en 1696. *13.*

Épreuve avant l'inscription, *Hanc Christi in deserto*.

430 — La galerie de l'hôtel royal des Gobelins, où l'on fait voir à M. de Colbert, surintendant des bâtimens, les batailles d'Alexandre exécutées en tapisseries. P. en L., faisant le titre de la suite qui suit: *100.*

— Les batailles d'Alexandre, d'après les tableaux de Le

— 120 —

Brun, au Musée Royal; suite de cinq petites estampes en largeur (257), gravées en 1696.

<small>Premières et très rares épreuves avant la lettre. Collect. de M. de Scitivaux.</small>

4. 50.   431 — Catafalque érigé en l'église de Stockolm, capitale de la Suède, pour les obsèques de Charles XI, le 24 novembre 1697. P. en H. (261).

<small>Épreuve avant toute lettre.</small>

6 0.   432 — L'Académie des sciences et des beaux-arts. P. en L. (263). Morceau capital du maître.

<small>Très rare épreuve avant toutes lettres et avant quantité d'objets de détail qui se voient à l'épreuve suivante, tels qu'un vase, des figures de mathémathiques, etc.; avant le mot *Theologia* placé au-dessus de la bibliothèque que l'on voit à gauche, et autres différences en nombre.</small>

40.   433 — La même estampe.

<small>Épreuve avant la lettre, les objets de détails ajoutés et le nom de *Séb. Le Clerc f.*, tracé.</small>

50.   434 — Entrée d'Alexandre dans Babylone. On lit dans la marge du bas: *Présentée à Monseigneur par son. . . .* etc. *Sébastien Le Clerc, chevalier romain*, 1704; et des armes. P. en L. (285). Morceau capital du maître.

<small>Très belle épreuve où Alexandre a la tête de profil.</small>

10.   435 — La bataille de Saint-Godard, contre les Turcs; les Transilvains soumis (288). Deux estampes en largeur pour l'histoire de Charles V, duc de Lorraine, gravées en 1704.

<small>Épreuves avant toutes lettres.</small>

4. 50.   436 — Le prophète Elie enlevé dans un char de feu. Au haut est écrit: *Chute de la rivière de Niagara*. Dans la marge, le titre, et *S. Le Clerc, fecit*. P. en L. (293).

10. 50.   437 — Les moines de l'abbaye de Saint-Denis qui viennent en procession au-devant du corps de saint Louis, porté par ses fils, en 1271. Cette épreuve est tirée sur la planche du

frontispice de l'ouvrage de Don Félibien (*); il n'y a que
le haut qui ait été gravé par *Le Clerc* (294).

457 *bis*. — Tobie sur le bord du Tigre, tirant à lui le poisson
miraculeux, par le conseil de l'ange. P. en L. (298).   6.

Première épreuve avant que la branche sèche du gros arbre qui est à gauche soit garnie de feuilles.

438 — Pièce allégorique, connue sous le nom de la barque.
P. en H. (300).   16. 50.

Épreuve avant la lettre, d'une pièce rare.

439 — Procession des chevaliers de l'ordre du Saint-Esprit,
sur le quai des Augustins, à Paris. P. en L. (304).   18. 50.

Première épreuve avant les flammes du Saint-Esprit dans le cartouche du bas, et avant que les armes du roi et de la reine qui sont dans le haut n'aient été éclaircies.

LEEUW (WILLIAM DE), graveur à l'eau-forte et au burin, né à
Anvers. Élève de P. SOUTMAN, il florissait dans le XVIIe siècle.

440 — Daniel dans la fosse aux lions, bénissant le Seigneur;
d'après P. P. Rubens (30). P. en L.   96.

Première épreuve avant les mots: *Dancker Danckertz excud.*

LERPINIÈRE (DANIEL), graveur à l'eau-forte et au burin, né
en Angleterre vers le milieu du siècle dernier, mort en .....? Reçut
des leçons de F. VIVARÈS.

441 — *The golden calf* (les Israélites adorant le veau d'or);
d'après le tableau de Claude le Lorrain, de la collection de
Welbore-Ellis. P. en L.   128.

Épreuve avant la lettre; seulement les armes, les noms d'auteurs et la publication en 1781, tracés à la pointe.

(*) Histoire de l'Abbaye de Saint-Denis, par don Félibien. *Paris*, Léonard, 1706, in-fol., orné de 43 planches, lesquelles sont à la Calcographie royale.

LEROUX (M. Jean-Marie), dessinateur et graveur au burin, né à Paris en 1788; élève de David pour le dessin.

80. 442 — Sainte Thérèse en prière, d'après le tableau de François Gérard. P. en H.

Épreuve avant la lettre, les noms d'auteurs tracés à la pointe; elle est sur papier de Chine.

LESNIER (M.), graveur au burin.

32. 443 — Portrait de Marc-Antoine, dessiné par M. Desnoyer, d'après le tableau de Raphaël, qui est dans la collection de M. Parade de l'Estang, à Aix. P. en H.

Épreuve d'artiste avant la lettre; on lit seulement, *Lesnier sculp.* 1838, et le n° 9. Elle est sur papier de Chine.

LEU (Thomas de), dessinateur et graveur au burin, né à Paris vers 1570. Ce maître a gravé une grande quantité de portraits de personnages de la cour de Henri III et Henri IV, d'un burin très fin, dans le goût de Wierix, et d'après les peintres de son temps, tels que: J. Bunel, F. Janet, A. Carron, J. Rabel, F. Quesnel, J. Fournier, Darlay, Dubois, etc.

90. 444 — Henri IV, en buste, dans un ovale avec inscription, posé sur un monument orné de figures allégoriques, de trophées, des cartes de la France et de la Navarre, et d'un bas-relief représentant une bataille; on lit au bas à gauche: *Isaie Fournier* (*) *inuen*; à droite: *Thomas de Leu sculpsit*, 1596; quatre vers: *En vain ayie icy paint sous différens visages*, etc., une dédicace du peintre à Henri IV et le privilège. P. en H.

Pièce très rare d'un premier état, où se voit dans le coin du haut du ciel à gauche, un nuage qui a été effacé dans les épreuves postérieures.

(*) Ce peintre est le maître que l'abbé Marolles dit s'appeler souvent de *Fornaseriis*, peintre du roi Henri IV, et a mis au jour quelques pièces de sa main (un beau portrait de Henri IV et celui de Marie de Médicis), parmi d'autres qui le furent aussi par *Thomas de Leu*.

LIGNON (Frédéric), graveur au burin, né à Paris en 1781, mort dans la même ville en 183..? Élève d'Alexandre Morel.

445 — La Magdeleine, vue à mi-corps, les mains croisées sur sa poitrine, d'après le tableau du Guide au Musée Royal. P. en H.   31.

— *Ecce homo*, à mi-corps, un roseau à la main, d'après le tableau du Guide au Musée Royal. P. en H.

Ces deux estampes, qui font pendant, sont épreuves avant toutes lettres et sur papier de Chine.

LIVENS (Jean), peintre, né à Leyde le 24 octobre 1607; élève de G. Van Schooten et de Pierre Latsman; on ignore où il mourut. *Bartsch*, vol. 2ᵉ de l'œuvre de Rembrandt et ses élèves, donne le détail de soixante-six pièces gravées à l'eau-forte et au burin par ce maître.

446 — Buste d'homme, vu presque de face et éclairé à droite, le fond très ombré et couvert de tailles; on y voit les lettres I. L., marque du maître. P. en H. (41).   5. 50.

447 — Portrait de Juste Vondel, fameux poète hollandais, vu presque de face et dirigé vers la droite; il porte un manteau qu'il relève des deux mains, entre lesquelles il tient un rouleau de papier. P. en H. (57).   500.

Première et très rare épreuve avant les quatre vers, *Agrippini*..., etc.; seulement les noms de *J. Livius delineavit* et de *Wees excudit*. Cet état est inconnu à *Bartsch*; on lit au verso *J.-G. Wille*, 1762, de la main de ce graveur.

448 — La même estampe.   45.

Épreuve avec les vers, les noms de *Livius* et de *Wees excudit*. Ce dernier nom est remplacé par celui de *Théodore Matham* aux épreuves postérieures.

449 — Daniel Heinsius, professeur d'histoire et de politique à Leyde; il est vu presque de face et tourné vers la droite, la main droite appuyée sur un livre et la gauche sur sa poi-

trine. Titre: DANIEL HEINSIUS, etc.; et au-dessous, quatre vers, et *Joannes Lyvyus pinxit et fecit. Martinus Vanden-Eden ex.* P. en H. (58).

450 — Jacques Gouter, musicien anglais; à mi-corps, vu presque de profil et dirigé vers la droite. Il est couvert d'un large manteau, dessous lequel sort sa main droite dont il s'appuie sur un coussin placé sur le dossier d'une chaise; il tient un luth de la main gauche. Titre en quatre lignes, et *Joannes Liuius fecit et excudit.* P. en H. (59).

Ce portrait et le précédent se trouvent inclus au volume des portraits de Van-Dyck.

LOIR (ALEXIS), graveur au burin, né à Paris en 1640, mort dans la même ville en 1713.

451 — La présentation au Temple, d'après le tableau de Jean Jouvenet. P. en H.

452 — L'adoration des Rois, d'après le tableau de Jean Jouvenet. P. en H.

LOMBART (PIERRE), graveur au burin, né à Paris en 1613, mort dans la même ville en 1682.

453 — L'adoration des bergers (*); composition de neuf figures. *N. Poussin pinxit. Lombart sculpsit;* à droite: *F. Hallier excudit avec Privilège du Roi.* P. en L.

Épreuve avant la lettre, avec les armes.

454 — N. de Lafond, auteur de la Gazette de Hollande; d'après Henri Gascard. P. en H.

Première épreuve avant la lettre et avant le titre: *la Gazette ordinaire d'Amsterdam, du lundi* 5 *décembre* 1667, sur la feuille que Lafond tient de la main gauche.

(*) C'est la même composition qu'a gravée *J. Pesne.*

455 — Pierre de la Mouche, vu à mi-corps, tourné à droite dans un ovale armorié avec inscription, sur l'appui sur lequel pose l'ovale : *J. Dien pin.*; à gauche : *P. Lombart sculp.* à droite. P. en H. *15. 50.*

456 — Phillippe de Savoie, abbé, nommé archevêque de Reims en 1651. Il est vu à mi-corps, tourné à droite dans un ovale armorié avec inscription, posé sur un appui sur lequel se lit : *F. de La Mare-Richart pinxit*, à gauche ; *P. Lombart sculpsit*, à droite. P. en H. *9.*

LONGHI (Joseph), dessinateur et graveur au burin, né à Milan en 1766, mort en 182.?

457 — La Magdeleine dans le désert; elle est à demi-couchée et médite sur la Sainte-Ecriture; d'après le tableau du Corrège, à la galerie de Dresde. P. en L. *580.*

Première épreuve avant la lettre et avant les armes, seulement les mots : *Corregio pin. Joseph Longhi sc.*, tracés à la pointe; elle est sur papier de Chine.

458 — La même estampe. *319.*

Épreuve avant la lettre, avec les armes et les noms d'auteurs gravés au burin; elle est sur papier de Chine.

459 — Le mariage de la Vierge. Gravé en 1820, d'après le tableau peint par Raphaël, en 1504, qui est dans la galerie de Breza à Milan; sujet appelé en Italie *un Sposalizio*. P. en H. *10.*

Rare épreuve avant la lettre et avant les quatre vers : *Se di tai pregi adorno...*, etc.; seulement les noms d'auteurs.

460 — La même estampe. *650.*

Épreuve avant la lettre, mais avec les quatre vers tracés.

LE LORRAIN (Claude), voyez Gellée.

LORICHON (M. Constant-Louis), graveur au burin, né à Paris en 1800. Élève de M. Forster.

461 — La Vierge et l'Enfant-Jésus d'après le tableau de *81.*

Raphaël, de l'ancienne galerie d'Orléans, actuellement en la possession de lord Egerton. P. en H., dite *la Vierge de Brigde Water*.

Épreuve avant la lettre, sur papier de Chine. On lit au milieu de la marge du bas, *Lorichon sculpsit*, 1832, tracé à la pointe; elle porte aussi la signature du graveur au crayon.

LUCAS DE LEYDE, naquit à Leyde en 1494, de HUGUES JACOBSZ, qui lui enseigna les premiers élémens de son art; de là il passa dans l'école de CORNEILLE ENGELBRECHTSEN. Peintre et graveur à un âge où d'autres sortent à peine de l'enfance; à douze ans Lucas peignit un saint Hubert qui lui fut payé autant de pièces d'or qu'il avait d'années. Contemporain d'Albert Durer, il s'établit entre eux une émulation et une amitié constantes. Cet excellent artiste mourut en 1533, âgé de trente-neuf ans. La grande réputation dont Lucas jouissait, fit rechercher ses ouvrages; les curieux les portèrent, déjà de son vivant, à des prix considérables (*). Ils sont de la plus grande rareté. *Bartsch*, vol. 7, décrit cent soixante-quatorze pièces gravées sur cuivre et dix-sept gravées en bois sur ses dessins.

462 — Ève créée pendant le sommeil d'Adam. Vers le haut au milieu de l'estampe, la lettre *L* à rebours et l'année 1519. P. en H. (1).

463 — Dieu défendant à Adam et Ève de toucher au fruit de l'arbre de vie, que l'on voit au-devant de la gauche et près duquel se voit la lettre *L* à rebours et l'année 1529. P. en H. (2).

464 — Caïn tuant Abel; un autel à gauche où se voit deux

(*) *Sandrart*, qui écrivait en 1670, rapporte que M. Spiring, envoyé de Suède, avait payé la *grande Agar* au prix de 500 florins, et l'*espiègle* au prix de 200 écus.

feux séparés. Sur une pierre au milieu du bas, la lettre *L* à rebours et l'année 1529. P. en H. (5).

465 — Lamech et Caïn : le premier est debout à gauche, occupé à bander son arc; un enfant, une flèche à la main, debout, vis-à-vis de lui, montre Caïn endormi sous un arbre; au haut à gauche, l'année 1529 et la lettre *L* à rebours. P. en H. (14).

9.

466 — Saint Joachim embrassant sainte Anne, son épouse; dans le fond à gauche sur le mur, l'année 1520. Au bas vers la gauche, la lettre *L*. (34). P. en H.

11. 50.

467 — Jésus baptisé par saint Jean dans le Jourdain, en présence d'une multitude de peuple. P. en L., marquée sur la terrasse à droite de la lettre *L*. (40).

141.

468 — La Cène. A gauche sur une tablette la lettre *L* et l'année 1521. P. en H. (43). Copie gravée par *Muller*.

1.

469 — Pilate montrant Jésus au peuple. Sujet composé et gravé par Lucas, en 1510, à l'âge de seize ans. Sur une grosse pierre placée à la droite du devant, l'année 1510 et la lettre *L*. La belle ordonnance, la diversité des groupes, la convenance des caractères et l'exacte observation de la perspective, tout concourt à placer ce morceau au rang des meilleures productions de ce maître. P. en L. (71).

501.

Très belle épreuve. Collect. de *M de Scitivaux*.

470 — Saint Pierre et saint Paul. Ils sont assis dans un paysage; le premier tenant de la main droite une clé, le second le pied gauche sur un glaive qui est à terre devant lui. L'année 1527 est marquée sur une pierre au coin à gauche, et tout auprès la lettre *L* (106). P. en L.

20.

471 — Saint Jean-Baptiste, assis dans le désert, montrant de la main droite l'agneau sans tache. Sur la terrasse, vers la

— 128 —

droite, la lettre *L*, et sur le ciel, du même côté, l'année 1513. P. en L. (110).

472 — Sainte Marie Magdeleine se livrant à de vains plaisirs du monde et dansant en présence de gens rassemblés dans une campagne agréable. Selon l'usage des peintres de ce temps, d'introduire plusieurs sujets dans leurs compositions, la Magdeleine est aussi représentée dans le fond allant à la chasse, et on l'aperçoit encore dans le lointain entre les bras d'un ange. L'année 1519 et la lettre *L* sont marquées sur un écriteau au milieu de l'estampe. P. en L. *Bartsch* (122) dit : « Cette belle pièce que Lucas a gravée dans sa plus grande force, est un de ses meilleurs ouvrages. »

Belle épreuve; aux épreuves postérieures on lit l'adresse de *Martini Petri ex*. Collect. de *M. de Scitivaux*.

473 — Le moine Sergius tué par Mahomet, qui s'en était servi pour composer son Alcoran; tel est le titre donné à cette estampe, où l'on voit à droite le cadavre d'un moine ayant la gorge coupée, étendu près d'un vieillard vêtu à l'orientale, qui dort assis à terre à gauche; entre ses jambes pend un fourreau, vide de son épée, qu'un soldat qui s'avance est occupé à lui ôter. Plusieurs autres figures animent cette composition. A bas, à gauche, sur un écriteau, la lettre *L* et l'année 1508. P. en H. (126).

Belle épreuve d'une pièce rare.

474 — Les sept Vertus, suite de sept estampes en hauteur (127-133), représentées par des femmes nues assises et couronnées par des anges, savoir : La Foi; au bas, à droite, la lettre *L* et le mot FIDES, la lettre *S* à rebours. — L'Espérance; au bas, à droite, la lettre *L* et le mot SPES, et à gauche on lit : *Martini Petri exc*. — La Charité; le mot CARITAS est dans une banderole au haut à droite, et la lettre *L* au milieu du bas. — La Prudence; au haut, à gauche, l'année 1530; au bas, vers la droite, la lettre *L* et le mot

— 129 —

PRVDENCIA. — La Justice; au milieu du bas la lettre *L*, et à gauche IVSTICIA. — La Force; la lettre *L* au milieu du bas, et à droite le mot VORTITUDO. — La Tempérance; au milieu du bas le mot TEMPERANCIA, et vers la droite la lettre *L*.

A deux de ces morceaux: la Foi, le n° 1; la Force, le n° 6. Les autres sans numéros.

475 — Mars et Vénus. Le dieu assis à droite de l'estampe, tient de la main gauche un glaive dont la pointe porte à terre; l'année 1530 et la lettre *L* sont marquées à la droite du haut. P. en L. (137). *21.*

476 — Un fou cherche à embrasser une femme assise au pied d'un arbre; ces deux figures sont à mi-corps. A la gauche du haut la lettre *L* et l'année 1520. P. en H., gravée à l'eau-forte et terminée au burin (150). *10.*

477 — Une vieille femme (*) vue de face et à mi-corps tenant dans la main gauche une grappe de raisin dont elle prend un grain de la main droite. La lettre *L* est gravée à la droite du haut. P. en H. (151). *23. 50.*

478 — Un chirurgien pansant derrière l'oreille un paysan assis à terre à ses pieds. Dans le haut, à gauche, la lettre *L* à rebours, et à droite l'année 1524. P. en H. (156). *13. 50.*

479 — Un paysan gardant des vaches. Une paysanne vient d'en traire une dont elle porte le lait dans une tinette. Au milieu de la terrasse la lettre *L*, et l'année 1510 sur une tablette. P. en L. (188). *Bartsch* cite ce morceau, dit *la petite laitière*, comme l'un des mieux dessinés de l'œuvre de Lucas; il est très rare. *40.*

Belle épreuve. Collect. de *M. Revil.*

(*) *Regnault de Lalande*, dans le catalogue Saint-Yves, décrit ainsi cette pièce: « Homme vu à mi-corps; il est coiffé d'un chaperon antique » et tient entre ses mains une grappe de raisin. »

LUTMA (Jean) fils, dessinateur et orfèvre, né à Amsterdam, au commencement du XVIIe siècle. Il a gravé quelques portraits à l'eau-forte, où il s'est servi du ciselet au lieu du burin, genre de gravure dit au maillet.

480 — Jean Lutma. Buste de ce graveur placé dans une niche; on lit au bas : POSTERITATI JANUS LUTMA OPUS MALLE PER IANUM F. P. en H.

LUTZ (Pierre), Allemand, graveur au burin.

481 — *La madona coi quattro santi.* La Vierge tenant l'Enfant-Jésus est environnée de quatre saints, d'après le tableau de Ramenghi Bagnacavello, à la Galerie Royale de Dresde. P. en H.

Première épreuve avant toutes lettres, sur papier de Chine.

M.

MANDEL, graveur au burin.

482 — Le pâtre italien, d'après le tableau peint à Rome par Pollack. P. en H.

Épreuve d'artistes avant toutes lettres, seulement on lit: *Mandel fecit Paris 1840*, tracé à la pointe; elle est sur papier de Chine.

MANTÈGNE (André), peintre et graveur au burin. Selon l'abbé Zani (*Materiali*, etc. (*), pag. 144), Mantègne naquit à Padoue en 1431, et mourut à Mantoue, le 15 septembre 1506. *Bartsch*, vol. 13,

---

(*) *Materiali per servire alla storia dell' origine, e de progressi dell' incisione in rame, e in legno. Parma*, 1802, in-8°.

décrit vingt-trois pièces de ce maître; elles ne portent ni nom ni date (*).

483 — La flagellation. Au milieu du fond, Jésus-Christ, attaché à une colonne, est fouetté par trois bourreaux armés de verges; sur le devant, trois soldats, dont un assis à gauche sur une pierre. P. en H. (1). *51.*

484 — La Vierge assise dans une grotte et environnée d'un chœur d'anges; elle soutient de ses deux mains l'Enfant-Jésus, qui est assis sur ses genoux et qui se penche vers un vieillard, à gauche, s'inclinant en signe d'adoration. Au devant, à droite, saint Joseph un bâton à la main. Ces deux dernières figures, toute la terrasse du bas, ainsi que la partie supérieure de la grotte en haut de l'estampe, ne sont qu'au trait. Ce morceau n'a jamais été terminé. P. en H. (9). *336.*

Très belle et rare épreuve. Collect. de *M. Revil.*

485 — Hercule étouffant Anthée; il le tient en l'air, serré avec son bras gauche, et le prend avec la main droite; à gauche, le long du bord de l'estampe, on lit : DIVO HERCULI INVICTO. (16). P. en H. *36.*

486 — Des faunes assemblés autour d'une cuve boivent et se réjouissent de diverses manières. Au bas de la cuve, deux *46.*

(*) On lui attribue aussi les cinquante cartes de Tarots. *Lanzi* dit que les connaisseurs trouvant dans ces cartes beaucoup du goût de Mantègne, les nomment *Gioco di Mantegna. Bartsch,* vol. 13, pag. 120, décrit deux différentes suites de ces cartes; elles sont de la plus grande rareté à trouver complètes.

Une suite incomplète des deux dernières planches fut vendue 2,000 fr. à la vente de la collection de M. Étienne Paillière, peintre, en 1820, et acquise par le cabinet des estampes à la Bibliothèque Royale. Une suite complète (aussi la 1re décrite par Bartsch) se trouve dans la collection de M. Gatteaux, sculpteur.

— 132 —

enfans dorment couchés à terre. Beau morceau cité par Vasari et dit *Bacchanale à la cuve*. P. en L. (19).

487 — Une bacchanale où l'on voit au milieu Silène porté entre les bras de deux faunes et d'un satyre ; à gauche, diverses figures, et à droite deux faunes jouant du flageolet et du chalumeau. Morceau aussi cité par Vasari et dit *Bacchanale au Silène*. P. en L. (20).

MARC-ANTOINE et ses Élèves, AUGUSTIN-VÉNITIEN et MARC-DE-RAVENNE (*).

MARC-ANTOINE RAIMONDI.

Dessinateur et graveur au burin, né à Bologne, vers la fin du XVe siècle, mort dans la même ville vers 1546. Les premières années de notre artiste se passèrent à Bologne, où il reçut les premières leçons de FRANÇOIS RIBOLINI, dit LE FRANCIA, d'après lequel il grava et qui formèrent sa première manière, dans laquelle se trouvent comprises les pièces de sa composition et celles d'après MANTÈGNE, gravées en 1508. Il passa à Venise en 1509, et ayant vu les gravures sur bois d'ALBERT DURER, il copia les dix-sept pièces de la vie de la Vierge, la suite de la Passion et plusieurs autres pièces. Passé à Rome en 1510, il grava la Lucrèce d'après un dessin de RAPHAEL, qui conçut dès lors une si bonne idée de lui, qu'il l'employa à graver ses autres ouvrages. RAPHAEL s'étant lié d'une étroite amitié avec MARC-ANTOINE, il le dirigea en présidant à l'exécution des planches telles que celles d'Adam et Ève, le jugement de Pâris et autres pro-

---

(*) Nous avons adopté le classement de Bartsch, qui réunit les trois graveurs, en classant leurs estampes par sujets. L'œuvre de ces trois maîtres se trouve décrite au 14e volume du Peintre-Graveur, au nombre de six cent cinquante-deux morceaux. Notre collection en possède les plus capitaux au nombre de plus de cent cinquante. Ils sont tous très belles épreuves avant les noms de *Antoine Salamanque*, *Antoine Lafreri* ou autres éditeurs: ce dont nous prévenons pour ne pas le répéter à chaque article.

ductions remarquables où se décèle la surveillance du grand peintre.

Régénérateur de son art en Italie, comme ALBERT DURER le fut du sien en Allemagne, il eut la gloire de former une école célèbre dans toute l'Europe, indépendamment des Allemands que la réputation de MARC-ANTOINE attira à Rome, et qui travaillèrent sous sa direction, dont les principaux furent B. BEHAM, G. PENCZ et BINCK; tous les plus habiles graveurs du XVI° siècle appartiennent à son école, tels que AUGUSTIN-VÉNITIEN, MARC DE RAVENNE, CARAGLIO, J. BONASONE, le Maître au dé, BÉATRIZET, ENÉE-VICO, les MANTUAN, etc.

Une tablette avec le chiffre ou monogramme formé des lettres M A F (*Marco-Antonio fecit*) liées ensemble, ou sans ce chiffre, ou avec ce chiffre sans tablette, sont les marques qu'on trouve à plusieurs des ouvrages de *Marc-Antoine*, dont beaucoup de morceaux sont sans marque. *Bartsch*, vol. 14.

AUGUSTIN VÉNITIEN.

Augustin, natif de Venise, s'appelait *di Musi*, de son nom de famille; c'est ainsi qu'il s'est marqué lui-même sur trois de ses estampes. Suivant *Vasari*, cet artiste fut à Florence en 1516, plus tard il fut à Rome où il travailla sous la conduite de *Marc-Antoine*, dont il a imité la manière. On ignore l'année de sa naissance, on ne sait pas non plus la durée de sa vie; la plus ancienne date que l'on trouve sur ses ouvrages est 1509, la plus récente est 1536. AUGUSTIN a marqué presque toutes ses estampes des lettres A V, quelquefois un A gothique. *Bartsch*, vol. 14.

MARC DE RAVENNE.

Cet habile élève de Marc-Antoine, que l'abbé Zani dit s'appeller *Dente*, a marqué une seule estampe du nom de MARCVS RAVENAS, quelques autres pièces portent la lettre R, qui signifie *Ravignano*, mais son chiffre ordinaire était formé des lettres R S, expliqué par *Scultori Ravignano* ou *Ravenas sculpsit*. On lui attribue généralement les répétitions des estampes de Marc-Antoine, soit qu'elles aient été copiées sur les estampes de ce maître ou bien gravées une seconde fois d'après les mêmes dessins. *Bartsch,* vol. 14.

ANCIEN TESTAMENT.

488 — Adam et Eve. Adam, à la gauche de l'estampe, adossé contre un arbre, tient de la main gauche des pommes qu'Ève vient de lui présenter. Celle-ci est debout, à droite, s'appuyant la main gauche contre l'arbre de vie et portant l'autre à sa bouche. Dans le lointain un paysage orné de fabriques. P. en H., sans marque, gravée d'après Raphaël (1).

Superbe épreuve d'une des plus belles pièces et des plus rares de l'œuvre de *Marc-Antoine;* elle est bien conservée.

489 — Adam et Eve chassés du Paradis; ils dirigent leurs pas vers la droite. Le long du bord gauche de l'estampe s'élève un arbre sec tronqué. Ce morceau, sans marque, est gravé par *Marc-Antoine,* d'après un dessin tiré des peintures de la chapelle Sixtine, faites par Raphaël. P. en H. (2).

Très belle et rare épreuve, bien conservée.

490 — Dieu, porté en l'air par trois anges, ordonne à Noé de bâtir l'arche. Celui-ci est à genoux, tenant entre ses bras l'un de ses fils. A droite, on voit la femme de Noé sortir de la porte d'une maison, ayant un enfant sur le bras gauche et conduisant un autre de la main droite. P. en H., sans marque, gravée d'après Raphaël (3).

Très belle épreuve et bien conservée d'une estampe rare de *Marc-Antoine.* Collect. de M. *Robert-Dumesnil.*

491 — Le sacrifice d'Abraham. Le fond offre un paysage où l'on voit à gauche un mouton, à droite un autre dont on ne voit que la tête, le corps étant caché par trois enfans nus. Au coin du haut, à gauche, les lettres A. V. (*Augustin Vénitien*). P. en H., d'après Raphaël (5).

492 — Les Israélites ramassant la manne. Moïse est debout, à gauche, adressant la parole aux Israélites, dont deux se

prosternent à ses pieds. Au milieu du bas, les lettres A. V. P. en L., gravée d'après Raphaël, par *Augustin Vénitien*(8).

<small>Très belle épreuve d'une belle pièce, avant quelques contre-tailles sur la jambe droite au-dessous du genou de l'enfant qui est à droite, portant un vase dans ses bras.</small>

493 — Joseph et la femme de Putiphar. Au bas, à droite, la tablette de *Marc-Antoine* sans le chiffre. P. en L., gravée d'après un dessin de Raphaël qui a peint ce sujet au Vatican (9).

<small>Belle épreuve. Collect. de M. *Robert-Dumesnil*.</small>

105.

494 — David coupant la tête à Goliath. On voit, à droite, les Israélites poursuivant les Philistins, qui s'enfuient vers vers le fond, à gauche. Un de ces derniers court au devant du spectateur. P. en L., gravée d'après Raphaël (10).

<small>Belle et rare épreuve avant la tablette avec le chiffre de *Marc-Antoine*, qui se voit vers la droite du bas dans les secondes épreuves.</small>

430.

495 — La reine de Saba venant visiter Salomon, et lui apportant des présens. Le roi est assis à gauche sur un trône élevé, entouré de ses ministres; la reine et sa suite nombreuse de femmes et d'hommes, dont quelques-uns portent des vases, occupent le côté droit de l'estampe. La partie de la gauche du haut n'est pas terminée. P. en L. (13).

<small>Belle épreuve de la plus grande estampe de *Marc-Antoine*.</small>

160.

NOUVEAU TESTAMENT.

496 — La Nativité. Vers le fond de la gauche, la Vierge adore l'Enfant-Jésus, que quatre bergers montrent à un cinquième qui est du côté droit, un mouton sur l'épaule. Au bas à droite, à une tablette dressée contre une pierre, l'année **1531**, et au-dessous les lettres A. V. (17). P. en L., gravée d'après Jules Romain, par *Augustin Vénitien*.

40.

497 — Le massacre des Innocens. Sur une place publique des bourreaux poursuivent des mères pour leur arracher leurs

855.

petits enfans qu'ils massacrent. On remarque sur le devant à droite, une de ces mères qui, un genou en terre, arrête de son bras gauche le coup de sabre porté par un bourreau sur son enfant qu'elle soutient de la main droite; dans le fond à droite, tout près du bord de la planche, on voit un bouquet d'arbres, par-dessus lequel s'élève un petit arbre semblable à un sapin, que les amateurs appellent ordinairement *chicot* ou *forgère*; dans le fond à gauche, sur un piédestal est écrit: RAPH. URBI INVE, et le monogramme de *Marc-Antoine* sans la lettre F (18). P. en L. Cette estampe, dit *Bartsch*, est un véritable chef-d'œuvre de l'art de la gravure, et une des plus belles que *Marc-Antoine* ait gravées; elle est très-rare.

Très belle épreuve du cabinet de *M. le baron Michel.*

498 — Répétition de la même estampe dans le même sens et supérieurement gravée par *Marc de Ravenne.* Elle diffère de la précédente en ce que le petit arbre dit *chicot* ne s'y trouve pas, et en ce que l'inscription sur le piédestal est écrit: RAPHA (non pas RAPH) URBI INVE, et le chiffre formé des trois lettres M.A.F. au lieu des deux premières. P. en L. (20). *Bartsch* dit: « Selon *Malvasia*, ce serait *Marc-Antoine* lui-même qui aurait gravé cette répétition; en effet, elle est si parfaite, qu'elle ferait beaucoup d'honneur à cet artiste. Cependant il n'est pas moins vrai que, comparée avec l'estampe au *chicot*, elle doit lui céder le rang, etc. »

499 — Jésus-Christ à table chez Simon le Pharisien. La Magdeleine prosternée répand du parfum sur le pied droit du Christ; à gauche, un maître-d'hôtel ordonnant à un page de présenter un plat au Seigneur. P. en L. (23), gravée d'après Raphaël par *Marc-Antoine*, dont on voit la tablette sans le chiffre, vers le bas à droite.

Superbe épreuve parfaitement conservée. Collection de *M. Robert-Dumesnil.*

500 — Jésus avec ses disciples célébrant la sainte Cène ; la tablette sans le chiffre est appuyée à droite, près du siège d'un apôtre, dont le bras droit est étendu sur la table. Ce sujet, où l'on voit sous la table les pieds de presque tous les personnages qui y sont assis, est connu sous le titre de *la pièce des pieds* (*). P. en L. (26). Ce morceau, dit *Bartsch*, est un des plus parfaits et des plus rares de *Marc-Antoine*.   2900.

Magnifique épreuve d'une grande vigueur de ton et d'une belle conservation, des collections *Gavet* et de *M. Revil*.

501 — Le portement de croix dit *Lo Spasimo di Sicilia*, d'après Raphaël, les lettres A V et l'année 1517, sur une pierre au bas à gauche. P. en H. (28). Morceau capital d'*Augustin Vénitien*.   81.

502 — La même estampe.

Seconde épreuve où l'année 1519 a remplacé celle de 1517.

503 — La descente de croix. Quatre disciples descendant le corps de Jésus de la croix, à laquelle il est encore attaché par sa main droite. Au pied de la croix trois saintes femmes donnant du secours à la Vierge évanouie. La tablette sans le chiffre se voit au bas à droite. P. en H. (32). Beau morceau gravé d'après Raphaël, par *Marc-Antoine*.   1100.

Belle et rare épreuve des collections *P. Mariette, Durand* et *Scitivaux*.

504 — Trois femmes couvertes de longs manteaux, lesquelles paraissent représenter les trois Maries allant visiter le tombeau de Jésus-Christ ; leurs pas sont dirigés vers la gauche. P. en H. sans marque, gravée par *Marc-Antoine*, d'après un dessin de Michel-Ange (33).   40.

505 — La Vierge pleurant le corps mort de Jésus-Christ, qui est étendu sur un petit mur, près d'un rocher qui s'élève à   91.

(*) Marc de Ravenne a gravé une répétition de cette estampe, il y a mis son chiffre.

gauche. Le fond offre un pays montueux, orné de quelques arbres et fabriques ; il est à remarquer que le bras droit de la Vierge est nu, ce qui a fait donner à cette estampe le nom de la *Vierge au bras nu*. P. en H., sans marque. Cette pièce rare, dit *Bartsch*, est une des plus belles productions de *Marc-Antoine;* elle est d'après Raphaël (34).

Collection *Denon.*

506 — Répétition de la précédente estampe ; *Marc-Antoine* y a fait plusieurs changemens dont les plus remarquables sont les suivans : le bras droit de la Vierge, qui est nu dans la pièce qui précède, est couvert dans celle-ci ; le paysage du fond est différent, et la tablette du graveur, mais sans le chiffre, est à la droite du bas. P. en H. (35).

Collection *Denon.*

507 — Les Maries pleurant le corps mort de Jésus-Christ. Le corps de Jésus repose sur le giron de la Vierge qui s'évanouit, et que deux saintes femmes soutiennent ; à droite et à gauche les disciples. Dans le lointain les trois croix sur le calvaire. P. en H., gravée d'après Raphaël par *Marc-Antoine,* dont on voit la tablette à terre au milieu du bas (37).

Très belle épreuve. Collect. *Durand.*

508 — Saint Paul prêchant à Athènes. Cet apôtre est debout vers la gauche de l'estampe, sur une estrade de trois degrés ; il prêche, les deux mains élevées, au peuple assemblé autour de lui ; vers le fond à droite, un temple en avant duquel est la statue de Mars. La tablette sans le chiffre, au bas à gauche. P. en L., gravée par *Marc-Antoine,* d'après un carton peint par Raphaël et exécuté en tapisserie (*) (44).

Magnifique épreuve d'une vigueur extraordinaire de ton ; elle est bien conservée. Collect. de *M. de Scitivaux.*

(*) Il existe une copie du même sens, assez trompeuse et que ne décrit pas Bartsch. Comme elle a été plusieurs fois prise pour l'original, lorsque

SUJETS DE VIERGES.

509 — Marthe conduite à notre Seigneur Jésus-Christ qui est assis à droite, entre deux colonnes, à l'entrée du temple, auquel on monte par un grand escalier, au bas duquel est un grand nombre de peuple. Au bas à gauche, le chiffre de *Marc-Antoine*. P. en L., gravée d'après Raphaël. Morceau appelé la *Vierge à l'escalier* (*) (45). *365.*

Très belle épreuve, parfaitement conservée. Collect. *P. Mariette, Langlès* et de *M. de Scitivaux*.

510 — La Vierge assise sur des nues, ayant auprès d'elle l'Enfant-Jésus, à qui elle aide à se soutenir, et qui a le pied droit élevé; sur les nues trois anges à mi-corps et à gauche un quatrième dont on ne voit que la tête. P. en H., gravée d'après Raphaël, par *Marc-Antoine*; elle est sans marque (47). *665.*

Collection *Denon*.

511 — La Vierge assise sur des nues, soutenant de ses deux mains l'Enfant-Jésus, assis en partie sur la jambe droite de sa mère, dont il relève le voile de ses deux mains. P. en H., gravée d'après Raphaël, par *Marc-Antoine*, dont la tablette, sans le chiffre, se voit à droite du bas (52). *450.*

Superbe épreuve et parfaite de conservation. Collection *Denon*.

512 — La Vierge au poisson; tel est le nom que l'on donne *61.*

---

l'on n'a pas la comparaison, nous en citerons la principale différence qui existe dans l'estrade sur laquelle est saint Paul, dont les encadremens des dessins formant les différences des marbres, sont tracés légèrement de deux traits, notamment dans celui du coin à gauche qui encadre la tablette; tandis que dans la copie tous ces encadremens sont tracés d'un seul trait dur et régulier. Elle est généralement gravée d'une taille plus uniforme et moins fine.

(*) Le Musée Royal possède un dessin de cette composition, ainsi que du saint Paul prêchant, qui précède; ces deux dessins sont attribués à Raphaël.

a l'estampe où est représentée la Vierge assise sur un trône, et soutenant de ses deux mains l'Enfant-Jésus, qui se penche vers le jeune Tobie, qui tient un poisson de la main droite. P. en H. (54), sans marque, gravée d'après Raphaël. *Vasari*, qui parle de cette estampe, dit qu'elle a été gravée d'après un tableau peint pour l'Église de Saint-Dominique à Naples. Ce morceau est attribué communément à *Marc-Antoine*.

Collection *Denon*.

493.

513 — La Vierge à la longue cuisse. Tel est le nom donné à une estampe représentant la Vierge assise à terre à côté d'un berceau sur lequel est assis le petit Jésus qui tend sa main droite vers une banderole que lui présente saint Jean à genoux; vis-à-vis, à gauche, saint Joseph assis sur le bât de son âne, dont on aperçoit une partie de la tête. Au coin du bas du même côté, la tablette sans chiffre. P. en H. (57).

Très belle épreuve, bien conservée. On a une répétition de cette estampe, par *Marc de Ravenne*.

750.

514 — La Vierge assise et vue jusqu'aux genoux allaite l'Enfant-Jésus qui est assis sur son giron et qu'elle tient de la main gauche. Au haut à gauche une fenêtre. Jolie pièce sans marque, d'après Raphaël, répétition de l'estampe de *Marc-Antoine*; *Bartsch* l'attribue à *Marc de Ravenne*. P. en H. (61).

Très belle épreuve, parfaitement conservée. Collection de *M. de Scitivaux*.

800.

515 — La Vierge assise à terre, auprès de sainte Élisabeth, et ayant sur ses genoux l'Enfant-Jésus qui bénit saint Jean-Baptiste agenouillé devant lui. A gauche de l'estampe, du même côté, au second plan, un palmier, qui a fait donner à ce beau morceau le nom de la *Vierge au palmier*. P. en H., gravée d'après Raphaël (62).

Très belle épreuve, parfaitement conservée, d'une jolie pièce de *Marc-Antoine*. Collect. de *M. Robert-Dumesnil*.

516 — La Vierge assise au milieu d'une chambre, tenant Jésus de ses deux mains, pour le remettre à sainte Anne, qui se penche vers le berceau et qui tend le bras gauche vers l'enfant. Au-delà de la Vierge est debout une vieille femme qui étend ses deux bras en signe d'admiration. Au bas à droite, la tablette sans chiffre de *Marc-Antoine*. P. en H., gravée d'après Raphaël (63). Morceau connu sous le nom de la *Vierge au berceau*.

396.

Très belle épreuve parfaitement conservée, d'une pièce estimée du maître, collection *Denon*.

SUJETS DE SAINTS ET DE SAINTES.

517 — Saint Jérôme assis à gauche sur une butte, et tourné vers la droite; il lit dans un livre qu'il tient des deux mains, ayant les bras accoudés sur une table ménagée entre un arbre et une souche. On remarque à droite un lion de petite proportion. P. en L. (102), gravée d'après Raphaël, par *Marc-Antoine*; elle est sans marque et très rare.

51.

Collection *Denon*.

518 — Le martyre de saint Laurent, sous le règne de Valérien. Le magistrat de Rome, entouré de ses principaux officiers, préside au martyre du saint, que des bourreaux viennent de placer sur un lit de fer en forme de gril, au-dessus d'un feu de charbon; une foule de peuple entoure les officiers du magistrat, et occupe les galeries qui sont dans le fond. Sujet composé de cinquante-une figures, d'après un dessin de *Baccio Bandinelli*, dont le tableau devait être exécuté pour l'église de Saint-Laurent de Florence. A gauche, sur la terrasse et sur le devant, près d'une pierre où est l'inscription : BACCIUS BRANDIN INVEN., le chiffre du graveur. P. en L. (104), nommée en Italie *la graticolo di Santo-Lorenzo*. Cette estampe, une des plus grandes et des plus importantes de *Marc-Antoine*, est faite dans sa plus grande force. Accoutumé aux grâces de Raphaël, cet excellent graveur a

2600.

porté dans cet ouvrage la manière de ce grand peintre et adouci celle un peu sévère du peintre et sculpteur florentin.

L'épreuve que nous décrivons, belle et bien conservée, est celle dite *aux Deux Fourches*. Elle est d'une rareté extrême et manque à presque tous les cabinets de l'Europe, même les plus riches (*). Elle diffère de celle qui se trouve ordinairement, en ce que le bourreau qui étend le saint sur le gril se trouve armé de deux fourches, dont il tient l'une en l'air de la main droite. Cette fourche a été par la suite effacée, mais on en aperçoit encore les traces assez distinctement. Par cette correction, la fourche que le bourreau tient de la main gauche, se trouve allongée de façon qu'elle passe en avant de son corps pour aller chercher la main droite. Cette épreuve provient de la collection de *M. Revil*.

519 — La même estampe, la fourche effacée.

Très belle épreuve, parfaite de conservation; elle provient de la collection de *Pierre Lely*, peintre anglais.

520 — Jésus-Christ rayonnant de gloire, assis sur des nuages, entre la Sainte Vierge et saint Jean-Baptiste; saint Paul debout, tenant une épée, et sainte Catherine à genoux, une palme à la main, appuyée sur une roue, instrument de son martyre, sont au bas de la composition; au coin du devant de la terrasse, à droite, la tablette sans chiffre. Morceau gravé d'après un dessin fait pour le tableau qui se voyait dans l'église des religieux de Saint-Pierre et Saint-Paul à Parme. P. en H., nommée en Italie *i cinque santi* et que Vasari appelle une grande et belle estampe (**) (113).

Très belle épreuve parfaitement conservée, collection *Denon*.

521 — Sainte Cécile, accompagnée de saint Paul, de saint Jean, de sainte Magdeleine et de saint Augustin. Les deux premiers sont à gauche, les autres à droite. Dans le haut un concert d'anges. Au pied de sainte Cécile est à gauche

---

(*) Le cabinet des estampes de la Bibliothèque Royale, à Paris, ne la possède pas.

(**) Un dessin de cette composition est au Musée Royal.

un livre de musique, ainsi qu'une flûte, et à droite une harpe sur laquelle est écrit le chiffre de Marc-Antoine et les mots RAPH IVE. P. en H., gravée d'après un dessin de Raphaël (*), qui diffère du tableau qui était dans l'église de Saint-Jean de Bologne, et actuellement à la galerie de cette ville (116).

Très belle épreuve de la plus parfaite conservation, avec marge ; l'ombre portée au-dessous du menton de la sainte très prononcée, ce qui a fait donner à cette estampe le nom de la *sainte Cécile au collier*.

522 — Le martyre de sainte Félicité. Au milieu de l'estampe la sainte est dans une chaudière, priant les mains jointes et les yeux élevés vers le ciel, d'où descend un ange qui lui apporte la couronne de martyre. A gauche, Publius, préfet de Rome, lui montre ses sept fils décapités. Sur le piédestal de la statue de Jupiter, placée à droite dans une niche ménagée à la face d'un édifice, on lit : RA. VR. IN., et le chiffre de Marc-Antoine. P. en L. (117).   *550.*

Très belle et rare épreuve de la première planche, où ne se voit pas l'oreille droite de la sainte, où se voit au milieu un trait de burin perpendiculaire prenant naissance au-dessous de l'ange qui est en l'air. *Bartsch* ne parle pas de cette remarque. Collect. de *M. de Scitivaux.*

522 bis — La même estampe.   *260.*

Belle épreuve, mais où le trait de burin a disparu.

523 — Sainte Catherine, debout et vue de face, tenant une palme de la main droite et s'appuyant de l'autre sur le cercle d'une roue hérissée de pointes. P. en H., sans marque (175).   *50.*

Très belle épreuve, collection *Denon*.

SUJETS DE L'HISTOIRE PROFANE.

524 — Didon. Elle est debout, tenant de la main droite un   *100.*

(*) Qui selon Heinecke est en France ; c'est sans doute celui qui était dans le cabinet de *De Piles* et qui a été gravé aussi par Chéron.

poignard dont elle va se percer le sein, et tendant l'autre vers un bûcher qui se voit à droite; sur le devant, au pied d'un arbre à gauche, une tablette avec une inscription en caractère grec (*la mort célèbre vit*). P. en H (187) sans marque; elle a été gravée d'après Raphaël, par *Marc-Antoine*; elle est très rare.

Collection *Denon*.

525 — Les cavaliers romains. Quatre pièces en hauteur : *Titus et Vespasien*; *Scipion l'Africain*; *Horace Coclès*; et *Marcus-Curtius*. A ces morceaux, *Ant. Sal. ex.* (188 à 191).

526 — Lucrèce prête à se percer le sein. Elle est debout, tenant un poignard de la main droite, et de l'autre faisant un geste; son pied droit posé sur le soubassement d'une balustrade, sur laquelle on lit une inscription grecque, se traduisant ainsi : *Il vaut mieux mourir que de vivre dans le déshonneur*. Cette belle estampe, dit *Bartsch*, a été gravée par *Marc-Antoine*, presque à son arrivée à Rome, d'après un dessin de Raphaël. P. en H. (192).

Belle épreuve d'une estampe rare.

527 — Iphigénie, devenue prêtresse de Diane, dans la Tauride, reconnaît Oreste son frère, et Pylade, qu'on lui amène pour être sacrifiés. Sur le devant, à gauche, une tablette sans marque. P. en H., gravée par *Augustin Vénitien*, d'après le dessin d'un inconnu, que quelques uns croient être *B. Bandinelli* (194).

Très belle épreuve d'une parfaite conservation.

528 — Un empereur romain à cheval se dirigeant vers un jeune guerrier, qui est suivi d'un esclave conduisant une lionne; autour d'eux plusieurs soldats. Au bas à droite une tablette en blanc, et à gauche, sur une pierre, les lettres A. V. (196). P. en H. Cette belle estampe est une de celles où *Augustin Vénitien* a le plus approché de son maître; elle est rare.

529 — L'Amour pleurant la perte de Cléopâtre, qui meurt de la piqûre d'un aspic dont son bras est entortillé. Au bas, à droite, à une colonne, les lettres A. V., et au haut, du même côté, l'année 1528. On croit le dessin de Raphaël. P. en L. (198). *106.*

530 — Cléopâtre. Elle est à demi-nue, couchée sur un lit où elle paraît expirer de la piqûre d'un aspic, qui est entortillé autour de ses bras, qu'elle tient au-dessus de sa tête. Au milieu du bas de l'estampe, la tablette sans marque. P. en L., gravée par *Marc-Antoine*, d'après un dessin de Raphaël (199). *201.*

Belle épreuve parfaitement conservée, d'une estampe rare.

531 — Alexandre-le-Grand faisant déposer les livres d'Homère dans la cassette de Darius, en présence de savans et de plusieurs de ses capitaines (*). Composition de seize figures. Au bas, vers la gauche, la tablette, sans le chiffre, appuyée près du socle de la cassette. P. en L. (207). Cette estampe, dit *Bartsch*, est l'une des plus parfaites que *Marc-Antoine* ait gravées d'après Raphaël. *141.*

Très belle épreuve.

532 — L'enlèvement d'Hélène. Au milieu de l'estampe, une barque occupée par cinq Troyens, dont l'un d'eux saisit Hélène, qu'un homme cherche à retenir par sa draperie. Dans le fond, un combat, et à droite un grand palais. P. en L., gravée, d'après Raphaël, par *Marc-Antoine* (**) (209). *201.*

Très belle épreuve, bien conservée.

(*) Bellori, Rossi et d'autres, prétendent que ce sont les livres sacrés de Numa Pompilius, mis dans un cercueil de pierre.

(**) Il y a une répétition de cette estampe par Marc de Ravenne ; elle est marquée au bas vers la droite de la lettre R, et le coin du haut à gauche, qui est tronqué dans celle de Marc-Antoine, est travaillé dans celle de Marc de Ravenne.

240.

533 — Le Triomphe. Cette estampe, connue en Italie sous le nom de *Tito*, représente le triomphe d'un empereur romain; cette pièce, dit *Bartsch*, que les curieux nomment le *Triomphe* ou le bas-relief de *Marc-Aurèle*, ne paraît cependant pas convenir à cet empereur. La représentation d'une province subjuguée que l'on porte dans le fond à gauche, a tant de rapport avec ce qui est représenté dans les médailles que l'on frappa à l'occasion du triomphe de Vespasien et de Tite, que l'on ne doute nullement que ce sujet ne soit la représentation de celui qui fut décerné à Rome, après la conquête de la Judée. Cette estampe est très rare, elle est gravée d'après un dessin de Mantègne, qui est au Musée royal. P. en L. (213).

Collection *Denon*.

205.

534 — Danses d'amours. Deux amours, reconnaissables par des ailes qu'ils portent au dos, sont sur le devant; ils sont accompagnés de sept autres enfans avec lesquels ils dansent en rond. P. en L. d'après Raphaël, gravée par un anonyme, d'après l'estampe de *Marc-Antoine*; elle est désignée par *Bartsch*, copie B. (217).

Collection *Denon*.

SUJETS DE MYTHOLOGIE.

340.

535 — Deux faunes portant un enfant dans un panier. Le plus jeune, à gauche, tient de la main droite un thyrse; l'autre faune, à droite, tient de la main gauche une torche allumée. P. en L., sans marque; elle est gravée par *Marc-Antoine*, d'après un bas-relief antique. Il ne se peut rien désirer de plus parfait, dit *Bartsch*, tant pour le dessin que pour la gravure, que cette superbe estampe (230).

Très belle épreuve, parfaitement conservée et avec marges au-dessus du cuivre.

3350.

536 — Le jugement de Pâris. Le fils de Priam donne à Vénus

le prix de la beauté, en présence de Jupiter, d'Apollon, de Mercure, des dieux marins, de plusieurs nymphes et d'autres divinités. Au devant de la terrasse, vers la droite, le chiffre du graveur; un peu au-dessus et en deux lignes RAPH. VRBI. INVEN. Dans le coin, à gauche, à une espèce de plinthe, et en trois lignes, SORDENT... AVRUM., etc. P. en L. (245). Cette belle estampe, la plus parfaite de *Marc-Antoine*, est gravée d'après une excellente composition de Raphaël. *Vasari* en fait le plus grand éloge.

Magnifique épreuve de la plus parfaite conservation, elle a une marge que formant plinthe sur le côté gauche. Cette épreuve, qui réunit à la couleur l'harmonie du ton, provient des collections *Pierre Lely*, *Vamputen* et de *M. Revil*, à la vente de laquelle collection, en 1838, elle fût adjugée au prix de 1399 fr.

537 — Apollon assis sur le Parnasse au milieu des muses et des plus célèbres poètes. Ce morceau, gravé sur un dessin de Raphaël, est la même composition que ce maître a exécutée en peinture dans l'une des salles du Vatican, à quelques changemens près. On lit, dans un espace ménagé en blanc au milieu du bas de l'estampe : RAPHAEL PINXIT IN VATICANO, et au-dessous le chiffre de *Marc-Antoine*. P. en L. (247).

510.

Très belle épreuve, parfaitement conservée, d'une belle pièce du maître.

538 — La bacchanale. Offrande à Priape; au milieu, Silène appuyé sur les épaules de deux bacchans. Ses pas sont dirigés vers la gauche. On remarque aussi un satyre derrière une satyresse, qui est à genoux et penchée vers le terme de Sylvain. P. en L., gravée par *Marc-Antoine*, d'après un bas-relief antique qui est à Rome près de l'église Saint-Marc (248).

801.

Très belle épreuve d'une pièce extrêmement rare. Collect. *Boulle* et *M. Revil*.

539 — Danse de trois faunes et bacchantes, qui se suivent de

31.

file se dirigeant vers la droite, le faune, au milieu des deux bacchantes, joue de deux flageolets; à gauche au-dessous d'un pan de mur, la tablette de *Marc-Antoine* sans marque. P. en L., gravée d'après Raphaël (250). *Bartsch* décrit cette estampe comme fragment copié sur une estampe d'*Augustin Vénitien*, où sont représentés six faunes et bacchantes ; notre estampe, qui serait la moitié de droite, nous semble plutôt être de *Marc-Antoine*, et celle d'Augustin Vénitien la copie. Bartsch semble être lui-même de cette opinion, d'après la note suivante : « Nous n'avons vu de cette copie que la moitié » qui fait le côté gauche; la taille en ressemble beaucoup » à celle de *Marc-Antoine*, et il est possible que cette pièce, » que nous qualifions de copie, soit l'original, d'après lequel » *Augustin Vénitien* à gravé son estampe. »

Très belle épreuve parfaitement conservée. Collection *Denon*.

540 — Une muse. Elle est de face, tenant un pli de la main droite, qu'elle porte sur sa poitrine, et de l'autre main baissée un rouleau. P. en H., sans marque (271).

Très belle épreuve. Collect. de *M. Robert-Dumesnil*.

541 — Une muse. Elle est vue de profil, tournée à droite, et tenant des deux mains une guirlande de feuilles et de fruits. P. en H. (272).

542 — Jeune femme dirigeant ses pas à droite, elle tient de la main gauche une lampe ornée d'une tête d'oiseau. P. en H. (274).

543 — Autre jeune femme, vue de profil et tournée vers la droite, elle porte de la main gauche une ruche à miel. P. en H. (275).

544 — Satyre défendant une nymphe couchée à terre et appuyée sur ses genoux; il pare avec un bâton les coups que lui porte un jeune homme que l'on voit à droite. Au milieu du bas, la marque de *Marc-Antoine*, qui a gravé

— 149 —

cette estampe avec beaucoup de soin, d'après un dessin que l'on croit être de Francia. P. en H. (279).

Très belle épreuve. Collection *Denon*.

545 — Le satyre et l'enfant; ce dernier tient de la main droite une grappe de raisin dont il met un grain dans la bouche du satyre qui est assis à terre, à gauche, au pied d'un arbre. Au bas à gauche, le chiffre de *Marc-Antoine*. P. en H. (281). — 110.

Belle épreuve d'une estampe rare; elle est bien conservée. Collect. *Robert-Dumesnil*.

546 — Vénus et l'Amour. La déesse est assise à droite sur une butte, le bras droit appuyé sur l'Amour qui, debout devant elle, la considère, tenant son arc de la main droite et de l'autre une flèche. A la gauche d'en haut, l'année 1516 et les lettres A. V. (286). P. en H. — 55.

Belle épreuve, mais rognée du haut jusqu'au dessous des lettres A. V.

547 — Hercule étouffant le géant Anthée. A gauche s'élève un arbre sans feuilles, sur lequel est suspendue une tablette où se lit : DIVO HERCULI. P. en H., sans marque (289). — 50.

548 — Hercule tuant Acheloüs transformé en taureau. On voit à la droite du haut une tablette avec les mots : DIVO ERCULI, attachée à la branche d'un arbre dont le tronc s'élève au côté gauche. P. en H., sans marque (292). — 75.

Cette pièce et la précédente font partie d'une suite de quatre sujets: *les travaux d'Hercule*, ils sont gravés par *Marc-Antoine* dans sa première manière.

549 — Le jeune et le vieux bacchant. Sur le devant, à droite, est une cuve, contre laquelle est appuyée une écuelle; à gauche un piédestal, sur lequel deux masques sont placés. Le chiffre de *Marc-Antoine* est gravé à la gauche du bas. P. en H. (294). Ce beau morceau est gravé d'après Raphaël. — 70.

550 — Faune assis sur une butte, près d'un arbre, et tourné — 256.

vers la droite ; il tient de la main droite un petit rouleau de papier, et de l'autre une flûte, vers laquelle un enfant, debout entre ses genoux, tend la main droite. P. en H., sans marque, gravée par *Marc-Antoine* d'après un dessin de Raphaël (296).

Très belle épreuve bien conservée. Collect. *Astley* et de *M. Robert-Dumesnil*.

551 — Vénus sortie du bain. Elle s'essuie le pied gauche avec un drap. L'Amour, devant elle, tenant son arc de la main gauche et portant l'autre sur sa tête, semble s'éloigner pour aller blesser quelqu'un de ses traits. P. en H., sans marque, gravée par *Marc-Antoine*, d'après un gracieux dessin de Raphaël. Morceau très rare (297).

552 — La vendange. Un homme nu versant des raisins d'un panier dans une cuve qui est placée à droite et au-delà de laquelle est Bacchus, assis sur une tonne, tenant une écuelle de la main gauche. Dans le fond, à gauche, une jeune femme et deux enfans portent des paniers remplis de fruits. Morceau dit la *Petite Vendange*, gravé avec le plus grand soin, et le plus parfait de l'œuvre de *Marc-Antoine* ; il est d'après un dessin de Raphaël. P. en H. (306).

Très belle épreuve et bien conservée.

553 — Le faune montrant, de la main droite élevée, une grappe de raisin à un tigre que l'on voit à droite au pied d'un arbre tronqué. P. en H. (307). Elle est sans marque ; on l'attribue à *Marc-Antoine*.

Collection *Denon*.

554 — Une statue de Bacchus placée dans une niche. Il est debout, vu de profil et tourné vers la droite, il tient de la main droite élevée des raisins ; à ses pieds une panthère. P. en H. (308), sans marque.

Collection *Denon*.

555 — Vénus, sortie de la mer, tordant l'eau de ses cheveux. Derrière elle, vers la gauche, s'élèvent deux arbres, à la branche de l'un desquels est suspendue une pomme percée d'une flèche. Au milieu du bas, une tablette avec le chiffre et la date de 1506. S. 11 (c'est-à-dire *septembris* 11). Morceau gravé par *Marc-Antoine*, dans sa première manière, d'après le dessin d'un anonyme. P. en H. (312).   200.

556 — Hercule étouffant Anthée en présence de la Terre affligée de la défaite de son fils. La Terre est représentée sous la figure d'une vieille femme décharnée, assise au milieu de l'estampe, qui est gravée par *Augustin Vénitien*, dont la tablette, marquée des lettres A. V., se voit près d'une pierre sur laquelle est l'année 1533. P. en H. (316).   42.

557 — Vénus, couchée sur une butte, s'appuie du bras droit et fait de la main gauche des caresses à l'Amour, qui s'approche d'elle tenant un flambeau de ses deux mains. P. en H. (318), sans marque, gravée par *Augustin Vénitien* d'après J. Romain.   90.

Très belle épreuve bien conservée.

557 bis. — Le satyre surprenant une nymphe couchée à l'entrée d'une grotte qui occupe le côté droit de l'estampe. Au bas, à gauche, une pierre sur laquelle est marquée le chiffre, et plus bas, en petits caractères : 1506 MAS 11. P. en H. (319), gravée d'après un inconnu, dans la première manière de *Marc-Antoine*.   155.

Morceau rare. Collect. *Durand* et *baron Roger*.

558 — L'Amour faisant des efforts pour porter une caisse, dans laquelle se tient debout un enfant, que deux autres aident à se soutenir. Sur la caisse, on lit : 1506. 18. S., gravé d'après le dessin d'un anonyme, par *Marc-Antoine*, dans sa première manière. P. en L. (320).   103.

559 — Pan surprenant la nymphe Syrinx au sortir du bain.   60.

— 152 —

Elle tient sa chevelure de la main droite et se peigne de la gauche. A droite de l'estampe, un satyre dans une posture libre. P. en H., sans marque ; elle est gravée par *Marc-Antoine*, d'après Raphaël (325).

Très belle épreuve, avant toute retouche.

80.

560 — Vulcain, Vénus et l'Amour. Vénus, assise à gauche, tenant de la main gauche une flèche que l'Amour semble lui demander. Vulcain à droite, près de sa forge, bat un fer sur l'enclume placée au milieu de l'estampe. Au bas, à gauche, la tablette avec le chiffre. P. en H. (326).

Collection *Denon*.

125.

561 — Une statue d'Apollon à demi-vêtu, ayant le bras gauche élevé sur sa tête, et s'appuyant de l'autre sur sa lyre. A gauche, au piédestal, le chiffre de *Marc-Antoine* qui a gravé cette pièce dans sa première manière. P. en H. (333).

Collection *Denon*.

30.

562 — Apollon. Il est debout, tenant sa lyre de la main gauche et s'appuyant de l'autre sur un tronc d'arbre autour duquel se glisse le serpent Python. P. en L. (334), dessinée par Raphaël, et la gravure attribuée à *Marc-Antoine* ; elle est sans marque.

Collection *Denon*.

15.

563 — Une dame romaine faisant offrir son enfant mâle au dieu Priape. Elle est debout à droite, et une de ses femmes est à gauche offrant à la statue de Priape l'enfant qu'elle a sur ses bras. Une tablette sans marque est au milieu du bas. P. en H., gravée d'après l'antique par *Augustin Vénitien* (336).

201.

564 — Les trois Grâces. Elles sont debout se tenant embrassées. Au-delà de ces trois figures s'élèvent trois palmiers, et il y a de chaque côté une urne d'où coule de l'eau. Estampe gravée par *Marc-Antoine*, d'après un bas-relief antique, ce

qu'indique l'inscription : SIC ROME CARITES NIVEO EX MARMORE SCVLP., qui se voit dans la marge du bas. P. en H. (340).

565 — Jupiter embrassant l'Amour qui vient lui demander grâce pour Psyché. P. en H. (342).

566 — Mercure descendant du ciel pour chercher Psyché. P. en H. (343).

567 — Cupidon et les trois Grâces. P. en H. (344).

12 60.

Ce morceau et les deux qui précèdent sont gravés d'après des dessins exécutés en peinture par Raphaël, au palais *Ghigi*. Au premier et troisième morceaux, sur l'entablement, près la naissance de l'ogive, la tablette sans le chiffre de *Marc-Antoine*; le deuxième sans marque. Superbes épreuves, égales de tons et bien conservées de ces trois estampes ; elles sont rares. Collect. *Denon*.

568 — Hercule étouffant Anthée en le tenant en l'air et le serrant autour des reins de ses deux bras. Au bas à droite, une tablette sans chiffre. Cette estampe, gravée d'après un dessin de Raphaël, est un des meilleurs ouvrages de *Marc-Antoine*. P. en H. (346).

180.

Très belle épreuve, parfaite de conservation. Collect. de *M. Robert-Dumesnil*.

569 — Répétition du même sujet, ou plutôt une copie de la pièce précédente faite trait pour trait, par *Augustin Vénitien*, dont les lettres A V sont gravées dans la tablette au bas à gauche. P. en H. (347).

58.

570 — Galathée, debout dans une conque attelée de deux dauphins qui nagent vers la droite; elle est accompagnée de six tritons et néréides, ainsi que d'un amour qui nage au milieu du devant ; dans le haut, quatre amours dont trois décochent des flèches sur les tritons et néréides. P. en H., gravée d'après Raphaël. La tablette sans le chiffre de *Marc-Antoine*, est à la droite du bas. *Bartsch* (350) dit que cette estampe est une des plus belles et des plus rares de l'œuvre.

790.

— 154 —

550.

571 — *Le Quos ego,* ou Neptune apaisant la tempête qu'Éole, à la prière de Junon, avait excitée pour faire périr la flotte d'Énée ; autour de ce sujet principal, il y en a neuf autres qui représentent Enée arrivant à Carthage et quelques unes des autres aventures de ce héros, décrites dans le premier livre de l'Enéïde de Virgile. P. en H. sans marque ; à cette estampe cinq tables avec inscriptions latines. Nous ne transcrirons ici que celle de la table du bas : CVI VENVS ASCANII SVB IMAGINE MITTIT AMOREM (352).

Première et très belle épreuve avant la retouche. Les épreuves de la retouche se reconnaissent à des petits points placés entre les tailles, principalement aux lumières des chairs, dont les parties blanches, dans la première épreuve, sont couvertes de points dans l'épreuve retouchée, qui alors porte l'adresse de *Ant. Sal. exc.*

155.

572 — La femme au croissant. Elle est debout, tenant de la main droite un cor qui ressemble à un croissant, et de l'autre, un rouleau. A la droite de l'estampe, un homme donne du cor; à gauche, un autre homme assis, vu de profil. P. en L. (354).

Collection *Denon.*

250.

573 — Amadée s'entretenant avec une vieille femme qui représente l'Austérité, et qui montre de sa main gauche l'Amitié et l'Amour. Le fond offre à gauche une maison, à droite, un arbre. Ces quatre figures sont debout et habillées, sous chacune est écrit ce qu'elle représente, savoir : AMADÉUS, AUSTERITAS, AMICITIA, AMOR. P. en L. (355). Le chiffre de *Marc-Antoine* est au bas à gauche. Ce morceau, gravé d'après Francia, est entouré d'une bordure ornée de branches de noisetier.

Collection *Denon.*

210.

574 — L'homme aux deux trompettes. Il est placé au milieu de la composition; à sa droite, un vieillard vénérable s'entretient avec un jeune homme qui porte un écriteau au bout d'une pique; à gauche, un jeune homme, assis sur un rocher, aide à soutenir de la main droite un globe que porte une femme. La marque de *Marc-Antoine* au milieu du bas. P. en L. (356), d'après un dessin que l'on croit être de Bandinelli.

Collection *Denon*.

SUJETS ALLÉGORIQUES.

575 — Le songe. Ce sujet représente deux femmes nues endormies et couchées à terre sur les bords du Styx; le fond offre la vue d'une ville et à droite un château en flammes, d'où plusieurs hommes s'enfuient; le chiffre est marqué vers la gauche. P. en L.; morceau gravé dans la première manière de *Marc-Antoine*, d'après un dessin que l'on a attribué à Raphaël (359).

576 — Au milieu de l'estampe un jeune homme nu, debout sur un piédestal rond et tenant un brandon de la main droite élevée. Il est entouré de divers hommes, femmes et enfans, parmi lesquels on remarque à gauche un homme qui conduit un cheval, à droite une femme tenant un miroir, et du même côté un guerrier armé d'une pique. Au bas du piédestal un homme couché à terre. P. en H., dite le *Jeune homme au brandon*. C'est une des meilleures que *Marc-Antoine* ait gravées dans sa première manière; son chiffre se lit sur le piédestal. L'auteur du dessin n'est pas connu (360).

577 — Trajan entre la Ville de Rome et la Victoire. Le chiffre à droite sur une pierre carrée, au-dessous du bouclier d'un Dace qu'un Romain tue avec un poignard. P. en L. (361). Cette estampe, gravée d'après un des bas-reliefs de l'arc Constantin, est, dit *Bartsch*, une des plus belles et des plus estimées de *Marc-Antoine*.

Superbe épreuve, parfaitement conservée.

578 — Le Temps, représenté par un vieillard à longue barbe, marchant sur des béquilles, et ayant de grandes ailes sur le dos. Il se dirige vers la droite, faisant signe de la main gauche à un enfant qui est accroupi et qui tient un crible. P. en H., sans marque, gravée d'un burin extrêmement délicat, par *Marc-Antoine*, d'après Raphaël (365).

Très belle épreuve d'une jolie pièce; elle est très rare.

579 — Une femme à genoux met un anneau au doigt d'un homme debout à sa gauche, lequel courbe de la main gauche un bâton que courbe aussi, avec efforts de ses deux mains, un homme placé du côté opposé. La marque du maître est au bas à droite; pièce carrée gravée par *Marc-Antoine*, d'après Francia (369).

Très belle épreuve. Collect. de *M. Robert-Dumesnil*.

580 — La Prudence, représentée sous la forme d'une jeune femme à demi-nue; elle est assise sur un lion et s'appuie de la main gauche sur un dragon; elle se regarde dans un miroir qu'elle tient de la main droite élevée; le chiffre de Marc-Antoine à la gauche du bas. P. en H. (371).

Belle épreuve, parfaitement conservée.

581 — Une femme debout, à demi-nue, et tenant une éponge de chaque main, la gauche baissée, la droite élevée; à gauche un jeune homme verse de l'eau dans un vase. P. en H., sans marque, d'après une composition attribuée à Francia (373).

Belle épreuve, plus la copie C. en contre-partie, elle est du premier état avant la planche biffée.

582 — L'homme et la femme aux boules. Cette dernière est représentée nue, le pied droit posé sur une boule; elle tient un vase plein de feu de la main gauche, et s'appuie de la droite sur l'épaule d'un homme vu par le dos, tenant une boule de la main droite. Morceau gravé d'une taille fine par *Marc-Antoine*, dans sa première manière; le chiffre de ce maître est gravé sur le globe où la femme pose son pied. P. en H. (377).

Très belle épreuve, parfaitement conservée.

583 — Un homme montre une hache à une femme qui est debout à droite, vue par le dos et à demi-couverte d'une draperie. Au milieu du bas, le chiffre. P. en H. (380). Cette estampe est des premières manières de *Marc-Antoine*. Heinecke explique ce sujet par Adam montrant à Ève le besoin du travail après avoir été chassés du Paradis. *370.*

Très belle épreuve, parfaite de conservation. Collect. de *M. Robert-Dumesnil.*

584 — La Poésie, représentée par une femme ailée, au milieu de deux génies, dont celui à droite tient une tablette sur laquelle est écrit : A NUMINE AFLATUR. Morceau sans marque, gravé d'après un des ronds peints par Raphaël au Vatican. P. en H. (382). *350.*

Belle épreuve d'une charmante pièce de *Marc-Antoine*. Collect. *P. Mariette.*

585 — Jeune homme tenant une lanterne ; il marche à pas précipités vers la gauche ; il retourne la tête vers un bélier qui le suit. P. en H., sans marque, gravée par *Marc-Antoine*, d'après un dessin que l'on croit être de Raphaël. (384). *103.*

586 — Les vertus. La Charité, la Foi, la Justice, la Force, la Tempérance, l'Espérance et la Prudence ; elles sont représentées par des femmes debout dans des niches. Elles ont été gravées par Marc-Antoine, qui a mis sa marque à chaque. Suite de sept pièces en hauteur (386 à 392). *275.*

Belles épreuves et égales de ton, collect. *Denon.*

587 — Trois docteurs, vêtus de larges habits et couverts d'une calotte, sont assis à terre, s'entretenant dans une campagne, près d'un bouquet d'arbres qui s'élève à la droite de l'estampe, et dans le feuillage duquel on remarque un écureuil. P. en L. (404), sans marque. Cette estampe rare, dit *Bartsch*, a été gravée par *Marc-Antoine*, d'après un dessin dont vraisemblablement lui-même est l'auteur. *320.*

Superbe épreuve parfaitement conservée. Collection *Denon.*

588 — Le serpent à tête de femme parlant à un jeune homme assis au pied d'un arbre, la tête posée sur sa main droite, et qui l'écoute avec attention; une jeune fille debout, au milieu de l'estampe, les regarde, et à gauche un second jeune homme s'enfuit en exprimant l'effroi. P. en H., gravée dans la première manière de *Marc-Antoine*, dont le chiffre se voit au bas à droite (396).

110.

Très belle épreuve bien conservée. Collect. de *M. Robert-Dumesnil*.

589 — Les deux femmes au zodiaque; l'une debout, à droite, tient un livre fermé en regardant vers le ciel, tandis que l'autre écrit dans un livre appuyé sur son genou. P. en H., gravée d'après Raphaël, par *Marc-Antoine*, dont on voit le chiffre au bas à gauche (397).

306.

Belle épreuve, collect. *Denon*.

SUJETS DE FANTAISIE.

590 — Deux hommes à cheval et une femme à pied, armés de piques, combattant contre un lion furieux, pour sauver un homme que l'animal a déjà renversé. La tablette, sans marque, se voit, au haut à droite, suspendue à un arbre. P. en L., dessinée dans le goût d'un bas-relief; on la croit gravée par *Augustin Vénitien* dans sa première manière (416).

30.

591 — La peste. Ce morceau, connu en Italie sous le nom du *Morbetto*, représente à gauche la cour d'une maison où un homme tenant une torche allumée examine un troupeau de moutons mort de la peste, du même côté un escalier conduit à une chambre où un homme malade dans un lit est soigné par deux femmes qui sont éclairées par un rayon de lumière sur lequel on lit : EFFIGIES SACRAE DIVOM PHRIGI. Sur le devant, à droite, sept figures, dont un homme qui se penche pour éloigner un enfant de sa mère qui est étendue morte de la peste. Au milieu de la composition s'élève un terme, sur le piédestal duquel on lit, en six lignes : LIN-

399.

Qvebant..... Corp. A droite, sur le devant, une pierre où est gravé inv. rap. vr. et le chiffre de Marc-Antoine, qui a gravé cette estampe extrêmement rare. P. en L. (417).

Belle épreuve bien conservée. Collection *Denon*.

592 — Chasse aux lions. Des gens, armés dont deux sont à cheval, combattent contre un lion qui se voit à droite de l'estampe, et qui est prêt à se jeter sur une femme renversée par terre. Dans la marge une inscription en deux lignes. Qve Stabant..... Et le chiffre de *Marc-Antoine* qui a gravé cette estampe, d'après le monument de sépulture antique qui, suivant *Vasari*, se trouvait à Majano, et qui pour lors était dans la cour de l'église de saint Pierre au Vatican. P. en L. (422). 206.

Belle épreuve avec de la marge. Collection *Denon*.

593 — Un berger, tenant un bâton de la main gauche, se penche vers une nymphe couchée à terre à droite, dans le coin d'un bâtiment en ruine. P. en H., gravée par *Marc-Antoine*, d'après Raphaël; elle est sans marque (429). 190.

Très belle épreuve, plus une copie en contre-partie gravée par un anonyme.

594 — Une jeune femme assise à terre, à la porte d'une cabane, un enfant sur ses genoux; elle parle à deux hommes debout devant elle. A droite au bas, le chiffre de *Marc-Antoine*, qui a gravé cette estampe d'après Francia. P. en H. (432). 75.

Belle épreuve. Collect. *Durand* et *M. Robert-Dumesnil*.

595 — Un homme à genoux devant un gueux debout devant lui, appuyé sur un bâton; la scène se passe à la lisière d'un bois que l'on voit à gauche. Au coin, du même côté, la marque de *Marc-Antoine*. P. en H. (434). 40.

Belle épreuve. Collection *Denon*.

596 — Un vieillard, debout, à gauche, vu de profil et appuyé 50.

de ses deux mains sur un bâton, s'entretenant avec un jeune homme extrêmement gras qui est en face de lui. Le fond représente un mur. Le chiffre est à droite au bas. P. en H., gravée par *Marc-Antoine*, d'après un dessin attribué à Francia (436).

60.

597 — Un homme endormi à l'entrée d'un bois. Sur le devant, à gauche, une femme à genoux, vue par le dos, se retourne vers un autre homme placé aussi à genoux près d'elle. P. en H., gravée dans le goût des premières manières de *Marc-Antoine*, sur un dessin que l'on croit de Francia (438).

Belle épreuve, collect. *Denon*.

75.

598 — Un empereur romain, assis dans une niche, tenant un sceptre de la main gauche baissée et de l'autre un globe. Le chiffre est à gauche. P. en H., gravée d'après Raphaël, dans la première manière de *Marc-Antoine* (441).

71.

599 — Jeune femme en méditation; elle est assise, vue de profil et tournée vers la droite. P. en H., sans marque, gravée par *Marc-Antoine*, d'après Raphaël (443).

— Répétition de cette estampe, par un anonyme, elle est en contre-partie, c'est-à-dire que la femme est tournée à gauche (445).

25.

600 — Un soldat frappant d'un sabre, qu'il tient de la main gauche élevée, un homme nu qui est terrassé à ses pieds et qu'il tient par les cheveux. P. en H., sans marque, gravée par *Augustin Vénitien*, suivant *Heinecke*, sur un dessin de Michel-Ange (448).

229.

601 — Une femme pensive auprès d'une fenêtre sur laquelle elle s'appuie du bras droit. P. en H., sans marque, gravée d'après le Parmesan (460).

Plus la copie B en contre-partie, par un anonyme qui a parfaitement imité la gravure de l'original.

Autre copie, non décrite, elle est avec quelques changemens, la femme est dans une autre attitude.

602 — Les pèlerins. Une femme, couchée à terre, s'appuyant sur le bras droit et tenant de la main gauche son bourdon, a les yeux fixés sur une poire, qu'un homme assis à terre près d'elle est occupé à peler. Vers le fond à droite, on voit cheminer un pèlerin. P. en H., gravée par *Marc-Antoine*, d'après une estampe de Lucas de Leyde (462). *350.*

Très belle épreuve, parfaitement conservée, d'une extrême rareté, elle est avant l'adresse de *Ant. Sal. exc.* Bartsch ne la décrit qu'avec l'adresse. Collect. du *comte de Fries* et de *M. Revil.*

603 — Les deux hommes nus debout; l'un d'eux fait un geste de la main gauche élevée et embrasse du bras droit l'autre homme qui est presque vu par le dos et qui de sa main gauche fait signe en avant. P. en H. (464). *25.*

Belle épreuve bien conservée.

604 — Les chanteurs. Trois hommes debout qui chantent; ils sont vêtus à la mode du temps. Le premier à gauche est vu presque par le dos; sa tête couverte d'un grand bonnet de fourrure. Le fond de cette composition est blanc. P. en H. (468); elle est sans marque. Ce morceau paraît être de l'invention de *Marc-Antoine*. *651.*

Très belle et rare épreuve, parfaitement conservée.

605 — Un homme assis à gauche sur une butte, près d'un massif d'arbres, et jouant de la guitare; il a le pied droit posé sur l'étui de son instrument. Vers le haut à gauche, la tablette où se lit le mot PHILOHEO. Au bas du même côté, le chiffre du maître. P. en H., l'une des meilleures que *Marc-Antoine* ait gravées dans ses premières manières; elle est d'après Francia (469). *131.*

Collect. *Denon.*

606 — Une femme vêtue à la romaine, marchant vers la gauche et portant un vase qu'elle soutient de la main gauche. Le fond représente un portique qui laisse voir un paysage *35.*

— 162 —

gravé à un seul trait. Vers la gauche, au bas d'une porte, les lettres A. V., et au haut à droite l'année 1528. P. en H., gravée d'après Raphaël (470).

607 — L'homme qui se chausse; il est assis sur une motte de terre, à côté d'un groupe d'arbres qui est à gauche. P. en H., sans marque, gravée par *Marc-Antoine*, et tirée du carton de Pise, de Michel-Ange (472).

Belle épreuve. Collect. *Durand*.

608 — Une barque conduite par deux bateliers, dans laquelle sont deux hommes et deux femmes. Dans le lointain, un rocher percé et à droite un vaisseau. Au coin à gauche, une tablette sans marque. P. en H., gravée d'après Raphaël, par *Augustin Vénitien* (473).

609 — Femme debout, à demi-nue, appuyée du bras droit sur un piédestal élevé et ayant la main gauche posée sur un grand vase qui est à ses pieds. P. en H., sans marque; on la croit gravée par *Augustin Vénitien*, d'après un dessin de Raphaël (474).

610 — Femme assise, elle est nue, vu par le dos, la main droite sur un vase qui est placé près d'elle. Le fond offre un paysage. P. en H., gravée par *Augustin Vénitien*, d'après un dessin que l'on croit être de Jules Romain. Elle est sans marque (475).

Très belle épreuve, bien conservée. Collect. *Denon*.

611 — L'homme portant la base d'une colonne; il dirige ses pas vers la droite de l'estampe, où on remarque dans le fond, à droite, le tronc d'un arbre sec. Au bas, à droite, la tablette sans marque. P. en H., gravée par *Marc-Antoine*, d'après Raphaël (476).

Très belle épreuve.

612 — Les grimpeurs. Tel est le nom donné à cette estampe, qui représente trois soldats qui, pendant qu'ils se baignent

dans le fleuve d'Arno, sont alarmés par l'approche de l'ennemi. Au milieu du bas de l'estampe, un écriteau où se lit l'année 1510. P. en H. (487). Ce morceau est un des plus considérables et des plus rares de l'œuvre. *Marc-Antoine* l'a gravé avec le plus grand soin d'après un dessin de Michel-Ange, qui a fait partie de son fameux carton de la guerre de Pise. Il est à remarquer que le paysage qui orne le fond de l'estampe est une copie faite par *Marc-Antoine* sur l'estampe de Lucas de Leyde représentant le moine Sergius.

Très belle épreuve, parfaitement conservée, collect. *Denon*.

613 — L'une des figures du sujet précédent, savoir : celle de l'homme nu, vu par le dos, qui monte sur le rivage. On lit vers le bas à droite : IV. MI. AG. FLO. et le chiffre de *Marc-Antoine*, qui a gravé cette pièce dans sa première manière. P. en H. (488).

158.

614 — Deux cariatides aidant à supporter une cassolette qui repose en partie sur une colonne tronquée. Au bas, à gauche, la tablette sans le chiffre. Le dessus de la cassolette est percé en forme de fleurs de lys, ce qui, joint à des salamandres dont la frise est ornée, fait juger que Raphaël a fait ce dessin pour François Ier, roi de France. P. en H., gravée par *Marc-Antoine* dans son meilleur temps (*) (491).

Belle épreuve, bien conservée.

175.

PORTRAITS.

615 — *Raphaël Sanzio d'Urbin*. Il est représenté enveloppé dans un manteau, méditant sur la composition d'un tableau; il est assis à terre près de deux gradins. A droite, près du second gradin, une toile tendue pour un tableau; à gauche, une palette et trois pots à couleurs. P. en H, sans marque.

600.

(*) Marc de Ravenne a aussi gravé cette estampe, mais de sens opposé.

Elle a été gravée avec le plus grand soin par *Marc-Antoine*. Elle est d'une grande rareté (496).

Superbe épreuve, bien conservée. Collect. *Denon.*

30.

616 — Statue équestre de Marc-Aurèle. Elle est tournée vers la gauche et posée sur un piédestal, où est placé, à gauche, presque au-dessous du sabot du cheval, le chiffre de *Marc-Antoine*. P. en H. (514).

Très belle épreuve, mais rognée du bas; on ne voit pas l'inscription:
ROMAE AD. S. IO. LAT.

35.

617 — Saint Jean l'Evangéliste et saint Jérôme, représentés debout. Ce dernier à droite de l'estampe, est adossé contre un arbre. Au milieu du bas est une tablette avec le chiffre d'*Albert Durer* et 1506. A. I, c'est-à-dire *Avril* I, ou *Août* I, date de la gravure de l'estampe, qui est une copie du n° 112 des morceaux en bois de l'œuvre de Durer. P. en H. (643).

180.

618 — Jésus-Christ attaché à la croix, la Sainte-Vierge est debout à gauche, les mains jointes, et saint Jean aussi debout à droite tenant un grand livre. P. en H., gravée par Marc-Antoine dans sa première manière, d'après un tableau d'Albert Durer (645).

Belle épreuve d'un beau morceau extrêmement rare.

100.

619 — Le corps de Jésus-Christ pleuré par les saintes femmes. Le corps repose dans le giron de saint Jean, assis à terre à gauche. La Vierge arrose de ses larmes la main gauche du Christ; derrière la Vierge et saint Jean, quatre saintes femmes pleurent. P. en H. Copie d'une estampe en bois d'Albert Durer, dont on voit le chiffre dans une tablette vers le bas à gauche (647).

Beau morceau extrêmement rare.

MORCEAU NON DÉCRIT.

212.

620 — A la droite de l'estampe, une nymphe couchée endormie, appuyée contre un arbre, est convoitée par un satyre

tenant une draperie dont il vient de la découvrir. Au bas, à gauche, le chiffre de *Marc-Antoine*, formé des lettres m. f. réunies. Pièce libre. L. 9 cent., H. 8 cent.

Très belle épreuve de la plus grande rareté et que ne décrit pas *Bartsch*. Elle vient de la collection de *M. Revil*, vendue en 1838.

MORCEAUX DONT LA GRAVURE EST ATTRIBUÉE A MARC-ANTOINE.

621 — L'abreuvoir des bœufs. Ce morceau représente un paysage où l'on remarque à gauche un jeune pâtre debout, qui de la main droite s'appuie sur son bâton, et de l'autre, fait un geste à un jeune homme qui donne à boire à un veau. Plus loin deux taureaux s'abreuvent. P. en L. *Bartsch*, en classant cette pièce parmi les graveurs de l'école de Marc-Antoine (vol. 15, page 51, n° 3), dit : «On nomme
» Raphaël comme auteur du dessin de ce morceau, et pour
» graveur *Marc-Antoine*, ou *Augustin Vénitien*, ou *Marc de*
» *Ravenne*. Pour nous, nous ne saurions trouver aucune bonne
» raison pour nous déclarer pour l'un ou pour l'autre de
» ces artistes. Cette composition est aussi gravée par *Pietre*
» *Sante Bartoli*, dans le recueil copié sur les vignettes de
» l'ancien manuscrit du Vatican.

29.

Très belle épreuve, bien conservée. Collect. *Denon*.

622 — Opis. Cette divinité est représentée debout dans une niche, entourée de divers animaux.

35.

— Cérès, représentée debout dans une niche; elle tient de la main droite une faucille, et de la gauche une torche.

— Bacchus, représenté debout dans une niche; de sa main droite élevée au dessus de sa tête, il presse des raisins dans une coupe qu'il tient de la main gauche ; un jeune faune est à sa gauche.

Cette estampe et les deux qui précèdent, sont en hauteur et font partie d'une suite de douze estampes des divinités de la Fable, gravée d'après les dessins de *maître Roux*. *Bartsch*,

qui place ces estampes parmi celles de *Caraglio*, comme répétition de celles de la suite de vingt pièces gravées par ce maître, dit (vol. 15, page 80) : « Ces douze estampes étant
» gravées dans le même goût que les sept vertus de *Marc-*
» *Antoine*, nous sommes tenté de croire qu'elles viennent
» effectivement de ce maître. »

Collect. *Denon*.

16. 623 — Bacchus entre deux faunes; il tient une branche de vigne de la main gauche, et de l'autre s'appuie sur le faune qui est à sa droite, et près duquel est une nymphe jouant du tambour de basque; à droite un homme assis sur une butte, tient une flûte de ses deux mains. P. en L., sans marque, d'après un dessin présumé de Francia. Elle est gravée dans le goût de la première manière de *Marc-Antoine*. Les quatres angles de la planche sont tronqués. Cette estampe est attribuée par *Bartsch* au maître à monogramme I. F. (15e vol., p. 455, n° 7).

Collect. *Denon*.

50. 624 — Hercule. Il est représenté en pied dans une niche, tenant un arc de la main gauche, et de la droite, baissée, une draperie. P. en H., gravée dans le goût de *Marc-Antoine* par un anonyme. Morceau non décrit.

Collect. *Denon*.

MARCENAY DE GHUY (ANTOINE), dessinateur et graveur, né à Arnay-sur-Arou, en 1722, mort à Paris en 1811. L'œuvre de ce maître est de soixante-une pièces, décrites au catalogue Rigal.

13. 625 — Le marquis de Puysegur, colonel du régiment de Vexin. Portrait dans un médaillon posé sur un piédestal. P. en H.

Première épreuve d'eau-forte pure, avec des petits paysages, essais de burin dans la marge à gauche.

9. 626 — Henri, comte de Berghe, représenté vu jusqu'aux

genoux; il est cuirassé et tient de la main droite un bâton de commandant. P. en H., d'après Van-Dyck.

Épreuve avant la lettre.

627 — La fleuriste près d'une croisée; elle cueille un œillet. Gravé en 1766, d'après G. Dow. P. en H. *14.*

Épreuve avant la lettre, avec les armes.

628 — Homme à barbe blanche, vu à mi-corps, une toque sur la tête; il est dirigé vers la gauche. Portrait dans un ovale au bas duquel est un paysage. P. en H. *5. 50.*

629 — Dame vue à mi-corps, ayant les cheveux ornés de plumes et de perles. Portrait dans un ovale au bas duquel est un paysage. P. en H. *9. 50.*

Ce portrait et le précédent, gravés en 1768 et 1773, d'après Rembrandt. Épreuves avant la lettre.

MARINUS (IGNACE), graveur au burin, florissait en Flandre dans le XVIIe siècle.

630 — Saint Xavier guérissant les malades aux Indes. Titre: S. FRANCISCUS, etc., *P. P. Rubens pinxit. Marinus sculpsit.* P. en H. (16). *37.*

631 — Saint Ignace de Loyola guérissant des possédés. Titre: S. IGNATUS, etc., *P. P. Rubens pinxit. Marinus sculpsit.* P. en H. (24) (*). *30.*

MARIETTE (JEAN), dessinateur et graveur, né à Paris en 1654, mort dans la même ville en 1742 (**).

632 — Moïse sauvé des eaux, d'après le tableau de N. Poussin, au Musée Royal. P. en L. *90.*

Rare épreuve avant la lettre. Collect. de *M. de Scitivaux.*

(*) Les dessins d'après lesquels ont été faites ces deux estampes sont au Musée Royal, et les tableaux au Musée Impérial de Vienne.

(**) Père de Pierre-Jean Mariette, aussi dessinateur et graveur, mais plus

MASSARD (Jean-Baptiste) père, graveur au burin, né à Belesme, dans le Perche, en 1740, mort à Paris en 1822; il était membre de l'ancienne Académie de Peinture.

633 — La mort de Socrate, d'après le tableau de David, peint en 1789. P. en L.

Épreuve avant la lettre; les noms d'auteurs tracés à la pointe.

MASSARD (M. Jean-Baptiste-Raphael-Urbain), graveur au burin, né à Paris en 1775, fils et élève de Jean Massard.

19.

634 — Hypocrate refusant les présens d'Artaxercès : « *Dites à votre maître que je suis assez riche : que l'honneur ne me permet pas de recevoir ses dons, d'aller en Asie, et de secourir les ennemis de la Grèce.* » Gravé en 1816, d'après le tableau de Girodet; tableau qui décore une des salles de l'École de Médecine. P. en L.

Épreuve avant la lettre, seulement les noms d'auteurs et l'année 1816.

26.

635 — L'ensevelissement d'Atala. Gravé d'après le tableau de Girodet, peint en 1808 pour le concours décennal; ce tableau actuellement au Musée Royal. P. en L.

Première épreuve avant la lettre, seulement les noms d'auteurs tracés à la pointe.

70.

636 — L'enlèvement des Sabines. Gravé d'après le tableau de David, peint en 1808. Tableau du Musée Royal. P. en L.

Épreuve avant la lettre et avant le second trait carré autour de la composition; seulement les noms d'auteurs.

100.

637 — Louis XVIII, représenté en pied, assis sur son trône, en manteau royal; gravé en 1819, d'après le tableau de F. Gérard. P. en H.

Première épreuve d'artiste, avant le nom de Louis XVIII qui est au bas de la bordure qui entoure le portrait, et aussi avant les noms d'auteurs et l'année 1819.

---

célèbre par ses grandes connaissances dans les arts et sa riche collection de dessins et d'estampes, dont la vente fut faite par Basan, en 1775. Le catalogue forme 1 vol. in-8° de 418 pages.

MASSON (Antoine), peintre au pastel, graveur au burin, né à Louvry, près d'Orléans, en 1636, mort à Paris en 1700; quitta la profession d'armurier pour se livrer à l'étude de la peinture et de la gravure, et devint élève de P. Mignard. *Le Peintre-Graveur français*, 2e vol., décrit soixante-huit pièces de ce maître.

638 — Sainte Famille. La Vierge est assise à gauche, tenant l'Enfant-Jésus sur ses bras, qui se penche pour prendre la croix du jeune saint Jean, à genoux vers lui au milieu, et que soutient saint Joseph assis à droite; sur la terrasse on lit: *Cum privilegio Regis, N. Mignard pinxit. Ant. Masson sculpsit. Van Merlen ex. cum pr. Re.* 1669. P. en L.

Belle épreuve du 1er état décrit (*) avant que la lettre finale du nom de *Van Merlen* soit effacée. Collect. *Silvestre* et de *M. de Scitivaux*.

639 — Jésus à table avec deux de ses disciples dans le château d'Emmaüs (**); d'après le tableau du Titien au Musée Royal. Morceau connu sous le titre de la *Nappe*, chef-d'œuvre du maître. P. en L. (5).

Première et très rare épreuve avant des travaux sur les ongles des pieds du Christ, qui sont presque blancs, avant quantité de travaux sur le ciel et les arbres du fond à droite. Peut-être unique de cet état. Cette épreuve est privée de sa marge.

640. — La même estampe.

Très belle épreuve du 2e état, avant la taille échappée au-dessus de l'arbre qui se voit près de la fabrique au haut à droite, lors de la retouche de la planche; le 3e état avec cette retouche, se trouve à la Calcographie qui en possède la planche. Elle fait partie du recueil gravé des tableaux du cabinet du roi.

(*) Il existe un état antérieur où le nom de *Van Merlen cum pr. Re.*, 1669, ne se trouve pas, et où on lit seulement *Ant. Masson sculpsit*, 1668.

(**) Si l'on en croit la tradition, le disciple qui est à la droite du Sauveur, représente l'empereur Charles-Quint; celui que l'on voit à sa gauche, le cardinal Ximenés; et le page, le fils de l'empereur qui devint roi d'Espagne sous le nom de Philippe II.

641 — Guillaume de Brisacier, secrétaire des commandemens de la reine. Portrait à mi-corps, la tête dirigée vers la gauche, dans une bordure ovale avec inscription. Sur l'appui sur lequel pose l'ovale on lit : *N. Mignard Auenionensis pinxit. Ant. Masson sculpebat* 1664 (15). P. en H.

<small>Rare épreuve du 1er état avant l'inscription dans la bordure.</small>

642 — Gaspard Charrier, lieutenant criminel au présidial de Lyon, représenté à mi-corps, vu de face, la tête dirigée vers la droite, dans un ovale, avec inscription, posé sur un appui sur lequel on lit : *Th. Blanchet Lugd. pinxit. Ant. Masson sculpsit* (16). P. en H.

<small>Très belle épreuve du 2e état, où le gland qui descend sous le rabat n'est pas divisé en deux parties et est moins travaillé.</small>

643 — Marin Cureau de la Chambre, médecin ordinaire du roi, à mi-corps dans un ovale, la tête dirigée vers la gauche; dans les angles du bas, on lit : *P. Mignard Romanus pinxit. Ant. Masson sculpebat* 1665 (24). P. en H.

<small>Première épreuve avant les contre-tailles sur la joue droite.</small>

644 — Frédéric-Guillaume, dit le Grand, électeur de Brandebourg. Il est représenté en cuirasse, vu de trois quarts, tourné à droite et regardant de face, dans une bordure ovale, avec inscription, posant sur un appui, où on lit, à gauche : *Ant^{us}. Masson delineavit* ; et à droite : *et sculpsit Parisys* 1683, et au-dessous, quatre vers : *Tel est de ce héros...* etc. (*). P. en H. (30).

645 — Marie de Lorraine, duchesse de Guise et princesse de Joinville, petite-fille du Balafré. Elle est vue à mi-corps, presque de face où elle regarde, et dirigée à gauche, dans

---

<small>(*) Ce portrait se trouve en tête de l'ouvrage des Césars de l'empereur Julien, traduit par de Spanhein, qui a dédié ce livre à ce prince. *Paris*, 1683, 1 vol. in-4°.</small>

un ovale, avec inscription, posé sur une tablette, où on lit : *Petrus Mignard Pinxit. Ant^{us}. Masson delineavit et sculpsit Parisys.* 1684 (32). P. en H.

Très belle épreuve avant que le mot Roma soit suivi d'un point et d'une figure de lapin à la suite du mot *pinxit*.

646 — Henri de Lorraine, comte d'Harcourt, grand-écuyer de France, représenté debout, vu jusqu'aux genoux, dirigé vers la gauche; dans la marge des armes, quatre vers et l'adresse de Poilly. Dans le haut de l'estampe à gauche, on lit : *N. Mignard, aveni. Pin. Anto. Masson, sculp.*, 1667. Portrait connu sous le titre du *Cadet à la perle.* P. en H. (34).

Première épreuve avant le n° 4 dans la marge à gauche, près du trait carré du haut d'un entablement au-dessous de la naissance d'une voûte et avant la taille échappée sur le fond, près des cheveux, lors de la retouche de la planche (*).

647 — Louis XIV vu presque de face, la tête tournée à droite, où il regarde dans un ovale bordé d'une couronne de laurier, décoré à sa base de l'écu de France couronné, d'où partent des branches de lis; les trompettes de la Renommée ornent les angles du haut. Au bas à gauche, *Carol. Le Brun, pinxit.* A droite, *Ant. Masson, sculpebat.* P. en H. (43).

648 — André Le Nostre, conseiller du roi, contrôleur général ancien des bâtimens de sa majesté, jardins, arts et manufactures de France. Il est vu presque de face et dirigé vers la gauche. P. en H. (55).

Très belle et rare épreuve avant la lettre.

(*) Une épreuve de la plus grande rareté et peut-être unique se trouve décrite au catalogue de la collection des estampes de M. Wlassoff, chambellan de l'empereur de Russie (*Moscou*, 1819, 1 vol. in-8°). Elle est avant plusieurs travaux sur le pommeau de l'épée et sur la ceinture, et avec l'inscription *Masson sculp. et excudit*, au bas à droite de la planche près de la gravure. *M. Robert-Dumesnil* ne parle pas de cette épreuve.

— 172 —

649 — La même estampe.

Belle épreuve où on lit dans la marge le nom du personnage et *pint par Carle Marat. Masson del et scul. ad viuum* et sur le côté *Parisiis*, 1692; elle est avant les mots: *Chevalier Saint-Michel.* Cet état ne s'applique à aucun de ceux décrits par M. Robert-Dumesnil.

650 — Olivier Lefèvre d'Ormesson, conseiller au parlement de Paris et maître des requêtes; il est représenté à mi-corps, vu de trois quarts, tourné à droite, regardant de face, dans une bordure ovale avec inscription et armoirie, posant sur un appui où on lit : *Ant. Masson, ad viuum. Pinge, et sculpebat*, 1665 (58). P. en H.

Première épreuve, la figure moins travaillée et avant que les mèches de cheveux soient rallongées et tombent aux sourcils.

MAUPERCHÉ (Henri), peintre et graveur à l'eau-forte. *M. Robert-Dumesnil*, qui a donné le catalogue des pièces gravées par ce maître dans son *Peintre-Graveur français*, tom. 1er, dit : « Il naquit
» à Paris en 1602 ou 1606, et mourut en la même ville en 1686.
» L'histoire témoigne qu'il a joui sous les règnes de Louis XIII et
» de Louis XIV, d'une réputation d'habileté, qui lui valut d'être
» chargé de peindre le grand cabinet du château de Fontainebleau,
» où il exécuta quatorze grands tableaux de sa composition, sujets
» de l'Ancien et du Nouveau-Testament. » Il fut membre de l'Acacadémie royale de Peinture et élu professeur en 1655, quoique simple paysagiste ; mais après lui il fut réglé que les peintres de ce genre seraient exclus de cette dignité.

651 — *Histoire de Tobie.* Tobie fait ensevelir les morts (2). Retour de Ragès (5). Arrivée de Tobie à la maison paternelle (6). A ces trois pièces en largeur, au lieu des six dont la suite est composée, on lit : au haut, *Tobie*, et dans la marge du bas, *H. Mauperché, in fecit cum privilegeo regis, et à la première, n° 2, se vende en lille Nostre-Dame, deven le porauvin, à la grande porte cocher, ché l'auteur, à Paris.*

Belles épreuves avant l'adresse de *Gallays*.

652 — Un double du n° 6.   19. 50.

Épreuve avant toute lettre. *M. Robert-Dumesnil* ne parle pas de cet état.

653 — La parabole de l'Enfant prodigue, suite de six paysages   30.
en largeur, dont : Ruben le met en possession de son héritage (10). Départ pour Memphis (11). Il dissipe son bien (12). Il est ruiné complètement (13). Il garde les pourceaux (14). Azaël de retour à la maison paternelle (15). A ces morceaux, à gauche dans la marge, on lit : *Hen. Mauperché, inuentor pinxit fecit et excudit;* et au premier morceau, dans la marge du haut : *len Fan prodigue*, et dans celle du bas : *se vande che lauteur, dans lille Nostre-Dame, sur le quait Bourbon, devans le por au vin, à Paris, auec priuillège du roy.*

654 — La Nativité. Dans la marge, *H. Mauperché, in fecit,*   5.
auec privilege du roy. P. en L. (18).

655 — Le miracle. Vers la gauche, sur le premier plan, à   23. 50.
l'entrée d'un bois, un religieux cherche à soulever le tronc d'un arbre tombé sur le corps d'un homme, que dégage, en lui prenant la main, un autre religieux, la tête environnée d'une auréole, et qui de la main gauche lui montre le ciel. Un jeune homme placé au haut à gauche, appuyé sur la souche de l'arbre, regarde cette scène avec étonnement. Dans la marge du bas à droite, *H. Swanevelt in.;* à gauche, *H. Mauperché, fecit excudit, auec priuil. du roy.* P. en L. (26).

656 — Suite de six petits paysages en largeur, dont : la bergère assise (28). Homme et femme conversant (29). Les deux colonnes debout (30). Le pont de pierre à la croix (31). Le groupe de trois personnes (32). Effet de nuit (33). A chacune de ces pièces, dans la marge ou sur la terrasse, *Hen. Mauperché, pinxit fecit et excudit, cum priuilegio regis.*

657 — Grands paysages en largeur, dont : le pont sous   10.

le grand chemin (46). La pêche aux écrevisses (48). La fontaine monumentale (49). A ces trois morceaux, à gauche dans la marge, *H. Mauperché, fecit excudit, auec priuil. du roy;* et au premier morceau, *se vende en lille,* etc.

12. 658 — Paysage en largeur. Deux femmes se dirigent vers un temple avec portique à colonnes d'ordre toscan. On lit dans la marge du bas, *Hen. Mauperché, inuentor pinxit et excudit, cum priuilegio regis. Cl. Goyrand fecit.*

MATHAM (Théodore), peintre et graveur au burin, né à Harlem vers 1600. Élève de son père Jacques Matham.

6. 659 — *Stephanus Crachtius Campensis,* vu à mi-corps, dans un ovale armorié, avec inscription, posé sur un appui sur lequel on lit seize vers hollandais de *Pié,* et au-dessous, *I. Spilberge pinxit. Th. Matham, sculpsit.* P. en H.

MECKEN (Israel de). Ce maître, sur lequel on n'a pas de notice, a marqué ses estampes des lettres I. M., ou I. V. M., aussi de la simple lettre I., ou *Israhël* V. M., toujours en caractères gothiques; deux seulement de ces estampes portent son nom en toutes lettres et une la date de 1502. On croit que cet artiste a été orfèvre et contemporain de Martin Schongauer, dont il a copié plus de quarante estampes. *Bartsch,* vol. 6, décrit deux cent trente-six pièces de ce graveur, et deux appendices de diverses pièces qui portent sa marque, et d'autres qui ont été placés par *Heinecke* dans l'œuvre de *Israël de Mecken.*

179. 660 — La danse d'Hérodiade. Hommes et femmes de la cour d'Hérode ; ils marchent deux à deux et dansent au son des instrumens, se dirigeant de la gauche vers le fond à droite. La marque *Israhel, V. M.,* est gravée au milieu du bas. P. en L. (9).

31. 50. 661 — Le massacre des Innocens qu'ordonne le roi Hérode, assis sur un trône à la gauche de l'estampe. Le lointain du haut à droite présente la fuite en Egypte, dans le milieu de la marge du bas : *Israël*, *V. M.*, en caractères gothiques. P. en H. (38).

662 — La mort de la Vierge ; elle est sur un lit placé à droite, tenant de ses deux mains le cierge béni, elle est entourée des douze apôtres. Ses funérailles sont représentées dans le coin du haut à gauche. Dans le milieu de la marge du bas on lit : *Israël*, *V. M.* La marque du maître se trouve aussi sur le bénitier que tient un des apôtres. P. en H. (40). *86.*

663 — La Vierge assise dans une cour ; au coin du bas, vers la gauche, les lettres I. V., et les mots : *Aue potentissima*, etc., en caractères gothiques. P. en H. (46). Cette estampe est une copie en contre-partie d'une estampe de *Martin Schongauer*. *28.*

664 — Les douze apôtres ; suite de six estampes. Les apôtres sont représentés à mi-corps, deux à deux dans une niche. Au bas de chaque estampe est une formule du *credo*, et la marque I. M., au milieu de la marge du bas. P. en H. (79 à 84). *310.*

Belles épreuves d'une suite très rare.

665 — Saint Christophe ; il est représenté portant l'Enfant-Jésus sur ses épaules au passage d'une rivière, ses pas sont dirigés vers la gauche. Les lettres I. M., sont au bas vers la droite. P. en H. (90). *16.*

666 — Saint Grégoire et ses assistans adorant Jésus-Christ, l'homme de douleur, qui leur apparaît pendant la messe. Les lettres I. M. au milieu du bas, et dans la marge le titre : *Quociens*, etc. P. en H. (102). Cette estampe, qui est la plus grande qu'ait gravée *Israël de Mecken*, est en deux feuilles jointes sur la hauteur ; elle est très rare. *130.*

— 176 —

39. 667 — Sainte Barbe, debout, dirigée vers la gauche, tenant de la main droite un calice et de la gauche une palme; près d'elle la tour qui lui a servi de prison. Au milieu du bas les lettres I. M. (122). P. en H.

19. 668 — *Ecce Homo.* Le Christ, dans l'intérieur d'une église, est assis dans un bassin; il montre la plaie de son côté, en appuyant sa main gauche contre, et aussi celle de sa main droite à deux anges, dont celui à droite verse des larmes. P. en H. (138). Epreuve où les mots *Angeli*, etc., et le nom du maître ont été coupés.

29. 669 — Le concert. Une femme placée à gauche pince de la harpe, du côté opposé un jeune homme l'accompagne en jouant d'une guitare dont l'étui est placé à terre, au coin à droite. P. en H. (178). Morceau sans marque.

40. 670 — Un jeune homme couvert d'un manteau est assis sur un lit, à la droite d'une jeune femme qu'il regarde amoureusement. On remarque un couteau fiché sur le verrou d'une porte fermée dans le fond à gauche. P. en H. (179). Morceau sans marque.

71. 671 — Le bain des enfans; sur le devant à droite une femme en lave un qu'elle tient sur ses genoux. Au bas à gauche les lettres I. M. (187). P. en L.

MEER le Jeune (Jean-Van-Der), excellent peintre d'animaux, florissait vers la fin du XVIIe siècle. *Bartsch,* vol. 1er, décrit deux pièces à l'eau-forte.

18. 672 — La brebis, debout, le corps dirigé vers la droite et la tête retournée vers la gauche, elle est accompagnée de deux agneaux; plus loin, à droite, deux moutons. Au bas, à gauche, est écrit à rebours: *J. v. der meer de jonge f.* 1685. P. en L. (2).

MELCHIOR, MEIER ou MEYER, artiste sur lequel on n'a pas de notice. *Bartsch,* vol. 16, pag. 246, dit : « Nous tenons la notice » sur le nom de *Melchior Meier* d'une inscription de cette teneur : » *Anno* 1582, *6 décembre. Ex liberali donatio ne Melchioris Meiers,* » *hujus tabulæ Avtoris. Joannes a Palm....* Laquelle a été ajoutée » à la plume par quelque contemporain sur une épreuve du Mar- » sias. » Il cite aussi une résurrection marquée de l'année 1577, que plusieurs auteurs ont rangée à tort dans l'œuvre de Martin Rota.

673 — Apollon écorchant le satyre Marsias ; à gauche, à un arbre, une tablette sur laquelle on lit : FRANC. MED. MA. ETRVR. D. H. P. B. M. D. D., 1581. P. en L.   20.

MELLAN (CLAUDE), dessinateur et graveur, né à Abbeville en 1598, mort en 1688. Étudia sous THOMAS DE LEU et LÉONARD GAULTIER ; se perfectionna à Rome sous FRANÇOIS VILLAMENA.

674 — Saint Pierre Nolasque, fondateur de l'ordre de la Merci, porté par deux anges, pour assister au service divin. Dans le bas de l'estampe on lit : *Cl. Mellan Gall. inuen. et f. Roma cum pri. sup., anno* 1627. Dans la marge, le titre et les armes. P. en H. Morceau le plus capital du maître et très rare, la planche ayant, dit-on, péri dans un vaisseau qui fit naufrage.   60.

Belle épreuve. Collect. de *M. de Scitivaux.*

675 — Louis XIV enfant, vu à mi-corps, tourné à droite, dans un ovale sans inscription ; au bas, la lettre *L*, surmontée de la couronne royale de France, et au-dessous, *Cl. Mellan G. del. et f.* P. en H.   9.

676 — Portrait du cardinal Mazarin ; il est vu à mi-corps, dans un cadre ovale placé à droite et que tient des deux mains un ange dans le haut ; du côté opposé, au milieu de l'estampe, une femme vue de profil, enveloppée d'un manteau orné de fleurs de lys, soutient le portrait de   2.50.

la main gauche; derrière elle, une colonne cannelée, recouverte en partie par une draperie. P. en L., sans nom d'auteur; ce morceau appartient à une thèse.

677 — Henricus Blacuodœus vu à mi-corps, dans un ovale, avec inscription; au bas une tablette avec huit vers latins au-dessous. CL. MELLAN *Gall. del et scul.*

MERCURY (M.), graveur à l'eau-forte et au burin.

678 — Moissonneurs dans les Marais-Pontins. Au coin, sur une pierre à gauche, on lit : *Léopold Robert. Rome*, 1820. Le tableau est au Musée royal.

Première épreuve d'artiste avant la lettre, on lit seulement: *P. Mercury dis e inc. Parigi*, 1831 (*).

MIEL ou MIELE (JEAN), peintre, né en Flandre en 1599, mort à Turin en 1664. Disciple de G. SEGHERS et d'ANDRÉ SACCHI, ce maître a gravé à l'eau-forte neuf pièces que décrit *Bartsch*, vol. 1.

679 — Berger assis sur un tronc d'arbre, gardant des chèvres et jouant de la musette; à gauche sur le devant, *G*no. *Miele, fecit et inu.* P. en L. (1).

— Vieille, des lunettes sur le nez; elle cherche la vermine à une petite fille la tête appuyée sur ses genoux; à gauche, sur le ciel, *G. Miele fecit.* P. en L. (2).

— Paysan assis sur un tertre, retirant une épine de son pied gauche; à droite à une pierre, *J. Miele fec.* P. en L. (3).

680 — Siège de Maëstricht, par Alexandre de Parme, en 1579. A droite, le capitaine Fabia Farnèse, blessé, porté par des soldats. On lit au bas : *Jons Miele fecit et inu.* — Prise de

---

(*) Cette estampe fait partie du journal l'Artiste, pour lequel elle a été gravée. Ce journal en est à sa 11e année.

la ville de Maëstricht; sur le devant, Alexandre de Parme porté en triomphe; sur le coin du devant à gauche, *Jons Miele fecit et inu.* — Prise de la ville de Bonn, par le prince de Chimay, en 1588. A terre, à droite, *Jons Miele fecit et inuentor.* Sur les ciels, à ces trois morceaux en largeur, des banderoles; et au coin à droite, les n°s 56, 89, 444, numéros de l'ouvrage des guerres de Belgique de Strada. (B. 4, 5, 6.)

MIDDIMAN (SAMUEL), graveur au burin, né en Angleterre en 1748, florissait en 1780.

681 — *Shepherd's amusement* (Amusement des bergers), gravé d'après le tableau de N. Berghem; de la collection de Welbore Ellis Agar. P. en L.

<small>Épreuve avant la lettre; seulement les armes, le titre tracé, les noms d'auteurs et la publication en 1798, à la pointe.</small>

MOCETTO ou **MOZZETTO** (JÉRÔME). *Bartsch*, vol. 13, dit de cet artiste, qu'il était peintre de Vérone, et a gravé quelques estampes (il en en décrit huit). *Vasari* nomme parmi les disciples de *Jean Bellino*, un JÉRÔME MOCETTO, qui suivant toute apparence est le même. Ses gravures semblent appartenir à la fin du XVe siècle, et être plus anciennes que celles de *André Mantègne*.

682 — Judith, debout à gauche, met la tête d'Holopherne dans un sac que tient une vieille femme qui est à droite. Dans le fond à gauche, s'élève un arbre, et à droite un fort. P. en H. Elle est assez communément, dit *Bartsch*, attribuée à Mantègne.

<small>Belle épreuve d'une pièce rare.</small>

MONTAGNA (BENOIT), peintre et graveur à Vicence, vers 1500. *Bartsch*, vol. 13, décrit trente-trois pièces de ce maître marquées de son nom, *Benedeto Montagna*, ou des initiales B. M. Une seule de ces estampes, copiée d'après *Albert Durer*, porte la date 1505. Nou en décrivons deux que *Bartsch* n'a pas connues.

683 — Sainte-Famille. La Vierge assise à gauche, l'Enfant-Jésus sur ses genoux, le petit saint Jean debout près d'elle, la jambe droite levée, que saint Joseph assis à droite retient par les pieds. Dans le fond à droite des ruines sur un tertre baigné par une rivière qui s'étend de la droite à la gauche de l'estampe. Dans le haut vers la gauche on lit: BENEDETO MONTAGNA. H. 16 c. 4 m. L. 10 c. 6 m. Pièce inédite que ne décrit pas *Bartsch*.

684 — Saint Antoine; il est debout les mains jointes, au milieu de l'estampe, et tourné vers la gauche; du même côté, tout près de lui, un rameau avec quelques feuilles prenant naissance près de roches sur lesquelles sont à droite dans le fond une chaumière et des arbres. Du même côté en avant, un jeune cochon dont on ne voit que la moitié. Au milieu du bas les lettres B. M., et à gauche une sauterelle isolée (*), que déjà nous avons remarquée dans le n° 28 de l'œuvre. H. 25 c. L. 20 c. Pièce inédite que ne décrit pas *Bartsch*.

685 — Satyre debout à gauche jouant de la flûte, en présence d'une femme qui, assise à droite, semble battre un jeune satyre qu'elle tient par les mains. Au milieu du haut on lit: BENEDETTO MONTAGNA. P. en H. (17).

686 — Femme assise près d'un satyre à oreilles pointues et duquel on n'apperçoit que la tête, à gauche deux enfans assis avec des aîles, tenant, l'un un petit oiseau, l'autre un un bâton. Au milieu du bas B. M. (21). P. en H.

687 — Homme assis sur une roche au milieu de l'estampe,

(*) C'est sans doute les estampes de cet artiste que l'abbé Marolles désigne par le maître à la sauterelle, page 139 de son catalogue.

près d'un palmier qui est à gauche. Au bas, à droite, deux sauterelles qui séparent les lettres B. M. (28). P. en H.

Épreuve avant les mots de *Guidotti for.*

MORGHEN (RAPHAEL), célèbre graveur au burin, né à Naples, vers 1760, mort à Florence en 1833; élève de GIOVANNI VOLPATO. Le catalogue des estampes gravées par cet artiste a été publié à Florence en 1824, par son élève *Nicolo Palmerius* (*).

688 — La Cène, où notre Seigneur à table avec ses disciples, prononçant ces paroles : *Je vous le dis, en vérité, que l'un de vous me trahira.* Gravé d'après la fresque de Léonard de Vinci, au réfectoire des dominicains à Milan. P. en L. — *2030.*

Superbe épreuve avant la lettre; seulement les armes, la dédicace à Ferdinand III et les noms d'auteurs tracés. Collect. de *M. Revil.*

689 — Loth et ses filles, d'après le tableau du Guerchin; sujet entouré d'une bordure gravée. P. en L. — *90.*

Épreuve avant la lettre; seulement les noms d'auteurs. Elle est sur papier de Chine.

690. — La Vierge à la chaise, dite la *Madona della sedia;* sujet composé dans un rond; dessiné et gravé d'après le tableau de Raphaël à la galerie de Florence. P. en H. — *405.*

Rare épreuve avant la lettre et avant la dédicace au général Manfredi, seulement les armes et les noms d'auteurs.

691 — La Sainte-Famille, d'après la fresque peinte par André del Sarte, au monastère de San Salvi, sur la porte du grand cloître de l'église de l'Annonciade. Sujet connu sous le titre de la *Madona del sacco.* P en L., cintrée. — *125.*

Épreuve avant la lettre; seulement les armes et la dédicace au général Manfredi, et les noms d'auteurs tracés.

(*) Une traduction en a été faite et publiée dans le cabinet de l'Ama-

— 182 —

76. **692** — La Vierge, vue à mi-corps, dans un paysage; elle tient l'Enfant-Jésus couché dans ses bras. Gravé d'après le Titien. P. en L.

Épreuve avant la lettre, seulement le titre *Parce sumnum rumpere* et les noms d'auteurs tracés. Elle est sur papier de Chine.

150. **693** — La Vierge et l'Enfant-Jésus, sujet dit la *Madone du Grand-Duc;* d'après le tableau de Raphaël, chez le grand-duc de Toscane. P. en H.

Rare épreuve avant toutes lettres.

830. **694** — Jésus-Christ entre Moïse et Elie se transfigure sur le mont Thabor, en présence de quelques uns de ses disciples; les autres, au pied de la montagne, parlent à des gens qui amènent un jeune possédé. Sujet gravé en 1811, d'après le tableau de Raphaël, peint en 1520; tableau qui se voyait à l'église de Saint-Pierre *in Montorio*, et actuellement au Vatican. P. en H.

Épreuve avant la lettre, seulement l'inscription : *et transfiguratus est ante eos.* MAT., c. XVIII, v. 2, et les noms d'auteurs tracés.

34. 50. **695** — La Magdeleine, dite *del vaso*. Titre : *Fides salvam fecit;* gravé d'après le tableau de Carlo Dolci, de la galerie de Florence. P. en H.

Épreuve avec le titre en lettres grises et avant la dédicace et l'adresse de Bardi.

468. **696** — La Magdeleine en prière; elle est à genoux, tournée vers la gauche; d'après Murillo. P. en H.

Épreuve avant toutes lettres.

697 — La messe représentée à l'instant où le prêtre, sur le point de consacrer l'hostie, la voit répandre du sang sur le corporal : miracle arrivé à Bolcène; le pape Jules II y est

---

teur et de l'Antiquaire, Revue des tableaux, estampes anciennes et curiosités, etc. Paris, 1842, in-8°.

représenté à gauche : cette composition peinte dans la troisième chambre du Vatican. P. en L. cintrée, elle se joint aux sept estampes gravés par Volpato.

<small>Épreuve avant la lettre, on lit seulement au bas : *Steph. Tofanelli delin. Raphaël Morghen sculp. J° Volpato direxit.*</small>

698 — La Jurisprudence, d'après la composition allégorique de Raphaël, peinte à fresque dans la troisième chambre du Vatican, dite de *la signature*. P. en L. cintrée.   *230.*

<small>Épreuve avant la lettre, on lit seulement: *Tofanelli delineavit. Raph. Morghen sculp. Volpato direxit.*</small>

699 — *Poesis* (la Poésie), *Theologia* (la Théologie), *Philosophia* (la Philosophie), *Justicia* (la Justice), d'après les compositions dans des ronds, peintes par Raphaël, au plafond de la troisième chambre du Vatican, à Rome. Suite de quatre estampes gravées par R. Morghen; trois sur les dessins de *B. Nocchi*, et une, la seconde, sur le dessin de *Steph. Tofanelli*.   *355.*

<small>Épreuves avant la lettre, deux sans aucune lettre, aux deux autres : *Raphaël sanctius pinxit. Bernardinus Nocchi delineavit. Raphël Morghen sculpsit. Johannes Volpato direxit.*</small>

700 — Le repos en Egypte, la Sainte-Vierge et saint Joseph se reposant à l'ombre d'une muraille : deux Anges présentent à boire et un rayon de miel à l'Enfant-Jésus, assis sur les genoux de la Sainte-Vierge.   *120.*

— L'image de la vie humaine, représentée d'une manière allégorique, par quatre femmes qui désignent le Plaisir, la Richesse, la Pauvreté et le Travail, ou les différens états de la vie ; elles se donnent mutuellement la main et dansent en rond au son d'une lyre touchée par le Temps; le terme de Janus est le symbole du passé et de l'avenir ; les deux enfans qui se jouent l'un avec des bulles de savon, l'autre avec une horloge de sable, marquent l'inconstance et le peu de durée de la vie humaine (*). Ces deux estampes en largeur, gravées d'après les tableaux de N. Poussin qui ornent le palais Rospigliosi à Rome.

Épreuves avant la lettre, seulement les armes; la dédicace à Ferdinand d'Autriche et les noms d'auteurs tracés.

701 — Le char de l'Aurore, ou le Soleil sous la figure d'Apollon, assis sur un char traîné par quatre chevaux de front; les Heures l'accompagnant et dansent autour du char que précède l'Amour tenant un flambeau, et l'Aurore qui sème des fleurs. D'après la fresque, peinte par Le Guide, dans le plafond du salon de l'Aurore, au palais Rospigliosi, à Rome. P. en L.

Épreuve avant la lettre; seulement les noms d'auteurs.

702 — Les nymphes de Diane, armées d'arc et de flèches, s'exerçant à tirer à l'oiseau, en présence de cette déesse qui leur propose des récompenses, d'après le tableau du Dominiquin à la Villa Borghèse, à Rome. P. en L. Morceau connu sous le titre du *Prix de Diane*.

— Apollon et les Muses sur le Parnasse, d'après la composition de Raphaël Mengs, peinte dans la voûte de la galerie de la Villa Albani. P. en L. Cette estampe fait le pendant du précedent sujet.

Épreuves avant toutes lettres; à la première seulement les noms d'auteurs tracés.

703 — Angélique et Médor, sujet composé dans un ovale. Gravé en 1795. P. en H.

Épreuve avant la lettre, seulement les noms d'auteurs: *Theodorus Matteint invenit. Raphaël Morghen sculp. Romae.*

(*) Cette dernière estampe connue sous la double dénomination *des saisons* et *des heures*. L'explication que nous en donnons est prise au bas d'une ancienne estampe, gravée d'après cette composition.

704 — François de Moncade, marquis d'Aytonne, en cuirasse, représenté à cheval s'appuyant sur son bâton de commandant, d'après le tableau d'Antoine Van-Dyck, au Musée royal. P. en H. *320.*

Épreuve avant la lettre, les armes et la dédicace au pape et les noms: *Tofanelli deline. Raphaël Morghen incidit* 1773, tracés.

705 — Portrait en buste de l'empereur Napoléon, représenté en costume du sacre, d'après S. *Tofanelli*. P. en H.

Épreuve avant la lettre, seulement les noms d'auteurs.

706 — Portrait du roi Louis XVIII, alors Monsieur, comte de Provence, vu à mi-corps dans un ovale, dirigé vers la droite, le regard de face, un chapeau de la main gauche; la droite appuyée sur sa hanche et de laquelle main il tient sa canne et ses gants; sur un mur à gauche, des chaînes et la date 21 juin 1791. P. en H., d'après S. TOFANELLI. *65.*

Belle épreuve sur papier de Chine et sans aucune lettre d'un portrait extrêmement rare.

MORIN (JEAN), peintre et graveur à l'eau-forte, né à Paris au commencement du XVIIe siècle, mort dans la même ville en 1666; élève dit-on de Philippe de CHAMPAGNE, d'après lequel il a gravé un assez grand nombre de portraits dans le goût de Van-Dyck. *M. Robert-Dumesnil*, tom. 2e de son Peintre-Graveur français, décrit cent huit pièces de ce maître, dont quarante-neuf portraits.

707 — La Sainte-Vierge, vue à mi-corps et tenant l'Enfant-Jésus dans ses bras, qui s'appuie de ses deux mains sur le sein de sa mère. Titre : *Dilectus meus....,* etc.; à gauche, *Ph. Champaigne pinxit;* et, à droite, *I. Morin scul. cum priu. Regis.* P. en H. (19). *10.*

Très belle épreuve où le tracé des lettres du titre est très apparent.

708 — Anne d'Autriche, reine régente de France, vue à mi-corps, de trois quarts, tournée à droite, en habit de veuve, dans une bordure octogone, avec inscription. Dans les an- *12. 50.*

gles du bas : *Ph. Champaigne pinx. I. Morin scul. cum priu. Regis.* (40).

12. 709 — La même reine, en deuil de cour, vue de trois quarts, tournée à gauche, et regardant de face, dans une bordure octogone avec inscription. Dans les angles du bas : *Ph. Champaigne pinx. I. Morin scul. cum priu. R.* (41).

13. 50. 710 — Arnauld-d'Andilly (*Robert*), de Port-Royal, à mi-corps, vu de face, dans une bordure octogone avec inscription. Dans les angles du bas : *Ph. Champaigne pinx. I. Morin scul. cum priu. Reg.* (42).

31. 50. 711 — Bentivoglio (*Guido*), cardinal, vu à mi-corps, presque de face, et la tête tournée à droite, dans une bordure octogone avec inscription. Dans les angles du bas : *Antoine Van Dyck pinx. an.* 1623. *I. Morin scul. cum priu. Reg.* (43). Beau portrait.

17. 30. 712 — Berthier (*Pierre*), évêque de Montauban, vu de trois quarts, dirigé à gauche, regardant en face, et décoré de la croix pastorale, dans une bordure carrée, sans inscription. Dans la marge, à gauche : *Ph. Champaigne pinxit. I. Morin sculpsit.* (44).

18. 50. 713 — Brachet de la Milletière (*Théophile*), vu de trois quarts, tourné à droite et regardant du côté opposé, dans une bordure octogone avec inscription. Dans les angles du bas : *Ph. de Champaigne pinx. I. Morin scul. cum priu. Regis* (48). Très belle épreuve avec les barbes de la planche.

9. 50. — La même estampe, les barbes de la planche ne sont plus apparentes.

14. 714 — Camus (*Jean-Pierre*), évêque de Bellay, vu presque de face où il regarde, et décoré de la croix pastorale, dans une bordure octogone avec inscription. Dans les angles du

bas : *Ph. Champaigne pinx. I. Morin scul. cum priu. Regis.* (49).

715 — Chrystin (*N.*), fils du plénipotentiaire du roi d'Espagne à la paix de Vervins; il regarde de face, dans une bordure octogone, sans inscription. Dans les angles du bas : *Antoine Van Dyck pinx. I. Morin scul. cum priu. Regis* (51).   *16.*

716 — Franck (*Jérôme*), peintre, vu à mi-corps, dirigé à gauche, le regard de face, dans une bordure octogone, sans inscription, posé sur un appui où se lit : *Hierosme Franque, peintre du Roy;* et plus bas, à gauche : *Francque pinx.;* et à droite : *Morin scul.* (52).   *25.*

717 — Grimberghe (*Honorine*), comtesse de Bossu, vue à mi-corps, de trois quarts, tournée à droite, le regard de face, dans une bordure octogone, avec inscription. Dans le coin du bas, à droite : *I. Morin scul. cum priu. Re.* (55).   *10.*

718 — La même dame, dans un âge plus avancé; elle est vue à mi-corps, presque de face où elle regarde, dans une bordure octogone, sans inscription. Dans les angles du bas : *Ant. Van Dyck pinx. I. Morin scul. cum priu. Reg.* (56).   *6. 50.*

719 — Guise (*Henri de Lorraine, duc de*), comte d'Eu, vu de trois quarts, dirigé à gauche et regardant de face, armé d'une cuirasse, dans une bordure octogone, avec inscription. Dans les angles du bas : *I Citermans pinx. I. Morin scul. cum priu. Regis* (57).   *11.*

720 — Harcourt (*Henri de Lorraine, comte d'*), grand-écuyer de France, à mi-corps, presque de face où il regarde, revêtu d'une cuirasse, recouvert d'une écharpe blanche, dans une bordure octogone, avec inscription. Dans les angles du bas : *Ph. de Champaigne pinx. I. Morin scul. cum priu. Regis* (58).   *18.*

721 — Henri II, roi de France, vu à mi-corps et de trois   *10.*

quarts, tourné à droite et regardant de face dans une bordure octogone, posée sur un appui avec inscription. Au bas: *Janet pin. Morin scul. cum priuil.* (59).

28. 50.   722 — Henri IV, roi de France, vu à mi-corps, presque de face où il regarde, couvert d'une cuirasse sur laquelle passe l'écharpe blanche, dans une bordure octogone posée sur un appui, avec inscription au bas : *Ferdinand pin. Morin scul.* (60).

19.   723 — Jansenius (*Corneille*), évêque d'Ypres, vu à mi-corps de profil, tourné à droite où il regarde, dans une bordure octogone avec inscription. Dans l'angle bas de la droite . *I. Morin scul. cum priu. Reg.*, et dans la marge : *Ce vendent à Paris, chez ledit Morin, au faubourg Saint-Germain, rue du Vieux-Colombier* (61).

Très belle épreuve du 1er état avec les barbes de la planche.

12.   724 — La même estampe ; 2e état.

10.   725 — Louis XI, roi de France ; il est vu de profil, tourné à droite où il regarde, dans une bordure octogone, posée sur un appui de marbre où est l'inscription, et plus bas à droite: *Morin scul. cum priuil. Reg.* (63).

7. 50.   726 — Maisons (*le président René de Lougueil de*), vu de face où il regarde, dans une bordure octogone, avec inscription. Dans les angles du bas : *Ph. Champaigne pinx. I. Morin scul. cum.* (65).

10.   727 — Marillac (*Michel de*), garde-des-sceaux, vu de trois quarts, tourné à droite et regardant de face, dans une bordure octogone avec inscription. Dans les angles du bas : *Ph. Champaigne pinx. I. Morin scul. cum priuil. Regis* (66).

30. 50.   728 — Mazarin (*le cardinal*) ; il est vu presque de face où il regarde, légèrement tourné à droite, dans une bordure

octogone, avec inscription. Dans les angles du bas : *Ph. Champaigne pinx. I. Morin scul. cum priu. Regis.* (68).

<small>Épreuve du 1er état, avant que l'inscription et le nom de Morin aient été effacés.</small>

729 — Mercier (*Jacques* le), architecte; il est vu de trois quarts, tourné à droite et regardant de face, dans une bordure octogone avec inscription. Dans les angles du bas : *Ph. Champaigne pinx. I. Morin scul. cum priu. Regis* (69).   *15.*

730 — Philippe II, roi d'Espagne et des Indes, vu à peu près de trois quarts et tourné à droite, dans une bordure octogone avec inscription. Dans une bordure du haut est écrit sens dessus dessous : *Titiani pinx. I. Morin scul. cum priu. Reg.* (71). Beau portrait; il est rare.   *23. 50.*

731 — Richelieu (*le cardinal de*); il est vu de trois quarts, tourné à gauche, regardant de face, dans une bordure octogone avec inscription. Au bas, *Ph. Champaigne pinx. I. Morin scul. cum priu. Regis* (72). Beau portrait.   *19. 50.*

732 — Talon (*Omer*), avocat-général au parlement de Paris, vu de face où il regarde, et légèrement tourné à droite, dans une bordure octogone. Dans les angles du bas, *Ph. Champaigne pinx. Morin scul. et ex.*, et le nom du personnage dans la marge du bas (74).   *30.*

733 — Tarisse (*Dom-Jean-Grégoire*), général de la congrégation de Saint-Maur. Il est vu à peu près de trois quarts où il regarde, dans une bordure octogone, posée sur un appui de marbre avec inscription; au-dessous à gauche on lit : *F. Donstan pin.;* et à droite, *Morin scul. cum pri. Re.* (75).   *13. 50.*

734 — Tellier (*Michel* Le), vu de trois quarts, regardant de face et tourné à droite, dans une bordure octogone, avec inscription. Dans les angles du bas, *Ph. Champaigne pinx. I. Morin scul. cum priu. Regis* (76).   *7. 50.*

19. 50.   735 — Thou *(Augustin de)*, président au parlement de Paris en 1541, premier du nom, vu de face, légèrement tourné à gauche, dans une bordure ovale, avec inscription. Dans l'angle du bas, à gauche, *Morin scul.* (77).

12.   736 — Thou *(Christophe de)*, premier président au parlement de Paris, vu presque de face, tourné vers la gauche, dans une bordure ovale, avec inscription. Dans l'angle du bas, *Morin scul.* (78).

10.   737 — Thou *(Jacques-Augustin)*, président des enquêtes du parlement de Paris, vu de trois quarts, presque de face, tourné à droite, dans une bordure ovale, avec inscription. Dans l'angle du bas à gauche, *Ferdinand pinx.*, et au-dessous, *Morin scul.* (79).

16.   738 — Tubœuf *(Jacques)* vu de trois quarts, tourné à droite et regardant du côté opposé, dans une bordure octogone, avec inscription. Dans les angles du bas, *Ph. Champaigne pinx. I. Morin scul. cum priuil. Regis* (80).

18. 50.   739 — Verger de Hauranne *(Jean du)*, abbé de Saint-Cyran, vu presque de face, où il regarde, tourné à gauche, dans un ovale, avec inscription. Dans les angles du bas, *Ph. Champaigne pinx. I. Morin scul. cum priu. Regis* (83).

24. 50.   740 — Vignerod ou Wignerod *(Jean-Baptiste-Amador)*, abbé de Richelieu, vu presque jusqu'aux genoux et de trois quarts, regardant de face, tourné à droite, où il pose la main sur un livre élevé sur une table. Pièce carrée (85). Notre épreuve n'a que deux lignes de marge tout autour; nous ne pouvons en constater l'état.

15.   741 — Villemontée *(François de)*, depuis évêque de Saint-Malo, vu de trois quarts, tourné à droite et regardant de face, dans une bordure octogone, avec inscription; dans les angles du bas, *Champaigne pinx. I. Morin scul.* (86).

7. 50.   742 — Villeroy *(Nicolas de Neufville, marquis de)*. Ce personnage, qui fut gouverneur de Louis XIV, est représenté en cuirasse; il est tourné à droite et regarde de face, dans une bordure octogone, avec inscription. Dans les angles du bas, *Ph. Champaigne pinx. I. Morin scul. cum priu. Regis*, et dans la marge, l'adresse de Morin (87).

743 — Vitré (*Antoine*), excellent imprimeur à Paris dans le XVIIe siècle; il est vu de face où il regarde, tourné à droite, une main posée sur un appui où se voient un composteur, des caractères et une feuille d'impression. Au haut, à droite: *Æt.* 60; sur l'appui, le nom du personnage, et *Champaigne pin. Morin sculp. cum pri. Re.* (88). 20.

MULLER (JEAN), dessinateur et graveur au burin; on n'a point de notice sur la vie de ce maître. Le peu de dates dont quelques-unes de ces estampes sont marquées, montrent qu'il a vécu entre les années 1589 à 1625. *Bartsch*, vol. 3, décrit quatre-vingt-sept pièces.

744 — Minerve donnant des armes à Persée, et Mercure lui attachant des ailes aux pieds pour aller couper la tête de Méduse. Titre : *Quid sibi vult Perseus, etc.* — *B. Spranger jnventor.... Janus Muller sculptor.* — *H. Muller excud. Amstelodami* 1604. P. en H. (69). Cette estampe, dit *Bartsch*, « connue sous le nom du chef-d'œuvre de Jean » Muller, est une des plus remarquables et des plus belles » que cet artiste ait gravées. On y admire l'art avec lequel » ce graveur a exprimé les différentes formes en n'y em-» ployant presque qu'une seule taille. » 140.

Très rare épreuve avant toute lettre; état non décrit.

MULLER (JEAN-GOTHARD VON), graveur au burin, né à Berhaussen, dans le Wurtemberg, en 1747; élève de Jean-George WILLE, mort en .....?

745 — Loth et ses filles, d'après Hondhorst. P. en L. 14. 50.

Épreuve avant la lettre; seulement les armes et *J. G. Muller f.* 1782.

746 — La Vierge à la Chaise, gravée à Stuttgard, sur le dessin de Dutertre, fait d'après le tableau de Raphaël à la galerie de Florence, sujet composé dans un rond. P. en H. Morceau presque carré, gravé pour le Musée Français.

Première épreuve avant toutes lettres.

747 — *The battle at Bunkers hill near Boston the* **17** *june* **1775**. Premier combat entre les Anglais et Américains, où fut tué le général Warren. D'après le tableau de John Trumbull; P. en L.

Épreuve avant toute lettre; seulement les noms d'auteurs tracés.

748 — Madame Le Brun, peintre, d'après le tableau peint par elle-même. P. en H.

Épreuve avant toutes lettres.

749 — Jean-George Wille, graveur, d'après le tableau de J.-B. Greuze. P. en H.

Épreuve avant toutes lettres.

MULLER (Frédéric), dessinateur et graveur au burin, né à Stuttgard en 1782, mort au château de Sonnenstein, près Pirna, en 1816; fils et élève de J.-G. Von Muller.

750 — *La Madonna di S. Sisto di Rafaele.* Gravée sur le dessin fait par Mme Seidelman, d'après le tableau de la galerie royale de Dresde. P. en H.

Très belle épreuve avant la lettre; seulement le titre et les noms d'auteurs en lettres tracées; elle est sur papier de Chine.

751 — Saint Jean l'évangéliste vu à mi-corps, dessiné et gravé en 1808, d'après le tableau du Dominiquin. P. en H.

Belle épreuve avant la lettre; les noms d'auteurs, les cinq lignes de vers, la dédicace et autres inscriptions, tracés.

MUNNICKHUYSEM, dessinateur et graveur, né en Frise vers 1636; florissait en Hollande vers 1665.

752 — Hendrick Dirksen Spiegel Burgermeester, vu à mi-corps, coiffé d'un chapeau à larges bords, tourné à droite, dans un ovale, avec inscription; au bas un écusson appuyé sur deux faisceaux en croix. P. en H., gravée en 1665, d'après Lymburg.

MURPHY (John), graveur en manière noire, né en Angleterre en 1748; florissait vers 1780.

753 — *Titian's son and nurse* (le Titien et sa nourrice), d'après le tableau du Titien, de la galerie de l'Ermitage, à St-Pétersbourg. P. en H., publiée en 1778.

MUSI dit AUGUSTIN VÉNITIEN (Agostino di). *Voyez* MARC-ANTOINE.

N.

NANTEUIL (Robert), peintre, dessinateur et graveur au burin, né à Reims en 1630, mort à Paris en 1678. Dans sa notice en tête du catalogue de l'œuvre de ce maître (vol. 4 du *Peintre-Graveur français*), M. *Robert-Dumesnil* dit : « Rempli d'amour et de zèle pour son art, cet habile artiste obtint de Louis XIV, en 1650, le célèbre édit daté de Saint-Jean-de-Luz, en faveur de la gravure, qui fait connaître l'excellence, les prérogatives de cet art et les avantages qu'il procure; qui le distingue des arts mécaniques, le délivre des entraves auxquelles on voulait l'assujétir et lui confirme à jamais la distinction et la liberté qui sont dues aux arts libéraux. »

« Une exécution facile, dit *Regnault de Lalande* (catalogue Silvestre, pag. 309), une finesse d'expression, une pureté et une simplicité de travail admirable, distinguent les estampes de Nanteuil ; ce maître eut l'art de rendre la valeur des tons que les peintres expriment avec des couleurs. Les Italiens, grands admirateurs de ses ouvrages, l'ont regardé comme le seul qui ait su rendre en gravure, les couleurs de chairs. »

OEUVRES DE NANTEUIL.

201.

754 — Moïse vu à mi-corps, tenant les Tables de la loi (*) (*voyez aussi* Edelinck, n. 302).

Première et très belle épreuve avant la dédicace à Simon de Harlay, et les noms d'auteurs.

35.

755 — Les quatre évangélistes; une banderole décore le haut du sujet. Au bas de la marge on lit : *Eusta. Lesueur Inue. Rob. Nanteuil sculpebat*. P. en H. (7).

Premier état, la banderole sans inscription ; très rare.

24.

756 — La même estampe.

Deuxième état ; l'inscription dans la banderole.

— La même estampe.

Troisième état, avec l'adresse de Sayreux dans la marge.

25.

757 — Amelot (*Jacques*), premier président de la cour des aides, dans une bordure ovale avec inscription et armoirie au bas. Sur la console de support, à droite : *R. Nanteuil faciebat* (19).

Belle épreuve du 1er état, avant le manteau d'hermine autour des armes.

58.

758 — Anne d'Autriche, reine de France. Buste fort comme nature, de la Reine, tournée à gauche où elle regarde de face, dans un ovale avec inscription, orné aux angles de

---

(*) Une épreuve non finie, conservée au Cabinet des estampes, fait voir l'état où Nanteuil a laissé la planche ; il n'y a que le fond, le vêtement et les tables de la loi de gravés ; la tête et les mains sont seulement tracées ; elles ont été terminées par G. Edelinck en 1699.

fleurs de lys et tronqué des quatre côtés. *R. Nanteuil a d
viuum pingebat, sculpebat cum priuilegio Regis et excudebat
1666 (23).*

Belle épreuve du 1ᵉʳ état avant le crochet, après l'année. Collect. de
M. de Scitivaux.

759 — Aubray (*Dreux d'*), lieutenant civil au Châtelet de
Paris, père de la marquise de Brinvilliers, dans un ovale sans
inscription, armorié au bas. A gauche, sur la console de
support : *Nanteuil F. ad viuum* 1658 (25).

760 — Bailleul (*Louis de*), président à mortier au parlement
de Paris, dans une bordure ovale avec inscription, armoriée
au bas; sur la console de support : *Cum priuil. Regis Nanteuil ad viuum faciebat* (27).

Belle épreuve du 1ᵉʳ état avant l'année 1658.

761 — Barberin (*Antoine*), cardinal-archevêque de Reims,
dans une bordure ovale sans inscription, enrichie de feuilles
de laurier. A droite, sur la console de support : *Nanteuil ad
viuum delin. et sculpebat cum priuil. Regis* (28).

Belle épreuve du 1ᵉʳ état, avant la retouche.

762 — Le même personnage, dans une bordure octogone
sans inscription, ornée d'une guirlande de laurier et armoriée
à sa base. A gauche, sur la console de support : *R. Nanteuil
ad viuum pinge. et sculpebat* 1664 (30).

763 — Barrillon de Morangis (*Antoine*), conseiller d'état,
intendant des finances, dans une bordure ovale avec inscription, armoriée au bas. A droite, sur la console de support : *Nanteuil ad viuum faciebat* 1661 (31).

764 — Beaumanoir de Lavardin (*Philibert-Emmanuel*), évêque du Mans, dans une bordure octogone de feuilles de
chêne, sans inscription, armoriée au bas. A gauche, sur la
console de support : *R. Nanteuil ad viuum faciebat* 1660
(34).

Belle et rare épreuve du 1ᵉʳ état.

765 — Bellièvre (*Pompònne de*), premier président au parlement de Paris. Dirigé à droite, il regarde de face, dans une bordure ovale, avec inscription, armoriée au bas. Sur la console de support, à gauche : *Carolus Le Brun pinxit;* et à droite: *Robertus Nanteuil sculpebat* (37). Morceau capital du maître, dit *le Pomponne.*

Très belle et rare épreuve du 1er état avant le crochet, après le point qui suit le mot *sculpebat,* dite ainsi avant le *guillemet.* Collect. de M. de Scitivaux.

766 — Benoise (*Charles*), conseiller au parlement de Paris, dans une bordure ovale sans inscription, armoriée au bas et posant sur une console, sur laquelle on lit, à gauche : *Ph. Champaigne pin.* et à droite : *Rob. Nanteuil sculpebat* 1651 (38).

767 — Blanchart (*François*), abbé de Sainte-Geneviève, buste de demi-nature de ce personnage, vêtu d'une aube et décoré de la croix pastorale, dans une bordure ovale avec inscription. Sur la console de support : *Nanteuil ad vivum ping. et sculpebat* 1673 (39).

Belle épreuve du 1er état, avant l'inscription : *Magnifice*. . . . etc., sur la face de la console.

768 — Bochart de Saron, chanoine de l'église de Paris, dans une bordure ovale avec inscription, armoriée au bas, et sur laquelle on lit, aux deux côtés de l'écusson : *R. Nanteuil faciebat* (42).

769 — Boileau (*Gilles*), greffier de la grande chambre du parlement de Paris, père du célèbre Boileau, dans une bordure ovale sans inscription. A gauche, sur le socle de support : *R. Nanteuil faciebat* 1658 (43).

Épreuve du 2e état.

770 — Boucherat (*Louis*), chancelier de France. Buste fort comme nature, dans une bordure ovale avec inscription et *Nanteuil ad vivum faciebat cum* P. R. 1676. Et sur une ban-

derole au milieu au bas de la bordure : *Offerebat Ioannes Baptista Ausies de Fonbonne* (46).

771 — Bouillon (*Frédéric-Maurice de la Tour d'Auvergne, duc de*), dans une bordure ovale avec inscription, armoriée au bas et posant sur une console, sur la tablette de laquelle on lit : *Nanteuil sculpebat;* et sur la face du socle, on lit, en deux colonnes, dix vers, commençant par ces mots : *Les cent voix de la Renommée* (49). *15.*

Épreuve du 5ᵉ état.

772 — Bouillon (*Godefroy-Maurice de la Tour d'Auvergne, duc de*), grand-chambellan de France. Il est représenté âgé d'environ vingt ans, couvert d'une armure sur laquelle passe l'écharpe blanche, dans une bordure ovale sans inscription, armoriée au bas, et sur laquelle on lit au côté de l'écusson : *Nanteuil ad viuum del. et sculpebat cum priuil. Reg.* 14° *Apr.* 1657. Cette bordure est posée sur un socle dont la face est restée claire (50). *45.*

Très belle et rare épreuve du 1ᵉʳ état.

773 — Bouillon (*Emmanuel-Théodose de la Tour d'Auvergne, cardinal de*), dans une bordure ovale, avec inscription. Sur le socle de support, armorié : *R. Nanteuil ad Viuum pinge. et sculpebat. Cum priuilegio Regis* 1668 (51). *8. 50.*

Belle épreuve du 1ᵉʳ état, avant un point de chaque côté de la rosette d'ornement au milieu de la bordure.

774 — Bouthillier (*Victor le*), archevêque de Tours, dans une bordure octogone, sans inscription, armoriée au bas. Dans la marge, à gauche, *Champaigne pinxit;* et à droite, *Nanteuil sculpebat* 1651 (54). *5.*

775 — Le même personnage, dans un ovale, sans inscription, armorié au bas ; à gauche, sur la console de support : *Nanteuil ad viuum, f.* 1659 (55). *20.*

Belle épreuve du 1ᵉʳ état, avant que l'année ait été enlevée.

776 — Le même personnage, dans une bordure ovale, avec *6.*

— 198 —

inscription et rubans flottans au haut, adossée à sa croix, et sa crosse, sur une décoration d'architecture cachée en partie par un rideau, et ne laissant voir que les socles ornés de l'écusson du personnage. Sur la terrasse, on lit : *Nanteuil ad viuum ping. et sculpebat* 1662 (56).

777 — Bragelone (*Marie de*), veuve de Claude le Bouthillier, surintendant des finances, dans une bordure ovale, de feuilles de laurier, sans inscription, avec rubans flottans en haut, posée sur un socle, dont la face offre les armes accolées de le Bouthillier et de Bragelone. Sur le fond, au bas de la droite : *Nanteuil faciebat ad viuum* 1656 (57).

Épreuve du 4º état.

778 — Castelnau (*Jacques, marquis de*), maréchal de France, dans une bordure ovale, armoriée au bas. Sur la tablette du socle de support : *Nanteuil ad viu. faciebat* 1658; et sur la face les noms et qualités du personnage (58).

Très belle épreuve d'un 2º état, que ne décrit pas M. *Robert-Dumesnil*, qui indique la date de 1656.

779 — Charles de Lorraine, cinquième du nom. Ce prince est représenté dans sa jeunesse, couvert d'une armure sur laquelle passe l'écharpe, dans une bordure ovale, avec inscription armoriée au bas. A droite, sur la console de support : *Nanteuil ad viuum faciebat* 1660 (63).

Belle épreuve avec la signature *P. Mariette*, 1660.

780 — Christine, reine de Suède. Elle est dirigée à droite, la tête de face, dans une couronne de laurier, dont les rubans flottent en haut. Sur la face du socle de support on lit :

« Christine peut donner des lois
» Aux cœurs des vainqueurs les plus braves,
» Mais la terre a-t-elle des Rois
» Qui soient dignes d'en estre esclaves ? »
« DE SCUDERI. »

Bourdon pin. Nanteuil sculpebat 1654 (67).

181 — Clermont-Tonnerre (*François de*), évêque de Noyon; dans une bordure ovale, sans inscription, armoriée au bas, et sur laquelle on lit des deux côtés de l'écusson : *Nanteuil ad viuum faciebat* 1655 (68).

Belle épreuve du 1er état. Collect. **Dufresne.**

782 — Colbert (*Jean-Baptiste*), contrôleur-général des finances, dans une bordure ovale, avec inscription armoriée. Au bas, sur la console de support à gauche : *Champaigne pinxit*, et à droite, *Nanteuil sculpebat* 1660 (71).

Très belle et rare épreuve du 1er état d'un beau portrait de ce maître.

783 — Le même personnage (74), buste fort comme nature, dirigé à gauche et regardant à droite, dans une bordure ovale, avec inscription, tronquée des quatre côtés. A chaque angle, trois *C enlacés. R. Nanteuil ad viuum pingebat, sculpebat et excudebat cum priuilegio Regis* 1668.

Belle épreuve du 3e état.

784 — Le même personnage, buste plus fort que le précédent, dirigé aussi à la gauche du devant, dans une bordure ovale en feuilles de chêne, sans inscription, avec rubans flottans aux angles du haut, et à ceux du bas deux *C* enlacés. *R. Nanteuil ad viuum pingebat et sculpebat cum priuilegio Regis* 1670 (75).

Belle épreuve du 1er état avant la planche réduite.

785 — Condé (*Louis de Bourbon*, IIe du nom, prince de), surnommé Monsieur le Prince. Il est vêtu d'un manteau d'hermine sur lequel brille le collier de l'ordre du Saint-Esprit, et dans une couronne de laurier dont les rubans flottent au haut. A gauche, sur le socle de support armorié, on lit : *R. Nanteuil faciebat Mense Augustij* 1662 (79).

786 — Courtin (*Honoré*), conseiller d'état. Il est tourné à gauche et regarde de face, dans une bordure ovale, sans

inscription, armoriée au bas; on lit : *R. Nanteuil ad viuum pinge. et sculpebat cum priuilegio Regis* 1668 (80).

Épreuve du 1er état avant l'inscription dans la bordure.

8. 50. 787 — Doni d'Attichy (*Louis*), évêque d'Autun, dans une bordure ovale armoriée avec inscription. Au bas, à gauche : *Nanteuil ad viuum ping. et sculpebat* 1665 (83).

25. 788 — Dorieu (*Jean*), président en la cour des aides, dans une bordure ovale armoriée, avec inscription. A droite, sur la console de support : *Nanteuil ad viuum faciebat* 1660 (84).

Belle épreuve du cabinet Nau.

7. 789 — Dunois (*Jean-Louis-Charles d'Orléans Longueville, comte de*), représenté dans son jeune âge, dans une bordure ovale armoriée, avec inscription. Sur la console de support à gauche : *Ferdinand pinxit*, et à droite, *R. Nanteuil sculpebat* 1660 (86).

6. 790 — Dupuy (les deux frères *Pierre* et *Jacques*). Sur la même planche à droite celui de *Jacques*, à gauche celui de *Pierre*, dans des bordures ovales sur lesquelles on lit : PETRVS PVTEANVS CL. FIL. et JACOBUS PVTEANVS CL. FIL. Elles sont unies au bas par des armes. Dans la marge à droite, on lit: *R. Nanteuil F.* (89).

Première épreuve avant que la planche n'ait été coupée en deux pour joindre à la suite des portraits de Desrochers.

8. 50. 791 — Enghien (*Henri Jules de Bourbon*, duc d'), surnommé Monsieur le Duc. Le fils du grand Condé, tourné à droite, regarde de face, dans une bordure ovale, armoriée avec inscription; sur la console de support, à gauche : *Mignard Romanus pinxit*; et à droite : *Nanteuil sculpebat* 1661 (90).

14. 50. 792 — Espernon (*Bernard de Foix de la Valette*, duc d'); il est couvert de son armure, sur laquelle passe l'écharpe

blanche, dans une bordure ovale armoriée, sans inscription. On lit aux deux côtés de l'écusson : *Nanteuil faciebat et excud. cum priuil* (91).

Belle épreuve du 1er état, avant l'année 1650 et avant le nom du personnage dans la bordure.

793 — Fouquet (*Basile*), abbé de Barbeaux et de Rigny, chancelier des ordres du roy, dans une bordure ovale armoriée, sans inscription. A droite, sur la console de support : *Nanteuil ad viuum faciebat* (97).   *9.*

794 — Fronteau (*Jean*), chanoine de Sainte-Geneviève, vêtu d'une aube, sur laquelle passe la chausse, dans une bordure ovale avec inscription, sur une tablette au-dessous, on lit en trois lignes : *Pars erit..... Liviam*, et *F. Cabouret post mortem delin.*, *Nanteuil sculp.* 1663 (99).   *9.*

Belle épreuve du 1er état avant le texte au verso.

795 — Gillier (*Melchior* de), maître d'hôtel du roi. Tourné à gauche, il regarde de face dans une bordure ovale armoriée, et sur laquelle on lit : D. DÉDIÉ A MESSre MELCHIOR DE GILLIER, etc., et sur la face de la console de support : par son TRÈS HUMBLE SERVITEUR NANTVEIL, *qui l'a désseigné et graué au naturel* 1652. (102).   *13. 50.*

Belle épreuve d'un état inconnu à *M. Robert-Dumesnil*; la forme du crochet qui suit l'année est plus allongée et il n'y en a pas en avant.

796 — Guébriant (*Jean-Baptiste-Budes*, comte de), maréchal de France, dans une bordure ovale de feuilles de laurier armoriée, posée sur une console chargée de trophées, qui garnissent les angles du bas. Les angles du haut sont ornés d'une palme passée dans une couronne de comte. Sur la tablette d'un socle adossé à la console, à droite : *R. Nanteuil sculpebat;* et sur la face de ce socle, les noms et qualités des personnages (104).   *30.*

Belle épreuve du 2e état avec le titre de *Gouverneur d'Auxonne*, etc. Cette planche est à la Calcographie.

9.

797 — Guenault (*François*), médecin de la reine, dans une bordure ovale, avec inscription. Sur la console de support : *R. Nanteuil ad vivum pinge. et sculpebat* 1664 (105).

Très belle épreuve d'un beau portrait.

798 — La Barde (*Denis* de), évêque de Saint-Brieuc, dans une bordure octogone de feuilles de chêne, posant sur un socle dont la face est armoriée. A droite, sur ce socle : *R. Nanteuil ad vivum faciebat* 1657 (115).

Belle épreuve d'un très beau portrait du maître.

18. 50.

799 — La Chambre (*Marin Cureau* de), médecin du roi, dans une bordure ovale, avec inscription, armoriée au bas. Sur la console de support : *R. Nanteuil ad vivum* (116).

Belle et rare épreuve du 1er état.

22.

800 — Lallemant (*Pierre*), prieur de Sainte-Geneviève, dans une bordure ovale, avec inscription, armoriée au bas. A gauche, sur la console de support, on lit : *Nanteuil faciebat* 1678 ; et sur la face, le nom du personnage (117).

Épreuve du 2e état (*).

30.

801 — La Meilleraye (*Charles de la Porte*, duc de), maréchal de France, couvert de son armure, sur laquelle passe le cordon bleu, dans une bordure ovale, avec inscription, armoriée au bas ; sur la console de support, à gauche : *Justus pinxit* 1648 ; et à droite : *Nanteuil sculpsit* 1662 (118).

Belle épreuve d'un beau portrait.

23.

802 — La Vrillière (*Louis-Phelypeaux* de), secrétaire d'état, dans une bordure ovale, avec inscription armoriée au bas. A droite, sur la console de support : *Nanteuil ad vivum ping. et sculpebat* 1662 (123).

Épreuve du 3e état.

(*) Les épreuves de cet état font partie des Hommes Illustres de Perrault.

803 — Le Masle (*Michel*), prieur de Roche, chantre et cha-   *14. 50.*
noine de l'église de Paris, dans une bordure ovale, avec
inscription, armoriée au bas. A droite, sur la console de
support : *Nanteuil ad viuum faciebat* 1658 (126).

Belle épreuve du 1er état; au 2e, l'année 1661.

804 — Le Tellier (*Michel*), ministre d'état, puis chancelier et   *20.*
garde des sceaux de France, dans une bordure ovale, sans
inscription, armoriée au bas. Sur la console de support, aux
deux côtés de l'écusson : *R. Nanteuil ad viuum delineabat
et sculpebat* 1° *July an°.* 1658 (129).

Belle épreuve du 1er état; au 2e, l'année 1659.

805 — Le même personnage, dans une bordure octogone,   *8.*
de feuilles de chêne, posant sur un socle dont la face est
blanche. Sur ce socle, à gauche : *Nanteuil ad viuum ping.
et sculp.;* et à droite : *cum priuil. Regis.* 11° *Jul.* 1661 (134).

Belle épreuve du 1er état; au 2e, la bordure changée et l'année 1667.

806 — Le même personnage, dans une bordure ovale avec   *9.*
inscription, armoriée au bas; sur la console du support :
R. Nanteuil ad viuum faciebat 1662 (136).

807 — Le même personnage. Buste fort comme nature; dans   *39.*
une bordure ovale tronquée du haut et de deux côtés, on
lit : FRANÇOIS MICHEL LE TELLIER, MARQ. DE LOUVOIS, MINIST.
ET SECRÉTAIRE D'ÉTAT, et *Nanteuil ad viuum. — Cum privil.
Regis* 1677 : et sur la banderole, au bas de la bordure :
Offerabat Carolus Mauritius le Boistel Abbas (137).

Belle épreuve d'un 3e état, inconnu à M. *Robert-Dumesnil;* l'inscription dans la bordure et celle dans la banderole sont changées, et l'année 1677 remplace celle 1774.

808 — Le Tellier (*Charles-Maurice*), archevêque de Reims,   *19.*
représenté n'étant encore qu'abbé de Lagny, dans une
bordure carrée, à boudin; au bas des armes, et à droite

sur la console : *R. Nanteuil ad viuum pinge. et sculpebat 1664* (139).

Épreuve du 4e état.

809 — Le même personnage, dans une bordure ovale avec inscription armoriée au bas; sur la console de support : *R. Nanteuil ad viuum pingebat et sculpebat cum priuilegio Regis 1670* (140).

Belle épreuve du 1er état, avec la signature de *P. Mariette*, 1670.

810 — Le Vayer *(François de la Mothe)*, conseiller d'état, dans une bordure ovale, posant sur un socle dont la face offre cette inscription : FRANCISCUS MOTHOEUS VAYERIUS... etc. 1661. *Nanteuil ad viuum delin. et sculpebat* (143).

Très belle et rare épreuve du 1er état, avant les deux guillemets qui accompagnent l'année. Collect. de *MM. Rossi* et *de Scitivaux*.

811 — Lionne *(Hugues de)*, secrétaire d'état, tourné à gauche et regardant de face dans une bordure ovale armoriée au bas, et posant sur une console où se lisent les nom et qualités du personnage, et *R. Nanteuil faciebat ad viuum* (146).

Épreuve du 1er état, avant l'inscription enlevée et le changement aux armes.

812 — Lionne *(Jules-Paul)*, abbé de Marmoutier et prieur de Saint-Martin-des-Champs, dans une bordure ovale avec inscription armoriée au bas. A gauche, sur le socle de support : *R. Nanteuil ad viuum pingebat et sculpebat 1667* (147).

Épreuve du 2e état, l'année enlevée.

813 — Léoménie de Brienne *(Henri-Auguste de)*, secrétaire d'état, dans une couronne ovale en travers de feuilles de chêne, dont les rubans flottent haut et bas, posant sur un socle où est adossé un vaste cartouche armorié. A gauche, sur la tablette de ce socle : *R. Nanteuil ad viuum faciebat 1660* (148).

Belle épreuve du 1er état.

814 — Loret *(Jean)*, poète (*), dans une bordure ovale, sur le socle de support : *Nanteuil ad viuum del. et sculpebat* 1658. Et sur sa face quatre vers : *c'est ici de Loret la belle ou laide image*, etc. (150).

29.

Très belle épreuve du 2ᵉ état, avant la virgule après le mot Loret.

815 — Lotin de Charny *(François)*, président au parlement de Paris, dans une bordure ovale avec inscription. A droite, sur la console de support : *Nanteuil ad viuum faciebat* (151).

61.

Très belle épreuve du 1ᵉʳ état.

816 — Louis XIV couvert d'un manteau d'hermine sur lequel brillent les colliers de ses ordres, dans une bordure ovale avec inscription, posée contre une décoration d'architecture. Sur la console de support, à gauche : *Nanteuil ad viuum*; à droite : *ping. et sculpebat* 1662; au milieu : *cum privilegio;* et sur la face de cette console, dix vers en deux colonnes : *Et tibi conspicuos.....* etc. (153).

21. 50.

Belle épreuve du 1ᵉʳ état.

817 — La même estampe.

30.

Deuxième état, entièrement changé et avec la date de 1663.

818 — Louis XIV couvert de son armure, sur laquelle passe l'écharpe blanche, dans une bordure ovale avec inscription, garnie au bas d'un vaste cartouche armorié de France et de Navarre. Sur le socle de support : *R. Nanteuil ad viuum ping. et sculpebat* 1664. *Cum privilegio regis* (155).

11.

Épreuve du 1ᵉʳ état.

819 — Louis XIV. Buste du roi, fort comme nature, dirigé à droite, et regardant du côté opposé, dans une bordure

89.

(¹) Auteur de la Muse Historique ou Recueil de lettres en vers, écrites à la duchesse de Longueville. Paris, 1650, 3 tomes en 6 vol. petit in-fol. On trouve quelquefois ce portrait par Nanteuil ajouté à cette édition, mais ordinairement c'est celui gravé par Michel Lasne, pour le livre.

— 206 —

ovale avec inscription et fleurs aux angles : *R. Nanteuil ad viuum pingebat et excudebat cum privilegio Regis* 1666 (157).

Belle épreuve du 1ᵉʳ état.

820 — **Louis XIV.** Le buste fort comme nature, du roi, dirigé à gauche et regardant de face, dans une bordure ovale de feuilles de laurier, posée sur une peau de lion, dont deux des pattes ornées d'une fleur de lys tombent dans les angles du haut. Au bas du portrait, une grande thèse dédiée à Jacob-Nicolas Colbert en 1672, ayant aux quatre coins des médaillons emblématiques avec devises. Les deux du bas sont soutenus par les griffes des deux autres pattes du lion, et l'on aperçoit la queue de l'animal, ainsi que les queues des deux branches de laurier qui forment l'ovale du portrait dit *aux Pattes de Lions ;* dans cet état, l'estampe, les deux morceaux assemblés, porte de hauteur 108 centimètres (**161**).

Cette épreuve belle et parfaitement conservée, est de la plus grande rareté, dans cet état, qui n'a pas été décrit par *M. Robert-Dumesnil* ; elle est avant le 3ᵉ état décrit, puisqu'elle porte au coin à droite dans le haut, le nº 17. Collection *Sorne*.

821 — Le même portrait, mais sans la thèse.

Superbe épreuve du 1ᵉʳ état décrit. Collect. de *M. de Scitivaux*.

822 — **Maisons** (*René de Longueil*, marquis de), surintendant des finances, dans une bordure ovale sans inscription, armoriée au bas, on lit des deux côtés de l'écusson : *Rob. Nanteuil ad viuum sculpebat* 1653 (165).

Très belle épreuve d'un portrait dont la tête est gravée dans le goût de Mellan.

823 — **Mallier du Houssay** (*François*), évêque de Troyes, dans une bordure ovale sans inscription, armoriée au bas. A gauche sur la console de support : *velut pinxit. Nanteuil sculpebat* (**167**).

Épreuve du 2ᵉ état.

824 — La même estampe, même état.

825 — **Maridat de Serrières** (*Pierre de*), conseiller au grand conseil. Dans la marge blanche au-dessous de la console de support, deux lignes en latin : *Cujus....*, et deux lignes en français : *Celuy de qui Nantueil a fait icy l'jmage, est encor mieux dépeint dans ce liure du sage* (168).   *6.*

826 — **Marin de la Chataigneraye** (*Denis*), conseiller d'état, intendant des finances, dans une bordure ovale avec inscription, armoriée au bas. Sur la console de support : *Dieu pinxit; Nanteuil sculpebat* 1661 (170).   *13. 50.*

Belle épreuve du 1er état, avant la planche réduite ; au verso la signature de *P. Mariette*, 1676.

827 — La même estampe, même état.   *6.*

828 — **Marolles** (*Michel de*), abbé de Villeloin, homme de lettres et grand curieux d'estampes, en demi-figure et dirigé à gauche, il regarde du côté opposé; portrait de forme carrée. Au haut, à gauche : *An. æt.* 57. Dans la marge, en cinq lignes : *illustrissimi viri*, etc.... *Nanteuil ad viuum faciebat* 1657 (171).   *6. 50.*

Belle épreuve du 1er état, avant les lignes tracées parallèlement au bas à gauche de la marge.

829 — **Matignon** (*Léonor Goyon de*), évêque de Coutances, puis de Lisieux, dans une bordure ovale sans inscription, armoriée au bas. Sur la console de support : *R° pater Antoninus ad viuum delineavit. Nanteuil sculp.* (172).   *14. 50.*

Belle épreuve du 1er état, avant que la croix pastorale dont est décoré le personnage, n'ait été remplacée par celle du Saint-Esprit.

830 — **Maupeou** (*Jean de*), évêque de Châlons-sur-Saône. Buste demi-nature, dans une bordure ovale avec inscription, armoriée au bas. Sur la console de support : *Nanteuil ad viuum ping. et sculpebat* 1671 (173).   *6.*

Epreuve du 2e état.

831 — **Mazarin** (*Jules*), cardinal, ministre d'état, dans une   *10. 50.*

bordure ovale sans inscription, liée en haut par des rubans qui flottent dans les angles, et ornée au bas d'un vaste écusson armoirié. A droite, sur la console de support : *Van Mol pinxit. Nanteuil sculp.* (175).

Belle épreuve du 1er état.

832 — La même estampe, même état.

833 — Le même personnage, dans une bordure ronde de feuilles de laurier, d'olivier. Des instrumens d'arts et de guerre garnissent les angles du haut. Une vignette représentant Louis XIII malade, dans son lit, déclarant la reine régente, occupe le dessous du portrait. De chaque côté de cette vignette deux cartouches; dans l'un la bataille de Réthel, et dans l'autre la levée du siège d'Arras. Au milieu du bas : *Nanteuil ad viuum del et sculpebat cum priuil. Regis* 1656. (180).

Épreuve du 1er état.

834 — La même estampe.

Épreuve du 3e état; l'inscription enlevée et son emplacement mal raccordé.

835 — Le même personnage, dans une bordure ovale, armoriée au bas. Sur la tablette de la console de support : *Nanteuil ad viuum del. et sculpebat* 1658, et sur la face, quatre vers en deux colonnes : *Quam bene...*, etc. (182).

836 — Le même personnage, dans une bordure octogone, surmontée de la couronne ducale, appuyée sur une étoile, au-dessus de deux faisceaux d'armes en sautoir, sous le manteau ducal que surmonte le chapeau de cardinal. Au bas de la bordure : *Nanteuil ad viuum del. et sculpebat* 1659 (184).

Belle épreuve du 1er état.

837 — Le même personnage, dans une couronne ovale de lauriers, dont les rubans flottent au haut. Sur la tablette du

socle de support : *Mignard pinx.*, *Nanteuil sculpebat*, 1661, et sur la face : HIC EST MONSTRORUM DOMITOR PACATOR ET ORBIS (187).

Très belle épreuve du 1er état. Collect. *G. Storek de Milan.*

838 — Ménage (*Gilles*), homme de lettres, tourné à gauche et regardant de face; il s'appuie le bras gauche sur une table en tenant des deux mains un livre ouvert. Dans la marge on lit le nom du personnage et *Rob. Nanteuil ad viuum faciebat cum priuil. Regis* 1652 (188). *14. 50.*

Belle épreuve du 1er état, avant que le portrait n'ait été réduit au buste.

839 — Molé (*Edouard*), président à mortier au parlement de Paris, dans une bordure ovale, avec inscription, au bas de laquelle est une tablette où on lit : DÉDIÉ A MESSIRE MATHIEV MOLÉ..... par son très humble *seruiteur* R. *Nanteuil*, et au milieu du bas, *auec priuilège* (193). *7.*

840 — Molé (*François*), abbé de Sainte-Croix de Bordeaux, puis maître des requêtes, dans une bordure ovale armoriée au bas. Sur la console de support : *R. Nanteuil delineabat et sculpebat* 1649 (195). *7.*

841 — Mouy (*Henri de Lorraine*, marquis de), tourné à droite et regardant de face, dans une bordure ovale, sans inscription, armoriée au bas. *R. Nanteuil cum priuilegio sculpebat et excudebat* (197). *19.*

Épreuve du 1er état, avant l'inscription dans la bordure.

842 — Nemours (*Henri de Savoie*, duc de), représenté comme archevêque de Reims, dans une bordure ovale, sans inscription, armoriée au bas et posant sur une console. Dans la marge à gauche : *Rob. Nanteuil delin. ad viuum sculpebat*, et à droite, *et excudebat cum priuil. Regis* 1651 (198). *18. 50.*

Belle et rare épreuve du 1er état.

843 — Le même personnage. Il est tourné à droite, décoré de la croix pastorale en pierreries; dans une bordure ovale, armoriée au bas et sur laquelle on lit aux deux côtés de l'écusson : *R. Nanteuil ad viuum faciebat et excud. cum priuil. Regis*, 1652 (199).

Belle et rare épreuve du 1er état, avant les noms et titre du personnage dans la marge du bas.

844 — Nesmond (*François-Théodore* de), président à mortier au parlement de Paris, dans une bordure ovale sans inscription, armoriée au bas et sur laquelle on lit aux deux côtés de l'écusson : *R. Nanteuil ad viuum faciebat* 1653. (201). Portrait gravé dans le goût de Mellan.

845 — Neufville (*Ferdinand* de), évêque de Chartres, dans une bordure ovale avec inscription, armoriée au bas. A gauche sur la console de support : *R. Nanteuil ad viuum ping. et sculpebat* 1664 (204).

Très belle et rare épreuve du 1er état.

846 — Novion (*Nicolas-Potier* de), premier président au parlement de Paris, dans une bordure ovale de feuilles de laurier, dont les rubans flottent au haut. A gauche, sur la tablette du socle de support, dont la face est armoriée : *R. Nanteuil ad viuum ping. et sculpebat* 1664 (207).

Épreuve du 2e état.

847 — Ormesson (*André Le Fèvre* d'), conseiller d'état, dans une bordure ovale avec inscription, armoriée au bas. A droite sur la console de support : *R. Nanteuil ad viuum faciebat* 1654 (209).

Belle épreuve du 2e état, avant que l'année n'ait été enlevée.

848 — Perefixe de Beaumont (*Hardouin* de), archevêque de Paris, tourné à gauche, décoré de l'ordre du Saint-Esprit; dans une bordure ovale sans inscription, armoriée au bas.

Sur la console de support : *R. Nanteuil ad viuum pin. et sculpebat cum priuil. Regis* 1663 (212).

Épreuve du 2ᵉ état.

849 — Le même personnage. Buste fort comme nature, dans une bordure ovale avec inscription : *R. Nanteuil ad viuum pingebat sculpebat et excudebat cum priuilegio Regis* 1665 (214).   9. 50.

Très belle épreuve du 1ᵉʳ état.

850 — Poncet (*Pierre*), maître des requêtes, puis conseiller d'état, dans une bordure ovale avec inscription, armoriée au bas. A droite, sur la console de support : *Nanteuil ad viuum pingebat et sculpebat* 1660 (215).   11.

Très belle épreuve du 1ᵉʳ état.

851 — Regnauldin (*Claude*), procureur général au grand conseil, dans une bordure ovale avec inscription, armoriée au bas, avec cette devise : *hic a fulmine tutœ.* A gauche, sur la console de support : *Nanteuil ad viuum faciebat* 23ᵒ *Aug.* 1658 (216).   9. 50.

Belle épreuve du 1ᵉʳ état.

852 — Sarrasin (*Jean-François*), homme de lettres, dans une bordure ovale avec inscription; sur la face du socle de support quatre vers de Pélisson : *Pour escrire en stile diuers.....* etc. Sur le fond au bas: *Nanteuil delin.* 1649. *Et sculp.* 1656 (220).   5.

Belle épreuve du 2ᵉ état.

853 — Scuderi (*Georges* de), membre de l'Académie française, dans une bordure ovale avec inscription, posée contre un mur, elle est appuyée sur un socle, sur la face duquel on lit les noms et titres du personnage : *Robertus Nanteuil ad viuum faciebat* (221).

Épreuve du 1ᵉʳ état.

854 — Séguier de Saint-Brisson (*Pierre*), prévôt de Paris, dans une bordure ovale avec inscription, posée sur une console à laquelle est adossée un vaste cartouche armorié au bas de la console. *Nanteuil ad viuum del et sculpebat* 1569 (224).

855 — Servien (*François*), évêque de Bayeux, dans une bordure octogone de feuilles de chêne, armoriée au bas. Sur la console de support on lit : *Champaigne pinxit. Nanteuil sculpebat* 13° *Nou. A°* 1656 (225).

Belle épreuve du 1er état, avant le nom du personnage sur la face de la console.

856 — Steeberghen (*Jean-Baptiste Van*), conseiller du roi au conseil de Flandres, dans une bordure ovale avec inscription, posée sur un socle dont la face est restée blanche. On lit sur la tablette de ce socle, à gauche : *Duchastel pinxit.* et à droite : *Nanteuil sculpebat* 1668 (226).

Très belle épreuve du 1er état.

857 — Talon (*Denis*), président à mortier au parlement de Paris. Ce magistrat n'étant encore qu'avocat général à la même cour, est tourné à gauche et regarde de face, dans une bordure carrée, ornée de guirlande de feuille de chêne, armoriée haut et bas et garnie de chaque côté du chiffre du personnage. Au bas à droite : *Nanteuil faciebat ad viuum* (228).

858 — La même estampe.

859 — Thevenin (*Claude*), chanoine de l'église de Paris, dans une bordure ovale avec inscription. A droite sur la console de support, dont la face est armoriée, on lit : *Nanteuil ad viuum faciebat* 1657 (231).

Belle épreuve du 2e état, rare.

860 — Turenne (*Henri de la Tour d'Auvergne*, vicomte de), maréchal de France. Buste fort comme nature, tourné à

gauche, et regardant de face, dans une bordure ovale avec inscription, et des tours aux angles. *R. Nanteuil ad vivum pingebat sculpebat et excudebat cum privilegio Regis* 1665 (233).

Belle épreuve du 4ᵉ état.

NATALIS (MICHEL), graveur au burin, né à Liège, en 1689. Élève de JOACHIM SANDRART, peintre, et de CHARLES MALLERY, graveur; se perfectionna à Rome, en suivant la manière de CORNEILLE BLOEMAERT. Son œuvre est d'environ soixante pièces.

861 — Sainte-Famille accompagnée de sainte Anne, du jeune saint Jean qui reçoit un écriteau où sa qualité d'agneau de Dieu est exprimée. Au bas, quatre vers latins : *nascitur.... labe puer. N. Poussin pinxit. M. Natalis sculpsit*, et l'adresse de Poilly. P. en L.

Première épreuve avant la draperie sur l'Enfant-Jésus.

862 — La Vierge donnant le sein à l'Enfant-Jésus endormi, couché sur un coussin; le petit saint Jean le regarde. A gauche, *S. Bourdon pinxit. Natalis sculp. avec privilège du Roi*, 1658. A droite, *à Paris, chez Beyrouin, rue Princesse, faubourg Saint-Germain*. P. en H.

Première épreuve avant la draperie sur le sein de la Vierge.

NICOLETO-ROSA óu ROSEX, connu sous le nom de NICOLETO DE MODÈNE. On n'a point de notice sur cet ancien graveur; on sait seulement par deux de ses estampes datées de 1500 et 1512, qu'il a gravé au commencement du XVIᵉ siècle. *Bartsch*, vol. 13, décrit soixante-huit pièces de ce maître.

863 — Vulcain assis à gauche dans sa forge, est représenté battant sur l'enclume une des ailes de l'Amour, qui est debout au devant de la droite, tenant de la main gauche son arc et de l'autre une flèche. A droite, une tablette où on lit :

OPUS NICOLETTI. Ces mots sont traversés par différens traits (52). P. en H.

864 — Vulcain forgeant des armes; il est assis à droite et va frapper sur un casque qu'il tient avec des pinces sur une enclume placée devant lui; un peu plus loin, un génie ailé tient un bouclier, et plus loin un jeune homme porte un trophée d'armes. En avant à gauche, deux chevaux s'abreuvent. Au milieu, un arbre au haut duquel une tablette sans marque est attachée. Dans le fond s'aperçoit une ville. Pièce inédite attribuée à *Nicoletto de Modène*. H. 21 c., L. 15 c.

O.

OLMUTZ (VENCESLAS D'), orfèvre et graveur allemand du XVe siècle. Les estampes de ce maître dont plusieurs portent pour marque la lettre W., ont été attribuées à MICHEL WOHLGEMUTH, maître d'Albert-Durer. *Bartsch*, vol. 6, réfute victorieusement cette assertion; il donne le catalogue des pièces de *Wenceslas* au nombre de cinquante-sept estampes, qui sont, pour la plupart, des copies de celles de *Martin Schongauer* et *Albert-Durer*.

865 — La mort de la Vierge. Au milieu du bas est écrit : 1481 WENCESLAS DE OLOMVCZ IBIDEM. P. en H. Ce morceau est une copie de l'estampe de *Martin Schongauer*.

ORLEY (RICHARD VAN), peintre et graveur à l'eau-forte, né à Bruxelles en 1662, mort dans la même ville en 1732. Il grava concurremment avec son frère JEAN VAN ORLEY.

866 — Bacchus ivre, soutenu par des satyres. Titre : *Lucian-*

tur gressus......, etc. *P.-P. Rubens pinxit* (59). *Van Orley fecit.* P. en H.

OSTADE (ADRIEN VAN), peintre, né à Lubeck en 1610, mort à Amsterdam, en 1685; élève de FRANÇOIS HALL, il fut aussi disciple de A. BRAUWER. Ostade a gravé à l'eau-forte cinquante pièces décrites par *Bartsch*, vol. 1er; elles sont datées de 1647 à 1679.

867 — Un homme en manteau, parlant à une femme vue par le dos, un panier au bras droit; sujet dit le *Départ pour le marché;* dans la marge : *A. V. O.* (12). P. en H.

Belle épreuve avant que le trait carré autour de la composition n'ait été renforcé.

868 — La grange. Au fond à droite, près d'une échelle, une femme baissée ramasse du foin. A gauche, sur le devant, *A. V. Ostade*, 1647. P. en L. (23).

Deux épreuves, la première avant les contre-tailles à la partie ombrée de la poutre et avant le trait carré rentré au burin. Remarque inconnue à *Bartsch*.

869 — Un peintre dans son atelier; il est assis vers la gauche de l'estampe et travaille à un tableau placé sur un chevalet vis-à-vis de lui(*). Dans la marge du bas, quatre vers : *Pictor...*, etc.; et au-dessous, vers la droite : *A. V. Ostade fecit.* P. en H.

Belle et rare épreuve où le bonnet du peintre est plus élevé et où le mot *et excud.* ne se trouve pas à la suite du nom d'Ostade.

870 — Villageoise tuant la vermine à un homme assis à terre. A leur gauche, un paysan debout regarde dans une cruche. A droite, dans le fond, près d'un coffre, un enfant et un chat; sujet dit l'*épouilleuse*. P. en L. (35).

Belle épreuve d'une pièce rare.

(*) Un tableau d'Ostade de cette même composition, se voit à la galerie de Dresde.

871. — Un paysan vient de tuer un cochon qu'il tient sous ses genoux pour en presser le sang qu'une femme debout, vers la gauche, reçoit dans une poêle; près d'eux, à gauche, un homme debout et trois enfans (41). Pièce de forme ronde dite le *charcutier*.

Première épreuve où on aperçoit distinctement une corbeille sur le tonneau qui est à gauche, et aussi une fenêtre au milieu du groupe des enfans, et une autre plus petite, vers le haut du pignon de la maison. Dans les épreuves postérieures ces objets sont plus travaillés.

872 — Le charlatan; sujet composé de onze figures. A terre, à la droite du devant, on lit : *A. V. Ostade*. P. en H., cintré (43).

Première épreuve moins travaillée, où se voit à gauche dans le fond, près d'une habitation villageoise, un homme et un enfant, lesquels dans les secondes épreuves sont remplacés par un groupe de quatre enfans.

873 — Femme, un enfant dans ses bras, écoutant un joueur de violon, qui est à droite et que regarde aussi un paysan et un enfant appuyé sur un cerceau. A terre, à gauche, *A. V. Ostade*; sujet dit le *joueur de violon*. P. en H. (44). Anc. épreuve.

874 — Le goûter hollandais, composition de sept figures. A gauche, *A. V. Ostade*. P. en L. (50).

Première et rare épreuve moins travaillée et avant les deux vers de Tibulle: *Secura..... Serena dies*. Collect. de *M. Revil*.

P.

PENCZ (GEORGE), peintre et graveur, né à Nuremberg, vers 1500 et mort à Breslau en 1550. Élève d'ALBERT-DURER, il passa en Italie où il étudia les ouvrages de Raphaël et grava sous la conduite de MARC-ANTOINE, dont il imita la manière. *Bartsch*, vol. 8, décrit

— 217 —

cent vingt-six pièces de ce maître, marquées du chiffre formé des lettres G P, plusieurs de ces pièces et les dates 1535 à 1547.

875 — Les filles de Loth énivrant leur père. Au bas à gauche sur une pierre carrée le chiffre. P. en L. (20).   *4.*

876 — Médée remettant entre les mains de Jason, ses dieux pénates pour gage de sa foi. A droite sur le siège où Médée est assise, le chiffre et l'année 1539, les deux derniers chiffres à rebours. Et dans le haut du même côté, on lit : MEDEA P. en H. (71).   *8.*

877 — Mutius Scevola. Debout à droite il se brûle le poing en présence de Porsenna. Le chiffre est placé sur le fer d'une des lances des soldats. P. en H. (*) (74).   *8.*

878 — Marc Curce se précipitant dans un gouffre. A gauche dans le haut, on lit dans une tablette : MARCVS CVRIVS et le chiffre. P. en H. (75).   *11.*

879 — Horace Coclès défendant lui seul la tête du pont de Rome contre l'armée de Porsenna. Sur le ciel vers la gauche le chiffre. P. en L. (80).   *10. 50.*

880 — Virginius tuant sa fille en présence du décemvir Appius Claudius. Au coin à droite, on lit : VIRGINEA, et non pas VIRGINER comme indique *Bartsch*. Au milieu du bas le chiffre du maître. P. en H. (84).   *14. 50.*

881 — La prise de Carthage. Sur une tour ronde qui occupe le milieu de l'estampe, on lit : JVLIVIS ROMANVS. Au milieu du bas sur un rocher le chiffre, et un peu plus loin vers la droite, une tablette : GEORGIVS PENCZ PTCTOR NVRNBRG FACIEBAT ANNO M. D. XIXXXIX.... P. en L. (86). Ce morceau est le plus capital du maître, il est aussi le plus grand.   *60.*

Très belle épreuve avant *Ant. Sal. ex.*, écrit au milieu du bas vers la gauche. Collect. *Denon.*

(*) Bartsch indique ce morceau sans marque.

— 218 —

882 — Les six triomphes décrits par Pétrarque, suites de six estampes en largeur (117 à 122). Le triomphe de l'Amour : au coin à droite, le chiffre, dans la marge, on lit : LIBERTUS, etc. — Le triomphe de la Chasteté ; cette vertu, sous la figure d'une jeune femme, est assise dans un char traîné par deux licornes. On lit dans le haut : NON ILLIS STVDIVM, etc., et le chiffre vers la droite. — Le triomphe de la Renommée. Au milieu du haut, on lit : FAMA, etc., et le chiffre au-dessous de ces deux lignes. — Le triomphe du Temps. Dans une tablette au bas de l'estampe, on lit : TEMPVS, etc., le chiffre sur un dé placé entre les jambes de Saturne. — Le triomphe de la Mort. Elle est dans un char attelé de deux buffles. Au bas du sujet dans une tablette, on lit : NASCENTES, etc., et de chaque côté, à droite, la marque du maître, à gauche le n° 5 ; cette pièce est la seule numérotée. — Le triomphe de l'Éternité. Le Sauveur dans le ciel est entouré des symboles des évangélistes. Dans la marge du bas, on lit : VT. VENTO, etc., et le chiffre à droite.

PETHER (WILLIAM ou GUILLAUME), peintre et graveur en manière noire, né en Angleterre vers 1730, florissant à Londres en 1790.

883 — Un officier à mi-corps et en cuirasse, coiffé d'un chapeau rond orné d'une plume ; la main droite appuyée sur une longue épée. P. en H.

Épreuve avant la lettre, on lit seulement dans la marge : *Rembrandt pinxit. W. Peters fecit* 1764. *J. Boydell ex.*

PERSYN (R.-A.), graveur, florissait en Hollande vers le milieu du XVII° siècle.

884 — Johannis Valckii, vu à mi-corps, assis tourné à droite, les deux mains appuyées sur un livre ouvert devant lui.

Titre en trois lignes et au-dessous huit vers hollandais et *Chr. Pierson*. R. A. *Persyn sculp*. P. en H.

PESNE (JEAN), peintre et graveur à l'eau-forte et au burin, né à Rouen en 1623, mort à Paris en 1700. Cet artiste a su mieux qu'aucun autre graveur, rendre complètement le Poussin, d'après lequel il a beaucoup gravé. *M. Robert-Dumesnil*, P.-G.-F., vol. 3, décrit cent soixante-dix pièces.

885 — Portrait de Nicolas Poussin, représenté dans son atelier ; il est vu à mi-corps, dirigé vers la gauche. P. en H. (n° 1).   241.

Superbe épreuve d'eau-forte pure avant toutes lettres, avant l'inscription : EFFIGIES NICOLAI POVSSINI ANDELYENSIS PICTORIS ÆTATIS 56 ROMÆ ANNO IVBILEI 1650, qui est sur la toile représentée dans le fond et avant la dédicace à M. de Chantelou, dans la marge du bas. Cette épreuve, de la plus grande rareté, est d'un état antérieur à celle qui se trouve au cabinet des estampes ; dans cette dernière aussi avant la lettre, on a effacé des travaux du fond pour ménager quatre espaces blancs pour l'inscription : *Effigies*, etc. *M. Robert-Dumesnil* cite cette épreuve, mais il n'a pas connu la nôtre.

886 — Le ravissement de saint Paul, d'après le tableau de N. Poussin, peint pour M. de Chantelou (*), auquel cette estampe est dédiée. Ce tableau a fait partie de la galerie d'Orléans. P. en H. (12).   80.

Belle et très rare épreuve avant l'adresse de *Leblond exc.*, dans la marge du bas, au-dessous de la dédicace ; elle est antérieure au 1er état, décrit par *M. Robert-Dumesnil*, qui indique l'adresse de *Leblond exc.*

887 — L'évanouissement d'Esther (**). Dans la marge du bas le titre : *Cum Assuerus Rex eleuasset faciem*, etc., à gauche, *N. Poussin pinxit et ex archetypo in. Museo D. D. J. Cerisier*   150.

(*) Poussin fit ce tableau pour M. Fréart de Chanteloup, qui le lui avait demandé pour faire le pendant de la vision d'Ézéchiel, peinte par Raphaël.

(**) J.-B. de Poilly a aussi gravé cette même composition.

asservato, et à droite, *J. Pesne sculp. et ex. cum Pri. Re.* P. en L. (14). Ce tableau est actuellement dans la galerie de l'hermitage, à Saint-Pétesbourg.

Très belle et rare épreuve avant l'adresse de Vallet dans le bas de l'estampe, vers la gauche.

888 — La Sainte-Famille servie par les anges. Dans la marge, à gauche, *N. Poussin pinxit ex Museo. Jo. Formont. D. de Venne;* et à droite ; *J. Pesne del. et sculps. cum priuil. Regis.* P. en L. (16).

Très belle et rare épreuve avant toutes lettres et avant que les travaux qui ombrent le visage de la femme qui est dans le fond, n'aient été ébarbés; ce qui fait ressembler cette femme à une négresse. Collect. de M. Gérard, sculpteur.

889 — La mort de Saphire, femme d'Ananie, d'après le tableau de N. Poussin, au Musée Royal. *N. Poussin pinxit, ex museo Jan. Frémont D. de Venne. Joan. Pesne sculpsit cu. priuil. Regis;* ces mots écrits à droite et à gauche dans la marge du bas tout près de la gravure au-dessus du titre : SAPPHIRA, etc. P. en L.

Première épreuve avant l'adresse de Drevet et avant le changement fait aux inscriptions au-dessus du titre. La planche de cette estampe est à la Calcographie.

890 — Les sept sacremens de l'église représentés en une suite de sujets tirés de l'histoire sainte (20 à 26) ; savoir : le baptême, titre : VENIT IESVS, etc. A gauche, *N. Poussin Andeliensis pinxit. Ex museo P. Freart de Chantelou* (*), *Pari-*

(*) Ces tableaux peints pour M. de Chantelou, furent acquis après sa mort, par un marchand hollandais, qui les vendit au duc d'Orléans, régent, pour la somme de 120,000 livres. A la révolution de 1793, les tableaux italiens et français de la galerie d'Orléans, qui avaient été achetés par M. de La Borde, au prix de 900,000 livres, furent portés par lui en Angleterre, lors de son émigration, où il les vendit aux seigneurs Egerton, de Carlisle et Gownor. La suite des sacremens est dans la galerie de

sys, à droite, *Jean Pesne, delin., et sculp. et excudit cum priuil. Regis.*

— La Confirmation, titre : SIGNANTVR SIGNO CRVCIS : etc. Les noms d'auteurs comme à la pièce précédente et de même pour les cinq suivantes.

Première et rare épreuve avant des tailles verticales sur la joue gauche du jeune homme, debout derrière l'évêque et près de sa droite, et où la lumière est prolongée sur toute la partie éclairée de la jambe droite de l'enfant debout, à la gauche de la composition. Cette lumière, dans les épreuves avant l'adresse, est ordinairement couverte de points entre les parties laissées blanches, pour prononcer la saillie du mollet et de la cheville.

— La Pénitence, titre : REMITTVNTVR EI PECCATA MVLTA, etc.

— L'Eucharistie.

Première et très rare épreuve avec le premier titre : HOC FACITE IN MEAM COMMEMORATIONEM. *Luc, cap.* 22.

— L'Extrême-Onction, titre : ORENT SVPER, etc.

— L'Ordre, titre : QVODCVNQVE, etc. Les noms d'auteurs sans le mot *Andeliensis*.

— Le Mariage, titre : MARIA DESPONSATA, etc.

Première et rare épreuve où le jambage à droite de la lettre A, à la fin du mot *desponsata*, n'est encore formé que de deux traits sans être ombré; aux épreuves avant l'adresse, le jambage droit de cette lettre est ordinairement ombré.

Cette suite de sept estampes en largeur, de deux feuilles chacune, est aussi avant *A Paris, chez Audran, rue St-Jacques, aux 2 Pilliers d'or. Auec priuil. du Roy*, qui se trouve en avant du nom de Pesne, dans les épreuves postérieures. Collect. *Rigal* et *M. Rossi*.

891 — Les sept mêmes estampes.

Belles épreuves avant les adresses d'Audran. Collect. de *M. de Scitivaux*.

Strafford. Cette suite diffère de celle exécutée pour le chevalier *del Pozzo*, qui a été gravée par J. Duguet, beau-frère du Poussin et aussi par Chastillon. La Calcographie du Musée possède les planches de celle de Pesne.

892 — Eudamidas dicte au lit de mort à un scribe assis sur le devant, ses dispositions testamentaires, Carritzène fond en larmes au pied du lit de son père, appuyée sur son aïeule qui s'y est assise. Titre : *le testament d'Eudamidas de la ville de Corinthe*; et au-dessous le texte du testament extrait du Texaris de Lucain : à gauche, *N. Poussin pinxit ex museo J. Formont, S. de Venne:* à droite, *J. Pesne del. et sculps. cum priuil. Regis.* P. en L. (*) (29).

Première et rare épreuve avant les troisièmes tailles sur le haut de la hampe de la lance et avec des essais de burin dans la marge, et le tracé des lignes du titre, très apparent.

893 — Portrait de François Langlois, dit Ciartres ou de Chartres. Il est vu jusqu'aux genoux, de trois quarts, dirigé vers la gauche, et joue de la musette. Dans la marge à gauche, *Ant. Van-Dyck pinxit;* à droite, *J. Pesne sculpsit.* P. en H. (97).

Épreuve avant la lettre, c'est-à-dire avant l'inscription dans la marge du bas: *François Langlois, natif de Chartres, libraire et marchand de tailles-douces, à Paris; excellait à jouer de la musette et de plusieurs autres instrumens. Mariette excudit.*

PICART dit **LE ROMAIN** (Étienne), dessinateur et graveur au burin, né à Paris en 1631, mort à Amsterdam en 1721.

894 — La résurrection du Lazare, d'après le tableau de J. Jouvenet. P. en L.

PICART (Bernard), dessinateur et graveur, né à Paris en 1673, mort à Amsterdam en 1733. Il était fils d'Étienne Picart, surnommé le Romain, dont il reçut les premiers élémens. En 1689, il fut envoyé à l'Académie où il reçut des leçons de Sébastien Le Clerc,

---

(*) Bervic avait commencé à graver cette composition; elle est restée inachevée lors de sa mort.

et deux ans après, remporta le prix à cette Académie. Voyez son éloge historique et le catalogue de ses ouvrages à la suite du Recueil des impostures innocentes. (Amsterdam, 1734, in-folio.)

895 — Le massacre des Innocens, dessiné et gravé en 1715 (*). P. en L.

9.

Première épreuve avant la couronne sur la tête d'Hérode, avant que la bordure ait été continuée dans la marge du bas et avec trois lignes d'écritures.

896 — La même estampe.

2. 50.

Avec la couronne, la bordure continuée et l'écriture enlevée et la planche réduite de la marge du bas.

PITAU (NICOLAS), dessinateur et graveur au burin, né à Anvers vers 1633 (**), mort à Paris vers 1676 ; il fut élève de CORN. GALLE, et vint à Paris en 1660 où il reçut les conseils de Phil. de Champaigne.

897 — La Sainte-Famille accompagnée de Sainte-Anne et du petit Saint-Jean, qui reçoit la bénédiction du Sauveur. Titre : *Egressus in occursum... Pacificus. Exod.* 18 ; à droite dans l'estampe, *Raphaël Urbinas inc. N. Pitau sculp.*; dans la marge, l'adresse de *Van Merle.* P. en H.

92.

Première épreuve avant la draperie sur l'Enfant-Jésus.

898 — Jésus et la Samaritaine, d'après *Phil. de Champagne* (***). P. en L.

74.

Première et rare épreuve avant toutes lettres. Collect. de *M. de Scitivaux.*

(*) Pour la traduction allemande de l'*Hérode infanticida da del Cavaliere Marini*, imprimée à Hambourg.

(**) Et non pas en 1663, selon Basan, dans son Dictionnaire des Graveurs ; et Regnault-Delalande, dans le Catalogue de la vente Saint-Yves. Le portrait du pape Alexandre VII, daté de 1662, dément le fait.

(***) La même composition a été gravée par G. Édelinck, avec le nom de *Pitau excudit* 1670.

899 — *Dyonisius Sanguin....* Denis Sanguin, évêque de Senlis, à mi-corps tourné vers la gauche, dans un ovale. On lit à gauche : *C. de Feure pinx. N. Pitau sculp.* 1663. P. en H.

PLATE-MONTAGNE ou MONTAGNE (Nicolas de), peintre-graveur à l'eau-forte, né en 1631, mort à Paris en 1706 ; élève de Phil. de Champagne, son parent et de J. Morin, dans la manière duquel il a gravé ; ce dernier a édité plusieurs des planches de Plate-Montagne.

900 — Pierre de Bérulle, cardinal. Vu à mi-corps tourné à gauche, dans un ovale armorié avec inscription ; sur l'appui à gauche, *P. de Champaigne, pin.* ; à droite, *N. de Plate Montaigne sculpebat,* 1661. *Morin excudit cum priuil. Regis.* P. en H.

POILLY (François de), dessinateur et graveur au burin, né à Abbeville en 1622, mort à Paris en 1693. Il vint à Paris en 1639 et entra à l'âge de 17 ans chez P. Daret, graveur. Dans le désir de se perfectionner dans son art, il fit le voyage de Rome en 1649, et pendant un séjour de six à sept ans, il fit un grand nombre de dessins d'après les plus habiles maîtres d'Italie. Revenu à Paris, en 1656, où sa réputation l'avait devancé, il mit tous ses soins à la soutenir et à l'augmenter. Son zèle pour les progrès de l'art de la gravure était si connu et on était si persuadé qu'il était le meilleur guide que l'on pût prendre pour réussir dans cet art, que l'on lui envoyait des élèves de toutes parts, même des pays éloignés ; parmi eux il faut citer *L. Roullet, B. Audran* et *G. Édelinck* ; ce dernier qui sortait de chez C. Galle, s'empressa de venir se perfectionner chez cet habile maître. Le catalogue des pièces gravées par F. Poilly et sous sa direction, a été donné par R. Hecquet en 1752 ; il décrit deux cent trente-six pièces, divisé en trois parties.

901 — La vision d'Ezéchiel, d'après le tableau de Raphaël, qui était dans la galerie d'Orléans. Titre : *Hæc visio.... Ezechiel, cap. 2, R. d'Urbein in. C. Errard delin., Poilly sculp.* P. en H. (Ire partie, n° 1, du catalogue).

902 — Saint Jean dans l'île de Pathmos, écrivant son Apo-   *31.*
calypse (1re part., n° 54). Gravé d'après Le Brun. P. en H.
Le dessin est au Musée Royal.
Épreuve avant la lettre.

903 — La Sainte-Vierge assise dans un fauteuil tient l'Enfant-   *31.*
Jésus, qui est debout, entre ses bras; saint Jean le caresse
et embrasse ses jambes de la main gauche. Titre : *Inveni
quem...*, etc.; les armes et la dédidace à Louis Aubery.
P. *Mignard pinxit, F. de Poilly sculp. Romæ et exc.*
P. en H. (2° p., n° 1).
Très belle épreuve, signé *Mariette*, 1660.

904 — Saint Charles communie les pestiférés de Naples.   *50.*
Gravé à Rome par F. de Poilly, d'après une esquisse terminée de la composition commandée pour le maître-autel
de Saint-Charles Cantenari à Naples, exécutée par P. Mignard (*). P. en H. (2° p., n° 4).
Première épreuve où le saint administre le viatique de la main gauche (**). Collect. de *M. de Scitivaux*.

905 — L'Enfant-Jésus caressant saint Jean appuyé sur les   *150.*
genoux de Sainte-Vierge assise près du berceau sur lequel le

(*) « Cette esquisse, dit Watelet (Dict. de Peinture, 4º vol., pag. 416), était un tableau terminé: tous les connaisseurs applaudirent, et cependant Mignard eut la douleur de se voir préférer Pietre de Cortone. Les talens, la réputation de son rival purent le consoler; il l'aurait été mieux encore, s'il avait prévu la justice que la postérité a rendue à sa compo-sition. Ce tableau est regardé comme le chef-d'œuvre de Mignard; on ignore ce qu'il est devenu. »

(**) Poilly, en gravant cette planche, ne fit pas attention que le saint administrait de la main gauche sur l'estampe; malgré cette faute, elle ne laissa pas que de se débiter à Rome; mais quand elle arriva à Paris, peu de curieux voulurent en acheter, ce qui obligea Poilly à changer la position des deux mains.

Sauveur à les pieds; sainte Anne est accroupie à terre, le jeune saint Jean sur elle. Titre : DELICIÆ... *Prou*. 10; au milieu, les armes de M. de Mesmes. Sur la terrasse à gauche du bas de l'estampe, *Raphaël Urbinate in. F. Poilly sculp. cum priuilegio Regis.* P. en H., connue sous le titre de la *Vierge au berceau;* tableau du Musée Royal; il fut acquis par Louis XIV, de la maison de Loménie de Brienne, qui en était possesseur (3ᵉ p., 14).

Belle et rare épreuve avant les contre-tailles sur le bas du jupon de sainte Anne, qui touche le bord du trait carré qui entoure la composition. Collect. *Borduge* et *M. de Scitivaux*.

906 — La Sainte-Vierge à genoux levant un linge qui couvre l'Enfant-Jésus endormi pour le faire voir au jeune saint Jean. Titre : *Quid mater... erat.* Sur une pierre à gauche au bas, les armes de M. de Pont-Chartrain (*) et *Raphaël Urbinas.* A droite, *F. de Poilly sculpsit cum priuilegio Regis.* P. en H.; sujet connu sous le nom de la *Vierge au linge* (3ᵉ p., 15). Tableau du Musée Royal (**).

Belle épreuve avant les contre-tailles sur le linge que lève la Vierge.

907 — Nativité, composition entourée d'une bordure octogone. Titre : *Et verbum caro... Joan. c.* 2. *Guido Reni Bon. inv., F. Poilly sc. et exc.* Le tableau a passé de la galerie Hougthon dans celle de l'Ermitage à Saint-Pétersbourg. P. en H. (3ᵉ p., 5).

Cette estampe, qui a été gravée pour orner une thèse, est première épreuve, avant les anges qui ont été ajoutés depuis, dans le haut de la composition, et où la bordure qui entoure le sujet n'est pas ombrée.

(*) Une épreuve, peut-être unique, avant ces armes, se trouve décrite à la collection Paignon-Dijonval.

(**) Ce fut à la vente du prince de Carignan, que la collection du Roi acquit ce tableau. Mariette dit que Raphaël l'exécuta à l'époque où il jouisait de la plénitude de son talent.

908 — Sainte-Famille; l'Enfant-Jésus debout, sur les genoux de la Sainte-Vierge, semble parler à saint Jean près duquel est sainte Anne, un genou en terre; derrière elle, saint Joseph appuyé contre une colonne. P. en H. (3ᵉ p., 16). *30.*

Première et rare épreuve d'essai où l'Enfant-Jésus et le petit saint Jean ne sont que tracés; il n'y a pas de nom de peintre ni de graveur.

909 — La même estampe, épreuve terminée; on lit seulement au bas, *N. Poussin pinx., F. de Poilly sc. et exc.* Cette planche a été par la suite retouchée et publiée par Boydell en 1779, avec un titre en anglais et les armes du comte de Hougthon, possesseur du tableau, et plus tard, en 1812, inséré dans le recueil publié par le même Boydell, sous le titre de *Galerie Hougthon.* *28.*

910 — Louis XIV vu à mi-corps, de trois quarts et tourné à gauche; il est revêtu d'une cuirasse sur laquelle est une écharpe, dans un ovale orné de feuilles de chêne; au bas, les armes de France, au coin, deux trompettes. Portrait sans titre, seulement on lit: *P. Mignard pinxit, François de Poilly sculpsit et exc. cum privilegio Regis* 1660. Hecquet ne parle pas de cette date. P. en H. (3ᵉ p., 56). *9. 50.*

911 — Portrait sans nom, du maréchal de Fabert; il est vu à mi-corps, de trois quarts, tourné à gauche, revêtu d'une cuirasse sur laquelle est une écharpe, au-dessous de la bordure de l'ovale; sur une terrasse, ses armes et *L. Ferdinand pinxit, F. de Poilly sculpsit.* P. en H. (3ᵉ p., 57). *8.*

912 — La Vierge faisant lire l'Enfant-Jésus; il tient une fleur de la main droite. Sujet dans un ovale; à gauche, *F. Poilly cum priuil. Regis.* P. en H., sans nom de peintre, qui est Mignard; elle est non décrite au catalogue de Hecquet. *9.*

POILLY (Jean-Baptiste), dessinateur et graveur, né à Paris en

1669, mort dans la même ville en 1728. Fils de Nicolas et neveu de François de Poilly, dont il reçut les leçons.

2. 913 — Vénus au milieu des nuages apporte à Enée les armes qu'elle a fait forger pour lui; d'après le tableau d'Antoine Coypel. P. en L.

PONTIUS, aussi DUPONT (PAUL), dessinateur et graveur au burin, né à Anvers vers 1596. Élève pour la gravure de LUCAS VORSTERMAN; Pontius jouit avec cet artiste et aussi avec Bolswert, des conseils de Rubens, dont ils furent les graveurs de prédilection. Pontius a gravé plus de cent pièces, portraits et sujets d'après Rubens, Van-Dyck, Jordaens, Seghers, etc.

9. 914 — Suzanne surprise par les vieillards. Titre: TURPE SENILIS AMOR... *P. P. Rubens, P. Pontius sculp. cum priuilegys Regis...*, 1624. P. en H. (34).

52. 915 — Portement de croix. Titre: JESUS BAJULAM CRUCEM, etc. *P. P. Rubens pinxit. P. Pontius sculp. anno* 1632. P. en H. (75).

66. 916 — Saint Roch auquel Jésus-Christ montre l'inscription *Eris in peste patronus*, soutenue par un ange; plus bas sont plusieurs pestiférés qui réclament l'intercession de ce saint. Titre: SANCTE ROCHE ORA PRO NOBIS. *P. P. Rubenius pinxit. P. Pontius sculp. anno* 1626. P. en H., cintrée (44).

Très belle épreuve. Le tableau original, dit Basan, est un des chefs-d'œuvre de Rubens, et l'estampe celui de Pontius. Collect. de *M. Robert-Dumesnil.*

91. 917 — Thomiris faisant plonger la tête de Cyrus dans un bassin plein de sang humain. Titre: SATIA TE SANGUINE QUEM SITISTI. *Petrus Paulus Rubens pinxit. Paulus Pontius sculp. cum priuileyius....., A⁰* 1630. P. en L. (22). Un tableau de cette composition se voyait à la galerie d'Orléans.

20. 50. 918 — Diane endormie dans une campagne. *W. Hollard fecit.* P. en L.

Première épreuve ayant le nom de *Pontius sculpsit.*

919 — Philippe IV, roi d'Espagne, dans une bordure cintrée. Dédicace: PHILIPPO IV, IV AUSTRIO, HISPANIARUM, etc., *dedicabat Paulus Pontius Antuerpianus*, 1632. P. en H., n° 16 des portraits, d'après Rubens.

Première épreuve avant que la moustache du personnage soit rallongée et avant l'adresse de *Gillis Hendricx*.

27.

920 — Portrait de Henri Vanden Berghe, entièrement cuirassé, tenant de la main droite le bâton de commandant. Titre en deux lignes : ILLUSTRISSIMUS... *Antonius Van-Dyck pinxit. cum privilegiis Regis catholici. Paulus Pontius sculpsit*. P. en H.

11.

Première épreuve avant l'adresse de *A. Bon Enfant excu.* et avec le mot *catholici* à la suite de celui *Regis*.

Voyez aussi VAN-DYCK, pour les portraits gravés par Pontius.

PORPORATI (CARLO ou CHARLES), graveur au burin et à la manière noire, né à Turin en 1740, mort dans la même ville en 1816. Élève de JUS. CHEVILLET et de JACQUES-FIRMIN BEAUVARLET, il vint à Paris où il fut reçu de l'Académie de Peinture en 1773.

921 — Suzanne surprise au bain par les vieillards. Peint par J.-B. Santerre pour sa réception à l'Académie en 1704. Tableau du Musée Royal gravé par Porporati pour sa réception à la même Académie, en 1773. P. en H.

76.

Épreuve avant la lettre, seulement les noms d'auteurs à la pointe.

921 *bis*. — Agar et Ismaël dans le désert. Gravé d'après le tableau du Corrège, dit la *Zingarina* (voyez aussi le n° 288). P. en H.

182.

Très belle et rare épreuve sans aucune lettre.

922 — Femme nue, vue par le dos, prête à se mettre au lit. Gravé d'après le tableau de Carle Vanloo, du cabinet de feu M. Girault, sculpteur. Morceau dit *le coucher*. P. en H.

36.

Épreuve avant la lettre.

923 — Petite fille tenant entre ses bras un carlin, sujet dit *la petite fille au chien*, d'après le tableau de J.-B. Greuze, qui faisait partie du cabinet de M. le duc de Choiseuil (*), auquel cette estampe est dédiée. P. en H., dans un ovale.

924 — Le bain de Léda, d'après le tableau du Corrège. P. en H.

Épreuve avant la lettre, seulement des armes et les noms d'auteurs.

POTTER (PAUL), peintre. « Il eut, dit *Bartsch* (vol. 1er), la répu-
» tation d'un peintre célèbre, et cependant toute la durée de sa vie
» ne fut pas même de vingt-neuf ans. Il naquit à Enkhuisen en
» 1625 ; il eut pour maître son père Paul, peintre médiocre, qu'il
» surpassa, pour ainsi dire, dès qu'il eut appris les premiers prin-
» cipes de son art. Il fut de 14 à 15 ans un maître habile et de
» suite un artiste de premier rang; une application continuelle au
» travail altéra sa santé : il mourut d'une maladie de langueur en
» 1654. »

Ce maître a gravé dix-huit estampes à l'eau-forte ; elles sont très rares.

925 — Différens chevaux, suite de cinq estampes en L. (**). Le cheval de la Frise (9). Le cheval hennissant (10). Le courtaud (11). Les chevaux de charrue (12). La mazette (13). A quatre de ces morceaux le nom *Paulus Potter f.* 1652, vers le bas à droite. Au deuxième, le n° 11, le nom écrit à gauche.

Belles épreuves d'une suite rare.

(*) Ce tableau fut vendu 7,200 livres à la vente de ce cabinet, en 1772. Il est aussi gravé dans le recueil publié par Basan, en 1771, 1 vol. in-4°. de 130 planches.

(**) Il y a des copies de même sens, mais elles portent dans la marge du bas les mots : *Ex formis N. Visscher, cum privil.*, à l'exception du morceau dit le *Courtaud*, où ce nom se trouve au milieu sur la terrasse, elles portent aussi des numéros au coin à droite ; il y a une autre suite copiée de sens contraire. M. de Claussin a aussi copié ces cinq estampes.

926 — Vue d'une prairie à droite, trois vaches conduites par un vacher descendent une colline, au revers de laquelle est un taillis. Au coin de la terrasse, à gauche, on lit : *Paulus Potter in.* 1649. Sujet dit *le vacher*. P. en L. (14).

Épreuve de la planche rognée (*), elle est avant l'adresse de *de Witt*.

927 — Berger, son chien derrière lui ; il est assis sur une colline et joue de la flûte ; huit moutons et béliers, dont quelques uns sont couchés, se voient au bas de la colline. On lit vers la droite au bas du bord : *Pauwelus Potter inv. et f. A° 1644*. P. en L. (15).

Première et rare épreuve avant l'adresse de *Clément de Jonghe excudit*. Bartsch ne cite pas ce 1er état, ni le 3e état qui est avec cette adresse effacée.

PRUDHOMME (M. Hyppolite), graveur au burin, né à Paris en 1793.

928 — Scène de la Saint-Barthélemy :

« De Caumont, jeune enfant, l'étonnante aventure,
» Ira de bouche en bouche à la race future. »

(*Henriade.*)

Gravé d'après le tableau de M. Paul Delaroche. P. en H.
Épreuve avant toutes lettres, sur papier de Chine.

PYE (John), graveur anglais, au burin.

929 — Temple de Jupiter. Gravé d'après Turner. P. en L.

Épreuve avant la lettre, seulement les mots : *Engraved by John Pye. Painted by Turner*. Cette estampe fait pendant à celle décrite au n° 384.

(*) Dans cette seconde épreuve, le groupe des trois vaches qui se voit à gauche dans la première est supprimé et l'année 1643 est remplacée par celle de 1649.

R.

RAGOT (François), graveur, né à Bagnolet en 1641. Il a copié les plus belles estampes de Bolswert, de Pontius et de Worsterman.

2. 930 — *Jésus au jardin des Oliviers.* Titre : *Tristis est anima*, etc. *Ragot fecit.* P. en H., sans nom de peintre.

RAIMBACH (Abraham), graveur anglais, mort en 1843.

650. { 931 — *The rent day* (le jour des rentes), d'après le tableau de David Wilkie, de la collection du comte de Mulgrave. P. en L.

932 — *Village politicians* (politiques de village), d'après le tableau de David Wilkie, de la collection du comte de Mansfield. P. en L.

Ces deux estampes, premières épreuves avant la lettre et avant les armes, sur papier de Chine, seulement les titres anglais : *The rent day*, et *village politicians*, légèrement tracés au milieu de la marge (*).

50. 933 — *The cut finger* (le doigt coupé), d'après le tableau de David Wilkie, de la collection de W. H. Whitbread. P. en L.

19. 934 — *The errand boy* (le petit commissionnaire), d'après le tableau de D. Wilkie, de la collection J.-Ed. Swinburne. P. en L.

Ces deux estampes, épreuves avant la lettre, papier de Chine, les titres tracés et les armes.

(*) Aux secondes épreuves dites aussi avant la lettre, les titres et les dédicaces tracés et les armes ; aux épreuves avec la lettre, les lettres sont remplies et celles de la dédicace gravées plus fortement.

935 — *The spanish mother* (la mère espagnole), d'après le tableau de D. Wilkie, en la possession de sir W. Knighton. P. en L.

Épreuve avant la lettre, papier de Chine, les noms d'auteurs et la publication en 1836, tracés.

RAIMONDI (Marc-Antoine, dit), *voy.* MARC-ANTOINE.

RAVENNE (Marc-Dente, dit Marc de), *voy.* aussi MARC-ANTOINE.

REMBRANDT dit VAN-RHYN (Paul). Il eut pour père un meunier nommé Herman Gerritzen, surnommé Van-Ryn, c'est-à-dire du Rhin, parce qu'il occupait un moulin situé sur les bords d'un canal formé par les eaux du Rhin ; c'est dans ce moulin que Rembrandt reçut le jour, le 15 juin de l'année 1606. Il fut envoyé au collège de Leyde, pour y faire ses études ; mais un goût irrésistible le portant vers le dessin, il quitta l'école latine pour une école de peinture. On est peu d'accord sur les artistes qu'il eut pour maîtres ; selon d'*Argenville, Descamps* et *Houbraken*, il serait resté trois ans chez Jacques Van-Zwanembourg, et de là chez Pierre Latsman et Jacques Pinas. Mais les principaux maîtres de Rembrandt furent plutôt ses heureuses dispositions et la nature. Il mourut à Amsterdam en 1674.

Cet artiste n'est pas moins célèbre par ses gravures à l'eau-forte que par ses tableaux ; elles excitent l'admiration par leur effet, on ne peut pousser plus loin l'intelligence des grandes oppositions de la lumière aux ombres, et pour ses estampes comme pour ses tableaux on peut le surnommer le prince du *clair obscur*. Malgré les nombreuses productions de sa pointe et les différences d'états que Rembrandt lui-même s'est plu à multiplier, les belles épreuves sont très recherchées et payées fort cher. Il existe plusieurs catalogues des gravures de Rembrandt ; le premier publié est celui de Gersaint (*)

(*) Catalogue raisonné de toutes les pièces qui forment l'œuvre de

sur lequel Bartsch (*) et après M. de Claussin (**), ont publié les leurs. Les catalogues des ventes des collections Denon en 1826 (***), de M. Robert-Dumesnil en 1835 et de Pole Carew en 1835 (****), décrivent aussi quelques différences.

OEUVRE DE REMBRANDT.

11. 50. 936 — Portrait de Rembrandt, aux cheveux hérissés, dirigé à gauche et éclairé par la droite. Le fond est blanc. P. en H., B. 8 (9) (*****).

20. 937 — Portrait de Rembrandt en ovale ; il est vu à mi-corps, de trois quarts et dirigé à droite d'où vient le jour, vêtu d'un costume persan et portant un hausse-col et un mouchoir rayé par dessus. P. en H., B. 23 (28).

29. 938 — Adam et Ève dans le Paradis-Terrestre. Au milieu de la marge du bas on lit : *Rembrandt f.* 1638. P. en H., B. 28 (29).
Très belle épreuve du 1er état avec le reflet sur la cuisse d'Ève.

Rembrandt, composé par feu Gersaint, et mis en ordre par Helle et Glomy. Paris, 1751, in-8°.

(*) Catalogue raisonné de toutes les estampes qui forment l'œuvre de Rembrandt, et celles de ses principaux imitateurs, etc.; par *A. Bartsch.* Vienne, 1797, 2 vol. in-8°, figures.

(**) Catalogue, etc., par M. le chevalier de Claussin. Paris, 1824, supplément 1828, 2 vol. in-8°.

(***) L'œuvre de Rembrandt, de cette collection, fut vendu à l'amiable à M. Samuel Woodburn, au prix de 40,000 fr.

(****) L'œuvre de Rembrandt, que possédait cet amateur, produisit, y compris quelques dessins, la somme de 2,647 livres sterling (environ 66,000 francs.

(*****) Le numéro précédé d'un B est celui du catalogue de *Bartsch*; celui qui suit entre parenthèses, est celui du catalogue de Daulby, publié en Angleterre.

939 — Abraham qui reçoit les trois anges. Le patriarche est à table, entre les anges, dont un est assis à gauche sur la table même. Au bas, du même côté, on lit avec peine *Rembrandt f.* 1656. P. en H., B. 29 (30). 64.

Épreuve sur papier de Chine.

940 — Abraham avec Isaac, au moment où son fils lui demande où est la victime à immoler. Au bas à gauche, *Rembrandt f.* 1645. Morceau cintré du haut. P. en H., B. 34 (32). 24.

941 — Joseph, en présence de son père et de sa mère, récite ses songes à ses frères. Au bas à droite, sur une chaufferette, près le fauteuil de Jacob : *Rembrandt f.* 1638. P. en H., B. 37 (37). 86.

Très belle et rare épreuve du 1er état, où l'un des frères de Joseph, qui est debout derrière lui, coiffé d'un turban, a le visage clair; le rideau et le battant d'une porte derrière lui sont presque blancs.

942 — Mardochée à cheval, revêtu des habits royaux, un sceptre à la main droite, est conduit en triomphe par Aman. P. en L., B. 40 (39). 90.

Très belle épreuve du cabinet *Dufresne*.

943 — L'annonciation aux bergers. Au haut de la gauche de l'estampe paraît une gloire lumineuse où l'on voit un grand nombre de petits anges, et un peu plus bas, sur un nuage, un autre ange plus grand, debout, qui, la main gauche élevée vers le ciel, annonce aux bergers la naissance de Jésus-Christ. Au bas à droite, on lit : *Rembrandt f.* 1634. P. en H., B. 44 (43). 40.

Ancienne épreuve retouchée à l'encre de Chine.

944 — La Vierge et l'Enfant-Jésus sur des nuages; au-dessous, une tête renversée; dans les hachures du nuage on lit : *Rembrandt f.* 1641. P. en H., B. 61 (60). 15.

945 — Jésus-Christ prêchant au peuple. Le Sauveur est élevé 161.

sur un perron au milieu de l'estampe. P. en L. connue sous le nom de la *petite tombe*, B. 67 (66).

Très belle et rare épreuve du 2e état, où le bras droit et le derrière de la robe de l'homme coiffé d'un turban, qui est à gauche de la composition, sont poussés au noir. Cette épreuve est sur papier de Chine.

946 — Jésus-Christ chassant les vendeurs hors du Temple. Le Christ, au milieu de la composition, armé d'un fouet, poursuit une foule de vendeurs qui, en précipitant leur fuite, renversent le bureau du changeur. Au bas à droite, *Rembrandt f.* P. en L., B. 69 (69).

Belle épreuve du 1er état où la bouche de l'homme tombé sur le dos est moins ombrée.

947 — Notre-Seigneur guérissant les malades. Le Sauveur debout, vers le milieu de la composition, un peu plus sur la gauche, est vu de face, la main droite élevée, et parle au peuple. En avant, une femme malade, couchée à terre à ses pieds, et plusieurs malades, implorent son secours. P. en L., connue sous le nom de la pièce *aux cent florins* (*). B. 74 (75).

Cette pièce, la plus capitale de ce maître pour la vérité d'expression, l'effet admirable et la magie du clair-obscur, est ici magnifique épreuve du 1er état de Bartsch, sur papier du Japon et de la plus belle conservation, avec quatre centimètres de marge. Collect. de *M. Révil*, en 1838.

(*) Ainsi nommée à cause du prix de cent florins, où cette estampe fut portée du vivant de Rembrandt. La rareté des premières épreuves et le prix auquel elles ont été portées depuis, a plus que justifié le nom de pièce au cent florins.

A Londres, à la vente de *M. Pole Carew*, en 1834, une épreuve du même état que celui que nous décrivons, ayant toute sa marge, a été adjugée au prix de 163 livres sterling 16 schillings.

Tout récemment encore, à la vente de *William Esdaille*, en juin 1840, une épreuve de même état et de même condition, fut adjugée à M. Colnaghi au prix de 231 livres sterling.

948 — **La même estampe.**

Épreuve du 1er état de Bartsch; elle provient du cabinet du bourgmestre Six, ami de Rembrandt.

949 — *Ecce Homo.* Pilate, placé à la droite sous un dais, étend le bras gauche et parle aux juifs; l'un d'eux à genoux tient un roseau à la main; plus loin, Notre-Seigneur, entouré de satellites, est exposé aux regards du peuple. Au bas vers la gauche, dans la marge, *Rembrandt f.* 1636, *cum privil.* P. en H., B. 77 (83).

Très belle et rare épreuve du 2e état, avant la contre-taille sur le visage du juif, dont la tête est vue au-dessus de celui qui tient le roseau à la main. Collect. de *M. Michel de Marseille.*

950 — **La même estampe.**

Très belle épreuve du 3e état, avec la contre-taille sur la tête du juif, avec grande marge. Collect. de *M. de Scitivaux.*

951 — Jésus crucifié entre les deux larrons; un des disciples de Notre-Seigneur embrasse la croix du Sauveur; près de là, la Sainte-Vierge évanouie dans les bras de saintes femmes. On remarque, entre le Christ et le bon larron, deux cavaliers. Sur le devant, vers la gauche, *Rembrandt f.* 1655. P. en H., dite *les trois croix.* B. 78 (80).

Très belle et rare épreuve du 2e état; la tête du vieillard qui est dans le groupe à gauche est entièrement terminée, avant la retouche entière de la planche.

952 — Jésus-Christ en croix. Il y a sur le devant, dans l'ombre, une femme, vue par le dos, et la tête couverte d'un turban. Au milieu du haut de la planche on lit: *Rembrandt f.* P. en H., B. 80 (82).

953 — La descente de croix. Cinq hommes descendent le corps de Notre-Seigneur; l'un d'eux, appuyé sur la traverse de la croix, soutient le linceuil où pose le corps du Christ. Cette scène est éclairée par les rayons de la lumière céleste.

À la doite du devant, un homme et deux saintes femmes étendent un riche tapis pour recevoir le corps du Sauveur. Dans le fond, la ville de Jérusalem. Au bas, dans la marge, *Rembrandt f. cum pryvl.* 1633. P. en H., B. 81 (84).

Très belle et rare épreuve du 2e état, elle est avant l'adresse : *Amstelodami Henricum Vlembugensis excudebat*. Collect. de *M. de Scitivaux*.

465. 954 — La même estampe.

Belle épreuve du 2e état. Collect. *Nau* et *M. Michel de Marseille*.

11. 955 — Descente de croix. On voit le pied de la croix à la partie gauche de l'estampe sur une colline ; au bas est placé un brancard, sur lequel un homme étend un linceuil, pour recevoir le corps du Christ. On lit, un peu vers la gauche : *Rembrandt f.* 1654. P. en H., B. 83 (86).

30. 956 — Jésus-Christ mis au tombeau par ses disciples. Sur le devant, à gauche, les trois Maries pleurant la mort du Christ. P. en H., B. 86 (87).

Belle épreuve du 2e état.

1800. 957 — Le bon Samaritain donnant deux deniers au maître de l'hôtellerie et recommandant à ses soins un pauvre blessé qu'un valet transporte dans ses bras de dessus un cheval que tient un jeune garçon. P. en H., B. 90 (77).

Rare épreuve du 1er état, où la queue du cheval est blanche, et le mur du perron au-dessus de lui est clair et sans ombre et avant le nom de *Rembrandt inventor et fecit* 1683. Cette épreuve, d'une grande vigueur de ton, de la plus parfaite conservation, avec la marge du cuivre, des essais de burin et un essai de paysage sur le côté.

11. 958 — L'enfant prodigue, implorant à genoux la miséricorde de son père ; une femme à la fenêtre le regarde ; à la porte de la maison, deux valets dont un porte des vêtemens. Au-dessous du pied droit du père de l'enfant prodigue : *Rembrandt f.* 1636. P. en H., B. 91 (70).

959 — Le martyre de saint Etienne. Le saint à genoux, en tunique, tourné vers la gauche, est entouré de juifs prêts à le lapider. Du même côté, sur le devant, à une petite bande blanche réservée : *Rembrandt f.* 1635. P. en H., B. 97 (98).

960 — Le baptême de l'eunuque de la reine de Candace, par saint Philippe. A gauche, un cavalier une lance sur l'épaule. Au coin du devant à droite : *Rembrandt f.* 1641. P. en L., B. 98 (95).

961 — La mort de la Vierge; elle est couchée sur un lit à colonnes, et entourée de patriarches et de femmes éplorées. Dans le haut, une gloire d'ange, et au premier plan, à gauche, une figure habillée à la juive assise devant une table et lisant dans un grand livre. Au bas, vers la gauche, on lit : *Rembrandt f.* 1639. P. en H., B. 99 (97).

Belle épreuve du 2º état.

962 — Saint Jérôme. Il est assis sur la droite, il porte des lunettes et écrit dans un livre placé sur une planche, au bout de laquelle est une tête de mort. Au milieu de l'estampe, s'élève un gros tronc d'arbre séparé par le haut; au-dessous on lit : *Rembrandt f.* 1648. P. en H. 103 (102).

Belle épreuve. Collect. *Hisbert.*

963 — Saint Jérôme assis occupé à lire. Le saint, dont il n'y a que la tête de terminée, le reste étant au trait, est à la gauche de la composition; le lion, vers le milieu, sur une éminence de terre. Dans le fond, un paysage avec fabrique et petit pont de bois. P. en H., B. 104 (105).

Très belle et vigoureuse épreuve, fortement chargée de manière noire dans plusieurs endroits et sur papier du Japon, d'un morceau rare.

964 — La Fortune contraire. On voit, sur la droite de cette estampe, une barque remplie de monde, sur laquelle est la Fortume renversée, sous la figure d'une femme nue, vue par derrière. On lit à peine, sur le bord de la barque, le

nom de *Rembrandt f.* 1633. Cette pièce se trouve à la p. 97 du livre hollandais *l'Éloge de la marine*, par *E. Herckmans*, Amsterdam, 1634. P. en L., B. 111 (123).

Très belle épreuve sans l'écriture au verso.

965 — Chasse aux lions. Sur la gauche, un Turc, monté sur un cheval qui se cabre, lance un javelot contre un lion. Au second plan, une lionne va se jeter sur un homme renversé à terre. P. en H., B. 115 (113).

Belle épreuve d'un morceau gravé avec légèreté.

966 — Chasse au lion. On y voit, vers la gauche, un cavalier monté sur un cheval abattu et se défendant avec sa pique contre un lion qui se jette sur lui; plus loin, un autre cavalier va porter un coup de sabre à l'animal. P. en H., B. 116 (113). Ce morceau fait le pendant du précédent et est gravé de la même manière.

Très belle épreuve avec les barbes de la planche; nous y remarquons vers le haut à gauche les lettres E. P., que n'a pas signalées *Bartsch*.

967 — Les musiciens ambulans. Un aveugle accompagné d'un jeune homme, joue de la cornemuse à la porte d'une maison de paysan, placée à droite; il y a à la porte un homme, une femme et un enfant. P. en H., B. 119 (115).

968 — Le vendeur de mort-au-rats; un petit garçon l'accompagne et porte la boîte dans laquelle la mort-au-rats est renfermée; ils sont devant une maison; le marchand présente un paquet de sa drogue à un vieillard appuyé sur le bas d'une porte qui est fermée. Vers le bas à droite, en très petit caractère, R. 1632. P. en H., B. 121 (117).

Belle épreuve du 2ᵉ état, avec les tailles diagonales sur les arbres près de la maison.

969 — La faiseuse de koucks (espèces de beignets) assise, tourné vers la droite. Au milieu de la marge du bas : *Rembrandt f.* 1635. P. en H., B. 124 (120).

— 241 —

970 — Le jeu de kolef. Dans le fond à gauche, un homme pousse sa balle avec le kolef. A droite et sur le devant, un joueur assis se repose. Au bas de l'estampe, vers la gauche, *Rembrandt f.* 1654. P. en L., B. 125 (121).   *4. 50.*

971 — Le charlatan debout, vers la droite, un paquet de drogues à la main gauche. A terre, au-dessous de ses pieds, *Rembrandt f.* P. en H., B. 129 (127).   *14. 50.*

Belle épreuve d'un morceau gravé avec légèreté. Collect. de MM. *Robert-Dumesnil* et *Revil*.

972 — Le dessinateur. Il est placé à droite; il dessine à la clarté d'une lampe, d'après un buste placé devant lui. P. en H., B. 130 (128).   *9.*

973 — Un homme, à mi-corps, vu presque de face; il est appuyé sur une table et tient des cartes dans ses mains. Le fond ombré; on lit difficilement à gauche, *Rembrandt f.* 1641. P. en H., B. 136 (135).   *6.*

Très belle épreuve avant que le fond ait été raccordé dans le haut de l'estampe.

974 — Le patineur. Il patine en dirigeant sa marche vers la gauche, ayant le pied gauche élevé. P. en H., B. 156 (151).   *70.*

Ce morceau qui est d'une taille fine et légère est de la plus grande rareté (*).

975 — Gueux assis sur une motte de terre qui est à gauche. On lit au milieu de la marge du bas : *Rt.*, 1630, B. 174 (168). P. en H.   *15.*

976 — Un homme, un jeune garçon et une femme portant un enfant; ils reçoivent l'aumône d'un vieillard appuyé sur le   *49.*

(*) A Londres, à la vente de la collection de M. Robert-Dumesnil, une épreuve fut vendue au prix de 13 livres sterling 10 schillings (environ 330 francs).

bas d'une porte d'une maison placée à gauche. Au bas, du côté opposé *Rembrandt f.* 1648. P. en H., B. 176 (170).

6. 50.   977 — Le dessinateur ; assis à la gauche, il dessine d'après une femme nue, placée devant lui, sur une escabelle. Cette estampe n'a de terminé que le haut du fond ; le surplus n'est qu'au trait. P. en H., B. 192 (184).

100.   978 — Une femme assise dans une chambre, vers la gauche de l'estampe ; elle est découverte jusqu'à la moitié du corps. Dans le fond à droite, un grand poêle surmonté d'un tuyau carré conduisant la fumée dans la cheminée. P. en H., B. 197 (189).

Très belle épreuve du 3e état, la clé au poêle supprimée, mais la femme ayant encore le bonnet sur la tête.

26.   979 — Une femme représentant Vénus au bain ; elle est assise au pied d'un gros arbre entouré de broussailles, sur le bord d'une eau où elle trempe ses jambes jusqu'aux genoux. Elle s'appuie des deux bras sur une butte de terre où est un riche tapis et le carquois de l'Amour. On lit au bas à droite : *Rt. f.* P. en H., B. 201 (193).

6. 50.   980 — Femme nue vue par le dos, couchée, la tête placée du côté droit de l'estampe. Au bas à gauche, *Rembrandt* 1658. P. en L., morceau dit : *La négresse couchée.* B. 205 (197).

981 — Vue ancienne d'Amsterdam. On distingue vers le milieu de cette ville une grande maison, et à la droite un moulin à vent. P. en L., B. 210 (202).

Belle épreuve d'un paysage gravé d'une pointe fine et spirituelle. Le fond est sale des barbes de la planche. Collect. *Dufresne.*

150.   982 — La même estampe.

Belle épreuve, mais le fond nettoyé.

410.   983 — Un paysage d'un grand effet ; la droite est occupée

par trois arbres de même hauteur, qui se détachent sur un ciel clair. Au bas de l'estampe, au-dessous des joncs, le nom de *Rembrandt* très peu marqué, la lettre *f* et l'année 1643 plus visibles. P. en L., B. 212 (204). Morceau l'un des plus beaux et des plus terminés de Rembrandt, connu sous le nom de *paysage aux trois arbres*.

Superbe et rare épreuve d'une grande vigueur de ton.

984 — Au bord d'une grande chaumière, à droite, un grand arbre et trois chaumières. Au coin du devant, à gauche, *Rembrandt f.* 1650. P. en L. Morceau cintré dit le *paysage aux trois chaumières*, B. 217 (209). *1700.*

Belle et rarissime épreuve du 1er état, ayant les contre-tailles sur le toit de la troisième chaumière, et avant celles sur plusieurs endroits du chemin en avant des chaumières ; elle est couverte des barbes de la planche. Du cabinet de *M. de Claussin*.

985 — La même estampe. *193.*

Belle épreuve du 2e état.

986 — Paysage à la tour. Il représente, sur la droite de l'estampe, un village qui s'étend sur toute la largeur de la planche. A la droite, à côté d'une maison couverte de chaume, on distingue quelques toits au-dessus desquels s'élève une tour ruinée. P. en L., B. 223 (215). *166.*

Belle épreuve du 2e état.

987 — La chaumière et la grange à foin. Au coin du bas à droite, *Rembrandt f.* 1641. P. en L., B. 225 (217). *272.*

Très belle épreuve d'un paysage supérieurement gravé et très fini, l'un des plus beaux de *Rembrandt*. On lit au verso l'autographe suivant au crayon : *Superbe épreuve Bartsch*. Collect. *Poggi* et *duc de R ****.

988 — La chaumière au grand arbre. Sur le devant à droite, *Rembrandt f.* 1641. P. en L., B. 226 (222). Ce morceau fait le pendant du précédent. *161.*

Belle épreuve. Collect. *Poggi* et *duc de R ****.

182.

989 — La chaumière, entourée de planches. Elle est située sur le bord d'un canal; au milieu du bas, vers la gauche, est écrit : *Rembrandt*, au-dessous l'année 1648 à peine visible (*). P. en L., B. 232 (224).

Très belle épreuve du 2e état et avec grande marge.

29. 50.

990 — Homme sous une treille, vu à mi-corps; il est coiffé d'une toque et tourné vers la droite. Au haut, vers la gauche : *Rembrandt f.* 1642. P. en H., B. 257 (237).

Très belle épreuve. Collect. de *M. Revil*, en 1838.

6.

991 — Vieillard à grande barbe portant la main à son bonnet. Il n'y a que la tête et le bras gauche de gravé, le reste est seulement au trait. P. en H., B. 259 (239).

Belle épreuve du 1er état, avant que la planche n'ait été terminée par *Schmidt de Berlin*.

20.

992 — Jeune homme assis et réfléchissant. Il est à droite vu de trois quarts. A gauche, devant lui, quelques livres sur une table, dans le coin du haut du même côté, on lit : *Rembandt f.* 1637. P. en H., B. 268 (248).

70.

993 — Renier Ansloo, ministre anabaptiste, vu de face, assis dans un fauteuil derrière une table, sur laquelle est un grand livre ouvert; il tient une plume de sa main droite, laquelle est appuyée sur un livre fermé, et de la gauche, il montre celui qui est ouvert. Sur une espèce de paravant, à droite, on lit : *Rembrandt f.* 1641. P. en H., B. 271 (251).

Épreuve sur papier du Japon.

100.

994 — Clément de Jonge, marchand d'estampes, assis dans un fauteuil, vu de face et jusqu'aux genoux, enveloppé dans un manteau, les mains gantées et un grand chapeau sur la

---

(*) Bartsch dans la description de cette estampe, ne mentionne pas l'année.

tête. Au bas de l'estampe, à droite, dans l'ombre : *Rem̃-brandt* 1651. P. en H., B. 272 (252).

Belle épreuve du 1er état, avec le fond blanc, où les tailles qui traversent le dossier du fauteuil, sont plus écartées dans le milieu, ce qui forme une petite barre blanche.

995 — Jean Lutma, orfèvre de Groningue, assis dans un fauteuil, une petite statue à la main droite, représentée de face, vu jusqu'aux genoux. P. en H., B. 276 (256). *1060.*

Rare et superbe épreuve du 1er état avant la croisée, le nom de *Rembrandt f.* 1656, et le nom de *Johannes Lutma aurifex natus Groningue*. Elle est de la plus grande vigueur de ton, le fond non ébarbé et sur papier du Japon avec marges. Des collections *Astley* et *M. de Claussin*.

996 — La même estampe. *150.*

Belle épreuve du 1er état, mais le fond ébarbé.

997 — Ephraïm Bonus, médecin juif, représenté presque jusqu'aux genoux, en manteau court, un chapeau à larges bords rabattus sur la tête; sa main droite, ornée d'une bague placée à l'index, est posée sur le pilastre de la rampe d'un escalier qu'il descend. Le nom de *Rembrandt* et l'année se voient à peine à la droite du bas de l'estampe. P. en H. Ce portrait, l'un des plus beaux de Rembrandt, est connu sous le nom du *Juif à la rampe*. B. 278 (258). *590.*

Très belle et rare épreuve du 2e état, la bague est éclaircie.

998 — Jean Corneille Sylvius, ministre et homme savant, vu à mi-corps. Il porte une calotte et une fraise, sa robe est doublée de fourrure, sa main droite, saillante en avant, porte son ombre dehors l'ovale qui entoure le portrait. Au tour de l'ovale, on lit : *Spes mea Christus. Joh. Cor. Sylvius, Amstelëdamo... natus aos* 74. Au bas, dans la marge, seize vers latins; dans le haut, sur le fond noir, on lit : *Rembrandt f.* 1646 (*). P. en H., B. 280 (260). *160.*

Belle épreuve avec marge. Cabinet de *M. Donnadieu*.

(*) Bartsch dans sa description, ne mentionne ni le nom ni l'année.

82. 999 — Utemborgeard, receveur des Etats de Hollande, assis devant une table. Il est vêtu d'une robe garnie de fourrure; son regard est tourné à droite, vers un garçon, un genou en terre, auquel il donne un sac d'argent. Dans le fond, à gauche, une femme, et derrière elle, un homme, un sac d'argent sur le bras. Le devant est occupé par un coffre-fort. Au-dessous, dans la marge, on lit : *Rembrandt f.* 1639. P. en H. Portrait connu sous le nom du *Peseur d'or* ou du *Banquier.* B. 281 (261).

Épreuve sur papier du Japon. Collect. *Graves.*

3000. 1000 — Portrait du bourgmestre Six, ami de Rembrandt. Il est en pied et debout adossé à une croisée ouverte qui est à droite; il est occupé à lire dans un livre qu'il tient des deux mains. Son épée et son baudrier sont placés dans le fond, à gauche, sur une table, au-dessus de laquelle est un tableau couvert d'un rideau presque tout-à-fait tiré. Au bas du même côté, une chaise sur laquelle il y a deux grands livres. Dans la marge du bas, à droite, on lit : *Rembrandt f.* 1647, les chiffres 6 et 4 à rebours. P. en H., B. 285 (265).

Magnifique épreuve du 2e état, d'une des plus rares estampes de Rembrandt; elle est sur papier du Japon et provient de la collection de *M. Robert-Dumesnil.*

22. 1001 — Un Oriental (c'est le portrait de Cats, précepteur de Guillaume III de Nassau, prince d'Orange), vu de face et à mi-corps, dirigé vers la gauche, la tête couverte d'une calotte, vêtu d'une robe fourrée, par dessus une chaîne d'où pend une médaille. On lit au milieu du haut : *Rembrandt Venetiis* 1635. P. en H., B. 386 (266).

18. 50. 1002 — Homme avec chapeau à grands bords, vu à mi-corps de trois quarts, placé à gauche, dirigé vers la droite où il est éclairé. Au haut, à gauche, *Rt.* 1630. P. en H., B. 311 288).

1003 — Un buste de vieillard à large et grande barbe, la tête vue presque de face. P. en H., gravée très légèrement, B. 312 (289).   6.
Épreuve sur papier de Chine.

1004 — Jeune homme en buste que l'on prétend être le portrait du fils de Rembrandt, nommé Titus. Il est placé au milieu de l'estampe, le corps un peu tourné vers la droite de l'estampe d'où vient le jour. On lit, dans le haut du coin à gauche : *Rt.* 1639. P. en H., B. 338 (Suppl. 133).   9. 50.

1005 — Portrait d'homme vu à mi-corps de profil et dirigé vers la droite. Il a la physionomie d'un nègre quoiqu'il ne soit pas noir; sa tête est couverte d'un turban orné d'une aigrette. Ce morceau est très faiblement gravé, à l'exception du turban et de l'ombre portée derrière le personnage qui, ayant été retouchés à l'eau-forte, sont plus vigoureux que le reste de la planche. P. en H., B. 339. Cette estampe, qui est très rare et sans marque, a été attribuée par *Bartsch* à Rembrandt et décrite sous le titre du *Nègre blanc*.   80.

1006 — La grande mariée juive. Elle est assise de trois quarts et dirigée vers la gauche de l'estampe. Sa tête est nue et couverte de longs cheveux qui lui couvrent entièrement les épaules. P. en H., B. 340.   30.
Belle épreuve du 3e état.

1007 — La mariée juive, vu à mi-corps, tournée vers la droite. P. en H. Ce morceau, dont le fond est blanc, est une étude pour la grande mariée juive. P. en H., B. 341 (Suppl. 134). Morceau très rare.   13.

1008 — Jeune fille tenant un panier, vue un peu plus qu'à mi-corps. Elle est de profil et tournée à gauche. Le fond est clair, à l'exception de l'ombre de la figure qui est exprimée sur la gauche de l'estampe. P. en H., B. 356 (323). Morceau rare.   10.

1009 — Un vieillard, vu jusqu'aux genoux. Il est assis dans un fauteuil, les mains jointes, et semble dormir. Il est tourné vers la droite, dont une partie du fond est ombrée. On lit au bas, à gauche, *Rembrandt*. P. en H., gravée dans le goût de Rembrandt. Elle n'est pas décrite dans le catalogue de *Bartsch*.

RIBERA surnommé l'ESPAGNOLET (Joseph), peintre, né à Xativa, aujourd'hui Saint-Philippe, près Valence, le 12 janvier 1588, mort à Naples en 1656. Voyez la notice sur ce maître dans le Dictionnaire des peintres espagnols, par Quillet (Paris, 1816, in-8°). *Bartsch*, vol. 20, décrit son œuvre gravée en dix-huit pièces à l'eau-forte, marquées de son chiffre, formé d'un entrelacs des lettres qui composent son nom RIBERRA, et celles de la syllabe HISP.

1010 — La Vierge, saint Jean et la Magdeleine pleurant sur le corps mort de Jésus étendu par terre au pied de la croix qui est à gauche de l'estampe. Au bas du même côté, les lettres *G. R.* à rebours. P. en L. (1).

1011 — Saint Jérôme assis, tourné vers la droite, lisant dans un papier qu'il tient des deux mains. A gauche, des livres sur une pierre au-delà de laquelle on aperçoit le lion. Au haut, à gauche, la lettre *A* et le chiffre retourné. P. en H. (3).

1012 — Saint Jérôme, saisi de frayeur à la vue d'un ange sonnant de la trompette. On aperçoit la tête du lion au bas à gauche. Le chiffre au bas à droite. P. en H. (4).

1013 — Le même sujet. Au lieu de l'ange, on voit au haut à droite deux mains qui tiennent une trompette, du même côté, on aperçoit la tête du lion, et au coin, à droite, le chiffre et l'année 1621. P. en H. (5).

1014 — Le martyre de saint Barthélemy. Un bourreau qui l'écorche est à droite, un autre qui aiguise son couteau se voit à gauche. Dans la marge, on lit : *Dedico mi obras y esta estampa al serenismo Principe Philiberto*...... 1624. *Jusepe de Riuera Spanol*. P. en H. (6).

Belle épreuve d'une pièce, la plus capitale du maître.

1015 — Saint Pierre pleurant son péché. Il prie Dieu les mains jointes, le genou gauche en terre, tourné vers la droite. Au bas du même côté, la marque du maître et l'année 1621 écrite à rebours. P. en H. (7).   6. 50.

1016 — Un poëte couronné de lauriers, dans l'attitude d'un homme qui médite profondément. Il est debout, s'appuyant du bras gauche sur une pierre carrée qui est à droite. P. en H., sans marque (10).   7.

1017 — Silène couché près d'une cuve, un satyre à gauche le couronne de pampre, un autre lui verse du vin dans une coupe. Au milieu de la terrasse, la dédicace à *Don Gios Balsamo*, et au coin à droite : *Joseph à Ribera Hisp^s. Valenti^s. Setaben f. Partinope*. 1628. P. en L. (13).   20.

RICHOMME (M. Joseph-Théodore), graveur au burin, né à Paris, en 1785 ; élève de Regnault, peintre, et de Coiny, graveur ; élu membre de l'Institut en 1826.

1018 — La Sainte-Famille, d'après le tableau de Raphaël, au Musée-Royal. P. en H., gravée pour le Musée Royal, publiée par M. Laurent.   228.

Première épreuve d'artiste, avant la lettre, seulement les noms d'auteurs à la pointe (*). Elle est sur papier de Chine.

(*) Il a été tiré récemment des épreuves sur papier de Chine, sans le titre et les noms d'auteurs ; la lettre ayant sans doute été effacée sur le cuivre. Ces épreuves ont été l'objet d'un commerce illicite à l'étranger, dont elles ont trompé la bonne foi ; on les reconnaît en ce qu'elles sont d'une impression lourde et boucuse.

1019 — Galatée sur les eaux, d'après la fresque de Raphaël, à la Farnesine. P. en H.

Première épreuve dite d'artiste, avant toutes lettres, seulement les noms d'auteurs à la pointe et un essai de paysage dans la marge du bas. Elle est sur papier de Chine.

1020 — Thétis portant l'armure d'Achille. Gravé d'après le tableau de F. Gérard, en la possession de M. le comte de Pourtalès Georgier. P. en H. Elle fait le pendant du précédent sujet.

Première épreuve dite d'artiste, avant toutes lettres, seulement les noms d'auteurs tracés à la pointe. Elle est sur papier de Chine.

1021 — Le silence de la Vierge. Dessiné et gravé en 1838, d'après le tableau d'Annibal Carrache au Musée Royal. P. en L.

Première épreuve avant toute lettre. Elle est sur papier de Chine.

RIVALZ (Antoine), peintre, né à Toulouse en 1667, mort dans la même ville en 1735; élève de son père Pierre-Jean Rivalz. Le Musée de Toulouse est enrichi de ses tableaux (*). Ce maître a aussi gravé à l'eau-forte cinq pièces décrites dans le Peintre-Graveur français, 1er vol.

1022 — Une suite de quatre vignettes in-8° pour orner le Traité sur la Peinture de Pierre du Puy du Grez, avocat, imprimé à Toulouse en 1699. A la première de ces pièces, on lit en caractères retournés: *A. Riualz Tolosas in. et incidebat Roma.* 1695. Aux trois autres, le lieu et la date ne s'y trouvent pas. P. en H.

ROOS (Henri), peintre et graveur à l'eau-forte, né à Otterberg, dans le Bas-Palatinat, en 1631, mort à Francfort en 1685; élève de Julius Dujardin et d'Adrien de Bye. *Bartsch*, vol. 1er, décrit trente-neuf pièces, et *Rigal* une inédite.

(*) Catalogue critique et historique du Musée de Toulouse, par Lucas. *Toulouse*, 1806, 1 vol. in-8°.

1023 — Bergère assise à côté d'un bélier et d'une chèvre couchée. Elle tient un bâton; devant elle, une vache debout; à droite, des ruines. Morceau sans nom de maître. P. en H (*).

Première et très rare épreuve d'eau-forte pure, avant le coin supérieur gauche très arrondi, avant le trait échappé, près de la croisée qui se voit au haut de la ruine à droite. Bartsch ne signale pas cette différence.

1024 — Berger assis. Il dort appuyé sur un piédestal sur lequel sont un vase, un terme et un tronçon de colonne; à la droite du berger, une chèvre couchée, trois béliers et deux moutons, un est debout. Au bas de la terrasse, vers la gauche: *H. Roos fecit* 1660. P. en H. (38).

Première épreuve de la plus grande rareté; elle est avant des tailles passées depuis sur différentes parties de la composition, principalement sur un mouton debout, et sur la chèvre couchée qu'on voit à gauche; avant le ciel, dont la place est blanche et où l'on n'aperçoit que la marque de quelques imperfections du cuivre, et avec l'année 1660 au lieu de 1664, que l'on trouve aux secondes épreuves. Cette épreuve provient des collections *Rossi* en 1822 et de *M. Revil* en 1838.

ROBETTA. Les circonstances de la vie de cet artiste, dit *Bartsch*, (vol. 13, pag. 292), ne sont pas connues; nous savons seulement, par Vasari, qu'il a été orfèvre de Florence et ami de Jean-François Rustici; on a lieu de croire que Robetta florissait vers 1520. Ce même auteur décrit vingt-six pièces de ce maître, il n'a pas connu les deux suivantes:

1025 — Caïn et Abel, au moment du sacrifice. Abel, debout à gauche, tient des deux mains la génisse qu'il va offrir en sacrifice; à droite, Caïn semble se disposer à s'agenouiller en avant de l'autel où le feu est allumé; cet autel est orné de chimères à têtes de béliers et d'une tête de Méduse. Le

---

(*) Bartsch a fait une copie de cette estampe; on la reconnaît en ce que l'angle du haut à gauche, qui est arrondi dans l'original, est carré dans la copie et que les noms de *H. Roos f.* et *A. Bartsch sc.*, sont marqués à ce coin.

fond offre un riche paysage où coule une rivière que bordent des montagnes. H. 17 c. 2 m., L. 13 c. 5 m. Morceau rare sans marque, non décrit.

1026 — Caïn tuant Abel. Le moment est celui où le meurtrier tient des deux mains la massue élevée, prêt à frapper. Abel, un genou en terre, lève la main gauche pour prévenir le coup. A droite, dans le fond, en avant d'une montagne, un moulin à eau. H. 17 c. 2 m., L. 14 c. Morceau rare sans marque, non décrit.

1027 — L'adoration des rois. La Vierge est assise au milieu de l'estampe sous un toit qui repose sur deux troncs d'arbres, et sous lequel sont, en l'air, trois anges portant une banderole. En avant, au premier plan, les mages, dont deux sont à genoux de chaque côté, et leur suite. Au bas, à droite, on lit : *Robetta*. P. en H. (6).

ROULLET (JEAN-LOUIS), dessinateur et graveur au burin, né à Arles en 1645, mort à Paris en 1699. Élève de FRANÇOIS DE POILLY.

1028 — Le corps mort de Jésus-Christ étendu sur les genoux de la Vierge qui tombe évanouie entre les bras des saintes femmes. Gravé d'après le tableau d'Annibal Carrache qui a passé du cabinet du marquis de Seignelay dans la collection du duc d'Orléans, et actuellement en Angleterre (*). On lit à terre : *Ioan Lud. Roullet. An. Carracius*. P. en L.

Belle et rare épreuve avant la lettre, avant le *cum priuil. Regis*, et avant que la draperie qui tombe sur le bras droit de la Vierge n'ait été continuée.

1029 — La même estampe.

Belle épreuve où se lit le *cum privil. Regis*, au-dessous d'un des clous à droite à terre. La draperie continuée ; elle est, comme la précédente, avant les mots : *Tiré de la galerie du marquis de Seignelay*. Ces mots placés à droite dans la marge du bas, dans la troisième épreuve, sont effacés dans la quatrième, où se lit le titre *Divino afflatur*.... etc., dans le milieu de la marge.

(*) *A Castle Howard*, chez le comte de Carlisle.

1030 — Mariage spirituel de sainte Catherine, d'après le tableau de Mignard. P. en H. (*).   *3. 50.*

Épreuve avant la lettre, avec les armes du marquis de Louvois à qui cette estampe est dédiée, et le nom de *F. Poilly, cum priuil. Regis.*

1031 — Les saintes femmes au tombeau, sujet dit *les trois Marie*, d'après le tableau d'Annibal Carrache. Dans la marge du bas, des armes et quatre lignes de titre et le privilège. P. en L.   *14.*

1032 — La Vierge assise tenant l'Enfant-Jésus assis sur un coussin placé sur ses genoux; elle lui présente une grappe de raisin. *Petrus Mignard eques. pinxit. Ioan Lud. Roullet sculp. et ex. priuil Regis.* Morceau connu sous le nom de *la Vierge au raisin.* P. en H. Tableau du Musée Royal.   *100.*

Épreuve avant la lettre.

1033 — La Vierge assise à la droite, dans un paysage; sur ses genoux l'Enfant-Jésus debout, qu'elle tient de la main gauche, tandis que de la droite elle tient un livre; d'après Annibal Carrache. P. en H.   *31.*

Épreuve avant le titre : *Olim Deus loquens*, etc., et *Poilly exc.* Collection *Valois.*

1034 — François Poilly d'Abbeville, graveur du Roi, mort en 1693, à l'âge de soixante-dix ans. Il est vu à mi-corps, tourné à droite, dans un ovale. *Poilly ad viuum delineavit,* 1660. *Jean-Louis Roullet sculpsit,* 1699. P. en H.   *25.*

1035 — Hilaire Clermont, procureur au parlement; il est vu à mi-corps, tourné vers la droite, un papier à la main. Portrait dans un ovale.   *14.*

Épreuve avant le nom du personnage sur la tablette au bas de l'ovale.

(*) *F. Poilly* a aussi gravé ce tableau, qui faisait partie du cabinet de M. le duc de Tallard, cabinet vendu en 1756.

1036 — Portrait de François Michel, maréchal ferrant (*). *Io. Lud. Roullet ad vivum del. sculp. et excudit cum privile. Regis.* P. en H.

Épreuve avant la lettre.

ROTA (MARTIN), dessinateur et graveur au burin, né à Sebenigo en Dalmatie, dans le XVIe siècle. *Bartsch,* vol. 16, décrit cent quatorze pièces de ce maître, plusieurs portent des dates dont la plus ancienne est de 1558, la plus récente de 1586.

1037 — Le jugement universel, d'après la célèbre peinture de Michel-Ange, à la chapelle Sixtine au Vatican. Sur une petite pierre, au coin du bas à gauche, on lit : *Martinus Rota Sebenicensis f.* 1569. Sur une autre pierre, la dédicace à Emanuel, duc de Savoie. P. en H. (28). Cette estampe est le chef-d'œuvre du maître.

Première et rare épreuve avec les mots : *Lucae Guarinony ;* aux secondes épreuves où ces mots sont effacés, on a substitué une petite tablette. Collect. de l'*Orangère.*

1038 — Le martyre de saint Pierre, de l'ordre des frères de saint Dominique. Gravé d'après le tableau du Titien, exécuté pour l'église des dominicains de Venise, dite de *Saint-Jean-et-Saint-Paul.* Sur une tablette attachée à un arbre que l'on voit du côté droit de l'estampe, est écrit : TICIANUS INVENTOR MARTINUS ROTA SIBE[sis]. F. P. en H., cintrée (20).

Première épreuve avec l'adresse de *Lucae Guarinony.*

1039 — Autre composition du jugement dernier que l'on croit gravé d'après Le Titien. On lit, dans la marge du bas, une dédicace à Rodolphe II, par Martin Rota, en 1576. P. en H. (29).

(*) Personnage singulier, né à Salon en Provence. Revenant chez lui, le soir du 8 décembre 1696, il fut arrêté par un spectre qui tenait un flambeau à la main, et il en reçut des ordres secrets qui l'obligèrent de venir à Versailles, pour les révéler, en avril 1797. On lui appliqua le quatrain de Nostradamüs : *Le penultième du surnom de prophète,* etc.

RUBENS (Pierre-Paul), peintre, né à Anvers en 1577. Il reçut les premières leçons de Tobie Verhaest et d'Adam-Van-Oort; il quitta ce dernier pour entrer chez Otto Venius, lequel voyant les grandes dispositions de son élève, lui conseilla le voyage d'Italie; recommandé par l'archiduc Albert, à Vincent de Gonzague, duc de Mantoue, il commença à étudier les grands ouvrages de Jules Romain au palais du T, à Mantoue. En 1601, notre jeune peintre fit un voyage à Rome et obtint de son protecteur la permission d'aller à Venise où il étudia les tableaux du Titien et de Paul Véronèse; il y puisa les principes de ce coloris inimitable que l'on admire dans ses ouvrages. Peu de peintres ont autant travaillé que Rubens; l'Italie, l'Espagne, la France et l'Angleterre tinrent à honneur de posséder ses tableaux; il jouissait d'une grande considération auprès des souverains de ces différens pays, et fut envoyé plusieurs fois près d'eux pour traiter d'affaires d'état. Il mourut à Anvers, le 30 mai 1640. Rubens réunissait en lui le grand peintre, le savant, le politique et l'homme du monde. Voyez pour l'œuvre de ce maître, le catalogue qu'en a donné *Basan*, contenant près de douze cents estampes (*). On attribue à Rubens la gravure à l'eau-forte des morceaux suivans.

1040 — Sainte Catherine; elle est en pied, tenant une épée. Morceau dessiné en raccourci pour être exécuté en plafond. P. en H. (15).

(*) Aussi le Catalogue de la collection de messire del Marmol, conseiller de Brabant, contenant l'un des plus beaux œuvres qui aient été formés des estampes gravées d'après Rubens, précédé du Catalogue des tableaux, dessins, sculptures et autres objets rares, lesquels ont été trouvés à la maison mortuaire du fameux peintre, le chevalier P.-P. Rubens, l'an 1640, 1 vol. in-8°, 1794.

Celui de la vente du comte de Potoski, contenant près de cinq mille épreuves de planches gravées d'après Rubens, dont la plupart provenaient du premier des œuvres de ce maître, qui faisaient partie du cabinet de Van-Schorel, ancien premier bourgmestre d'Anvers; œuvre porté à la somme de 4,000 florins à la vente de cette collection, faite en 1774.

21.

1041 — Magdeleine pénitente s'arrachant les cheveux. A gauche, sur une pierre, on lit : ***P. P. Rubens***. P. en H., gravée à l'eau-forte, sans nom de graveur (*) (28).

26.

1041 bis. — Une femme avec un panier pendu au bras et tenant une chandelle à laquelle un jeune garçon veut en allumer une autre. Titre : *Quis..... nihil*, etc. A gauche, ***P. P. Rubens invenit et excudit***. P. en H. (46).

Voyez aussi cette pièce, à la fin du volume des VAN-DYCK, n° 285.

RUYSDAEL (JACQUES), peintre, né à Harlem, vers 1635. Il reçut des conseils de BERGHEM qu'il alla trouver à Amsterdam ; il mourut à Harlem en 1681, âgé d'environ 45 à 46 ans. *Bartsch*, vol. 1er, décrit sept pièces, et *Rigal* trois, qui étaient inconnues à ce biographe.

550.

1042 — Les voyageurs. Ce morceau rare représente une forêt au milieu de laquelle coule un ruisseau qui s'étend sur le devant et vient baigner les racines d'un très gros chêne qu'on voit à la gauche. Dans le fond du bois, un sentier où sont vers la droite une femme, deux hommes et un chien. A terre à droite, sur le devant, on lit : *J. Rvisdaël*. P. en L. (4).

Première épreuve où le ciel à droite n'est indiqué que par de légers travaux, et où ne se voit pas encore le nuage ovale, ombré de hachures en différens sens.

215.

1043 — Trois grands chênes, vers le milieu d'une campagne,

(*) Ni Hecquet ni Basan n'avaient attribué cette pièce à Rubens, mais par analogie du genre de gravure des n°s 9 et 15 des saints et saintes, on peut la regarder comme du même graveur. On trouve décrit dans le Catalogue de la collection *Marmol*, une épreuve du saint François (n° 9), gravé sur la même planche que la sainte Magdeleine, laquelle planche par la suite a été coupée. Dans la même collection se trouve décrite une épreuve seule du saint François, où l'on trouve les lettres D. M. R., et où le nom de P. P. Rubens ne se trouve pas.

sur un monticule sablonneux, en avant duquel se voient plusieurs troncs d'arbres; à gauche, une rivière bordée de très petits joncs. Dans la marge, vers le milieu, *J. Ruysdaël in. fe.* 1649, le chiffre 4 à rebours, et à gauche, *F. V. W.* (6). P. en L.

S.

SAENREDAM (Jean), dessinateur et graveur au burin, né en Hollande vers 1570, mort en 1607; élève de Henri Goltzius et de Jacques de Ghein. *Bartsch*, vol. 3, décrit cent vingt-trois pièces de ce maître.

1044 — La parabole des vierges sages et des vierges folles, suite de cinq estampes numérotées 1 à 5. Au n° 1, on lit: *Joan Saenredam inv. sculp. et excudebat A° 1606.* Aux autres, *J. Saenredam fe.* ou *fecit;* et à l'une d'elles, *A° 1605.* P. en L. (2 à 6).   *20.*

Premières épreuves avant l'adresse de *Joannes Jansonius excud.*

1045 — Des jeunes gens méprisant les avis d'un philosophe qui leur parle de la fenêtre de son cabinet et leur conseille de fuir, surtout les danses, dont les suites sont le plus souvent criminelles. Pièce emblématique. Titre: *Ingentes poenas stolidi...,* etc. *Joannes Saenredam fecit A° 1596.* Morceau dit *le prêtre à la fenêtre.* P. en L. (8).

1046 — Pièce emblématique sur l'état florissant des provinces unies en 1602. On lit au milieu du bas, dans un cartouche: EMBLEMA HODIERNI......, etc. *J. Saenredam inve. et sculp. Amstelodami excudebat Hermanus Alardj. anno a Christo nato* 1602. P. en L. (10).   *3.*

1047 — Le comte Ernest de Nassau et une infinité de peuple   *91.*

arrivant sur les côtes de Bernevic pour y considérer l'énorme baleine, longue de soixante pieds, qui, joint à un tremblement de terre, à des éclipses de soleil et de lune qui arrivèrent presque dans le même temps, semblaient présager quelque chose de sinistre à la Hollande, et c'est la raison pour laquelle le peintre a représenté dans son sujet la Fortune de l'État renversée par la Mort qui la frappe de ses traits. Dans la marge du bas, huit vers et la dédicace au comte Ernest. *Joannes Saenredam inue. et sculptor A° 1602.* P. en L. (11).

Première et très rare épreuve avant les deux figures allégoriques de la Fortune renversée par la Mort, qui se voit à gauche dans le ciel et avant l'adresse: *Amstelodami Joannes Jansonnius excudit A° 1618.* Bartsch n'a pas connu cet état, il ne cite que celui avant l'adresse.

1048 — Ève persuadant à Adam de manger de l'arbre de vie. Titre : *Edicti immemores vetitos*, etc. *Corn. Corn. Harlem. inve. J. Saenred. sculps.*, etc. P. en H., d'après Corneille Cornelis (35).

1049 — L'antre de Platon, où un petit nombre de philosophes se rassemblent autour de la lumière, pendant que le plus grand nombre des hommes préférant les ténèbres, ne recherchent que l'ombre de la vérité et les vains plaisirs du siècle. Pièce emblématique, d'après Corneille Cornelis. Titre : *Antrum Platonicum... C. C. Harlemensis inv. J. Saenredam sculp. Hondius*, 1604 P. en L. (39).

SAFT-LEVEN ou **ZACHTLEEVEN** (Herman), peintre, né à Rotterdam en 1609. Les particularités de sa vie, dit *Bartsch* (vol. 1er), sont absolument inconnues. Dargenville le dit élève de Van Goyen, et selon lui, aurait terminé sa carrière à Utrecht en 1685. On connaît de lui quarante et une pièces gravées à l'eau-forte, datées de 1640 à 1669. Trente-six de ces pièces sont décrites par *Bartsch*, les cinq autres par *Rigal*; parmi ces dernières une porte la date de 1627.

1050 — Herman Saft-Leven vu à mi-corps, de face, enveloppé d'un manteau, un rouleau à la main droite. Dans la marge, HERMAN SAFTLEVEN. Au bas à gauche, *D. Saftleven pinx.*, 1660. P. en H. Morceau rare (1).

1051 — Pays montueux. A la droite, un villageois, un paquet au bout d'un bâton; du côté opposé, à terre, le chiffre et l'année 1640 gravés à rebours; ils sont à peine visibles. P. en L. (17).

1052 — Vaste pays où serpente une grande rivière. Dans la marge à gauche, le chiffre et l'année 1667. P. en L. (18).

Belle épreuve d'une jolie pièce citée dans le catalogue Rigal, comme très rare.

1053 — La maison au bas du rocher; elle est entourée d'arbres; sur le devant, plusieurs paysans dont un chasse un âne devant lui. A gauche, le chiffre et l'année 1667 (21). P. en H.

Morceau rare.

1054 — L'entrée d'un bois; sur la gauche, au bas d'une colline, deux arbres à côté l'un de l'autre s'élèvent sur le bord supérieur de la planche; au milieu du fond, deux chasseurs dont un le fusil sur l'épaule; dans le fond à gauche, une montagne; tout au bas du même côté, le chiffre et l'année 1644. P. en H. (27).

1055 — Vue d'une campagne à l'instant de la moisson. A gauche, au premier plan, deux moissonneurs; l'un assis boit à même une cruche, l'autre debout tient sa faux. Dans le fond une rivière. P. en L., sans marque, attribuée à ce maître dans le catalogue *Rigal*.

SAFT-LEVEN ou ZACHTLEEVEN (CORNEILLE), peintre, frère d'HERMAN SAFT-LEVEN, né en Hollande. *Bartsch* n'a point parlé de cet artiste, qui a gravé à l'eau-forte les pièces suivantes :

1056 — Suite de douze petites estampes numérotées à terre,

à droite, représentant des paysans et paysannes dans diverses attitudes. Au premier morceau, sur une banderole que tient un paysan représenté assis, on lit : *C. Sachtleeven, J.-P. Beerendrecht ex. Th. ex.* 1645. P. en H.

SAINT-AUBIN (Augustin de), dessinateur et graveur à l'eauforte et au burin, né à Paris en 1736, mort en 1807. Élève d'Étienne Fessard et de Laurent Cars.

6. 50.

1057 — Portrait de M. de Necker; il est vu à mi-corps, dans un ovale; *J.-S. Duplessis pinx. A. de Saint-Aubin sculp.* P. en H.; épreuve sur papier de Chine.

9.

1058 — Portrait de Le Kain, dans le rôle d'Orosmane, dans la tragedie de Zaïre de Voltaire. Peint par *S. B. Lenoir.* P. en H.

Épreuve avant la lettre, seulement les noms d'auteurs à la pointe.

SALVADOR, graveur espagnol, vers 1760.

16. 50.

1059 — Le fils de P. P. Rubens représenté à l'âge de deux à trois ans; d'après le tableau de Rubens. P. en H.

Épreuve avant la lettre, les armes et la dédicace au marquis de Grimaldi.

SAVART (Pierre), graveur au burin, né à Paris vers 1750. Émule d'Étienne Fiquet, il a gravé comme lui, avec beaucoup de soin, plusieurs portraits d'hommes illustres français.

101.

1060 — Alembert (Jean d'). *Peint par Mlle Lusurier, gravé par P. Savart en* 1780.

Épreuve avant toutes lettres.

— Bayle (Pierre). *P. Savart sculp.* 1774.

Épreuve avant toutes lettres.

— Bernis (Pierre de), archevêque d'Alby. *A. Callet pinx. P. Savart sculp.* 1778.
Épreuve avant toutes lettres.

— Buffon (Georges-Louis Leclerc, comte de). Drouais *pinx.* 1761. *P. Savart sculp.*, 1775.
Épreuve avant toutes lettres.

— Catinat (Nicolas de). Au bas, dans un cartouche, la bataille de Marsaille. *P. Savart sculp.* 1775.
Épreuve avant toutes lettres.

— Christian VII, roi de Dannemarck et de Norwège. *P. Savart sculp.*

— Colbert (Jean-Baptiste). *Champaigne pinx. P. Savart sculp.* 1778.
Belle épreuve avec la première adresse : *A Paris, chez l'auteur, barrière de Fontarabie.*

— Labruyère (Jean de la). *Jean-de-Saint-Jean pinx. Savart sculp.* 1778.
Épreuve avant toutes lettres.

— La Fontaine (Jean de la). *Hya. Rigaud pinx. P. Savart sculp.* 1769.
Portrait rare.

— Livry (Nicolas de), abbé de Sainte-Colombe. *Louis Tocqué pinxit* 1752. *P. Savart sculp.* 1773.
Trois épreuves : 1re où le nom du peintre est à peine tracé à la pointe, et n'est pas suivi de l'année; 2e les noms d'auteurs gravés au burin et suivis des années 1752 et 1773 ; 3e le bas-relief et les armes au bas de l'ovale sont supprimés et on lit à la place le nom du personnage.

— Montesquieu (Charles Secondat de). *P. Savart sculp.* 1779.
Épreuve avant la lettre.

— Richelieu (Armand-Jean du Plessis, cardinal de). *Champaigne pinx. P. Savart sculp.* 1774.

Épreuve avant la lettre.

— Torquato Tasso. *P. Savart sculp.*

Épreuve avant toute adresse.

— Diane regardant Endymion endormi; sujet dans un ovale. Gravé par Savart en 1778.

Épreuve avant toutes lettres.

SCHARP (WILLIAM), graveur au burin, né à Londres en 1746, mort en.....? Élève de B. WEST pour le dessin, et de F. BARTOLLOZZI pour la gravure.

1061 — *The doctors of the church* (les docteurs de l'église discourant sur l'immaculée conception). D'après le tableau du Guide, de la galerie impériale du Belvédère à Saint-Pétersbourg. P. en H.

Première épreuve avant la lettre, seulement les armes et *Guido Rheni pinx. W. Scharp sculpsit*, tracés à la pointe.

1062 — *The witch of Endor* (la sorcière d'Endor invoquant l'ombre de Samuel). Gravé d'après le tableau de B. West, de la collection de Daniel Daulby. P. en L.

Épreuve avant la lettre, les noms d'auteurs tracés. Elle est sur papier de Chine.

1063 — *St Cecilia* (sainte Cécile). Gravé d'après le tableau du Dominiquin. P. en H.

Première et très rare épreuve, seulement les noms d'auteurs et la publication en 1790, tracés à la pointe; elle est avant les mots: *From picture in the possession of Robt Udny esq.* Cette ligne a été ajoutée aux secondes épreuves aussi avant la lettre, lesquelles portent la date de 1791 pour la publication, et les noms d'auteurs y sont gravés au burin.

1064 — *The sortie made by the garrison of Gilbraltard in the morning of the 27 of november* (la sortie de la garnison de

Gilbraltar, le matin du 27 novembre 1781). Sur le devant, à droite de la composition, le général anglais Elliot, entouré de plusieurs officiers, offre des consolations au capitaine espagnol don Joseph Barbosa, blessé mortellement. Gravé en 1799, d'après le tableau de J. Trumbull, colonel américain. P. en L.

<small>Première épreuve avant toutes lettres, seulement les noms d'auteurs et la publication tracés à la pointe.</small>

1065 — *King Charles II landing on the beach at Dover* (le roi Charles II débarquant à Douvres). Le moment représenté est celui où le général Monck vient lui faire soumission. Gravé d'après le tableau de B. West de la collection Grosvenor. P. en L. L'eau-forte de cette estampe par W. Woollett.

<small>Épreuve avant la lettre, le titre *Restauration* en lettres tracées, et les noms d'auteurs et la publication.</small>

1066 — *Olivier Cromwell dissolvant the long parlement*. Gravé par JOHN HALL, d'après le tableau de B. West de la collection de Grosvenor. P. en L. Cette estampe fait le pendant de la précédente.

<small>Épreuve avant la lettre, le titre, *Olivier Cromwell*, en lettres tracées, les noms d'auteurs et la publication.</small>

SCHIAVONNI (NATALE), italien, graveur au burin.

1067 — L'assomption de la Vierge. Gravé d'après le tableau du Titien qui orne le maître-autel de la cathédrale de Vérone. P. en H.

<small>Épreuve avant la lettre, seulement les armes et la dédicace à Alexandre Iᵉʳ, empereur de toutes les Russies, et les noms d'auteurs tracés.</small>

SCHMIDT (GEORGE-FRÉDÉRIC), graveur à l'eau-forte et au burin,
né à Berlin en 1712, mort dans la même ville en 1775. Il vint à Paris en même temps que Wille, en l'année 1736; c'est de ce voyage

que date l'amitié qui a existé entre ces deux célèbres graveurs, et comme ce dernier, Schmidt reçut les conseils de H. RIGAUD.

Il fut élève, pour la gravure, de G.-P. BUSCH et de LARMESSIN; il a gravé tant à l'eau-forte qu'au burin, cent quatre-vingt-six pièces décrites au catalogue publié en 1789; la plus grande partie est des portraits gravés à Berlin, à Paris et à Saint-Pétersbourg, dans les années 1729 à 1774 (*).

1068 — Louis de la Tour d'Auvergne, comte d'Evreux, etc. Vu jusqu'aux genoux, le regard tourné vers la droite, la main gauche appuyée sur le bâton de commandant. *Peint par H. Rigaud, chevalier de l'ordre de Saint-Michel. Gravé par G. F. Schmidt, à Paris*, en 1729. Cette estampe a été exposée au salon de l'Académie en 1742. P. en H. (42).

1069 — De La Tour, peintre. Vu à mi-corps, à une croisée, un visage riant, le coude appuyé, et montrant de la main gauche, l'index étendu, une porte fermée qui est dans le fond. Au bas de la croisée, on lit: *Peint par de La Tour* (au Pastel), et *gravé par son ami Schmidt* en 1742. Dans la marge, *à Paris, chez Schmidt, graveur du roi, quai des Morfondus, proche la rue du Harlay*. Cette estampe a été exposée au salon de 1843. P. en H. (50).

1070 — Pierre Mignard, écuyer, premier peintre du roi, etc. *Peint par son ami Hyacinthe Rigaud en 1691. Gravé, à Paris, par Georges-Frédéric Schmidt*, pour sa réception à l'Académie en 1744. P. en H. (59).

Très belle épreuve avant la petite croix formée de deux traits de burin au milieu de la marge du bas.

1071 — Nicolas Esterhazi. *Peint par Louis Tocqué en 1758. Gravé, à Saint-Petersbourg, par G. F. Schmidt en 1759.* P. en H. (78).

(*) Il a gravé aussi des portraits pour la suite d'Odieuvre, lesquelles planches lui étaient payées 20 livres.

1072 — La juive fiancée, vue debout à mi-corps. *G. F. Schmidt fecit*, 1769. *Rembrandt pinx.* P. en H. (128).

1073 — Le père de la juive fiancée, vu à mi-corps près d'un bureau où il paraît régler la dot de sa fille. *G. F. Schmidt fec. aqua forti*, 1770. *Rembrandt pinx.* 1641. P. en H. (129).

19.

1074 — Jésus guérissant la fille de Jaïre. Dans la marge, le titre en allemand, à gauche, *Rembrandt pinx.*; à droite, *G. F. Schmidt fecit aqua forti*, 1767. P. en L. (165).

10. 50.

1075 — Présentation au temple. Dans la marge, le titre en allemand, *C. W. E. Dietrich pinx.* 1739, à gauche, *G. F. Schmidt fecit*, 1769. Ce tableau fait partie de la galerie Aguado. P. en L. (167).

6.

1076 — Deux paysans flamands. Ils sont assis auprès d'une table, l'un verse à boire, l'autre allume sa pipe. Dans la marge du bas, on lit : *A. Ostade pinx.* 1667. *G. F. Schmidt fec. aqua forti*, 1757 (160). P. en H. Morceau sans titre dit : *les Bons Amis*; il est gravé dans le goût de C. Wisscher.

12. 50.

SCHONGAUER dit SCHOEN (Martin), peintre, et le plus anciens des graveurs allemands dont le nom soit connu. Les seuls renseignemens que l'on ait sur cet habile artiste, sont d'anciennes inscriptions marquées sur son portrait, conservé dans le cabinet de *Paul de Praun*, à Nuremberg (*); au haut de ce portrait est écrit : HIPSCH MARTIN SCHONGAVER MALER 1483 ; et sur le dos du tableau une inscription en allemand, se traduisant ainsi : « Maître Martin » Schongauer, peintre, nommé le beau Martin, par rapport à son » art, né à Colmar, mais du chef de ses parens bourgeois d'Augs-

---

(*) Description du cabinet de *Paul de Praun*, à Nuremberg, par C.-T. de Murr. Nuremberg, Schneider, 1797, 1 vol. in-8°.

Prestel a aussi gravé un choix de dessins de cette même collection, en 1780, 1 vol. in-fol. de 48 planches.

» bourg, noble d'origine, etc.; mort à Colmar l'an 1499, le 2 février.
» Dieu lui fasse grâce, et moi Jean Largkmair, je fus son disciple
» en 1488. » *Bartsch*, vol. 6, donne un *fac simile* de cette inscription et décrit cent-seize pièces de ce maître, marquées des lettres M. S., séparées par une croix, aucune ne portent de date ; il décrit aussi en appendice, dix-sept pièces avec la marque de *Schongauer*, et qu'il ne croit pas de ce maître, et quatre-vingt-dix pièces confondues par *Heinecke*, dans l'œuvre de notre artiste.

1077 — Adoration des rois. La Vierge, l'Enfant-Jésus sur ses genoux, est assise à gauche. Un des mages est en adoration ; les deux autres et leur suite se voient dans le fond à droite. On remarque un chien sur le devant du même côté. La marque du maître au milieu du bas. P. en H. (26).

Première épreuve. Cette planche a été par la suite entièrement retouchée par un maladroit qui y a ajouté l'année 1482.

1078 — Jésus-Christ portant sa croix au Calvaire : composition de plus de cinquante figures ; la marche du Sauveur est dirigée vers la gauche. Au milieu du bas de la terrasse, la marque du maître (*). P. en L. (21).

Très belle épreuve d'un morceau rare, regardé comme le plus considérable de l'œuvre de *Schongauer* ; il a été copié par *Israël de Mecken* et *Albert Glokenton*. Collect. de *M. de Scitivaux*.

1079 — Jésus-Christ attaché à la croix, au pied de laquelle est à gauche la Vierge, à droite saint Jean. La marque au milieu du bas. P. en H. (23).

1080 — Jésus-Christ attaché à la croix ; des anges en l'air recueillent son sang dans des calices. A gauche, est la Vierge debout, les mains croisées sur la poitrine, et à droite saint Jean tenant un livre. La marque au milieu du bas. P. en H. (25).

Belle épreuve. Collect. de *M. Revil*, en 1838.

(*) Un dessin de cette composition se voit au Musée Royal.

1081 — La Vierge assise à terre dans une cour, l'Enfant-Jésus sur ses genoux, portant l'index de sa main droite vers sa bouche. A gauche s'élève un petit arbre sec. Le monogramme au milieu du bas. P. en H. (32).   *306.*

Belle épreuve. Collect. de *M. Revil,* en 1838.

1082 — La mort de la Vierge; elle est représentée mourante, dans un lit surmonté de rideaux; elle est entourée de plusieurs apôtres, dont un lui fait tenir un cierge. A gauche deux autres apôtres à genoux et lisant dans un livre, appuyés contre le lit. A droite du devant un grand candélabre, et au milieu du bas la marque. P. en H. (33).   *405.*

Très belle épreuve d'un morceau capital du maître; il a été copié par *Israël de Mecken, Wenceslas d'Olmultz* et *Albert Glokenton.*

1083 — Saint Antoine tourmenté par les démons qui l'ont transporté en l'air et qui ont emprunté des formes hideuses pour l'effrayer. Au bas à droite se voit le sommet d'un rocher, et la marque du maître au milieu du bas. P. en H. (47). Cette estampe, dit *Bartsch,* est une des plus considérables et des plus rares de l'œuvre; Vasari la cite avec éloge. Elle a été copiée par *Israël de Mecken.*   *556.*

Première épreuve de la plus grande rareté, d'un état non décrit par Bartsch; elle est avant la prolongation des petits traits horizontaux jusqu'au milieu de l'estampe à gauche, et avant plusieurs autres intercalés dans le haut. Collect. de *M. Revil,* en 1838.

1084 — *Ecce Homo.* Jésus-Christ, l'homme de douleur, couronné d'épines et ayant les mains croisées sur sa poitrine. A sa gauche saint Jean, et à sa droite la Vierge. Ces figures sont à mi-corps et paraissent au travers d'une arcade d'architecture gothique. P. en H. (69).   *439.*

Première épreuve où le monogramme est marqué hors l'arcade, c'est-à-dire sur le pan. Dans les épreuves postérieures, ce monogramme est gravé sur la pierre d'appui, près du bout de la draperie de la Vierge.

1085 — Dieu assis sur un trône, sous un pavillon dont les   *273.*

rideaux sont soutenus par deux anges. Il tient le globe de la terre et un sceptre de la main gauche, et de l'autre donne sa bénédiction. La marque au milieu du bas. P. en H. (70).

1086 — Dieu met une couronne sur la tête de la Vierge qui est à genoux devant lui. Vers le fond à gauche, un ange arrange, auprès de Dieu, un coussin destiné à y placer la Vierge. P. en H. (72).

Belle épreuve de la collection de *M. Robert-Dumesnil.*

1087 — Une des vierges folles vue à mi-corps, tournée vers la gauche et tenant des deux mains une lampe renversée. Au milieu du bas le monogramme, la lettre *S* à rebours. P. en H. (87).

Collect. *Jonh Barnard.*

1088 — Jésus-Christ au milieu de six anges dont trois de chaque côté l'accompagnent en l'adorant. Le fond offre trois différens arbres, dont celui à droite est animé de plusieurs oiseaux. La marque est au bas de la gauche ; la croix ordinaire est à rebours (appendice n° 6). P. en H.

Très belle épreuve, du cabinet du duc de R ***.

SCHUPPEN (Pierre Van), dessinateur et graveur au burin, né à Anvers en 1623, mort à Paris en 1702 ; élève de Nanteuil, et contemporain d'Édelinck, il fut comme lui appelé en France par Colbert. Il a gravé un très grand nombre de portraits d'après ses dessins qui lui valurent le surnom du *petit Nanteuil.* Huber (Manuel des Curieux, vol. 6) le place dans l'école des Pays-Bas, mais l'éducation toute française qu'il reçut, nous le fait regarder comme devant appartenir à l'école française.

1089 — La Sainte-Vierge soutenant l'Enfant-Jésus qui s'avance pour ôter un pigeon des bras du jeune saint Jean assis devant lui, ce que regardent sainte Anne et saint Joseph. Titre : *Genus electum..., sancta.* 1 *pe.*, 2 *cap.*, *v.* 9. Sur une pierre à gauche, des armes ; dans la terrasse on lit : *Bourdon pinxit.* P. *Van Schuppen sculp. et exc. cum priuil. Regis* 1670. P. en H., dite *la Vierge à la colombe.*

Très belle épreuve, avant la draperie sur l'Enfant-Jésus.

1090 — Monsieur, frère de Louis XIV, vu à mi-corps, de trois quarts, le regard tourné vers la gauche, dans une bordure ovale de feuilles de lauriers; au bas, les armes de France, et J. *Nocret pinx.*, P. *Van Schuppen sculpebat* 1662. P. en H.

3.

1091 — Marguerite de Lorraine, petite-fille de René de France. Elle est représentée en religieuse, à mi-corps, légèrement dirigée à gauche et tenant une tête de mort de ses deux mains. Portrait dans un ovale armorié, posé sur un appui où se lit à droite, *Van Schuppen faciebat, octob. A° 1660*, et plus bas, dans une tablette, les noms et qualités du personnage en huit lignes. P. en H.

8. 50.

Très belle épreuve d'une rare et jolie pièce.

1092 — Mazarin (*le cardinal Jules de*) vu à mi-corps, tourné à droite, dans une bordure ovale, sans inscription, posé sur un appui et orné d'emblèmes; au bas, des armes et P. *Mignard pinx.*; à droite, *Van Schuppen sculpebat*, 1661. P. en H.

11. 50.

1093 — Reynie (*Gabriel-Nicolas de la*), lieutenant de police de Paris, vu à mi-corps, tourné à droite, dans un ovale armorié, sans inscription et sans nom de peintre qui est Pierre Mignard, et sans nom de graveur qui est P. Van Schuppen, 1665. P. en H.

23. 50.

1094 — D'Anglure de Bourlemont (*Charles*), archevêque de Toulouse, vu à mi-corps, tourné à droite, dans un ovale, avec inscription; au bas, des armes, et sur l'appui sur lequel pose l'ovale on lit : *L.-L. Dict. Ferdinand pingebat*, P. *Van Schuppen sculpebat* 1659. Dans la marge du bas, *illustrissimum...*, etc., en trois lignes. P. en H.

6. 50.

SCHUT (Corneille), peintre et graveur, né à Anvers vers 1590, mort dans la même ville en 1660. Disciple de Rubens, ce maître a gravé sur ses compositions un grand nombre de pièces à l'eau-forte. *Huber* en porte le nombre à cent trente-trois.

8,

1095 — Le couronnement de la Vierge au milieu d'une gloire céleste. P. en H.

<small>Belle épreuve d'eau-forte pure sans aucuns noms, avec barbes de la planche.</small>

SICHLING (M.).

1. 50.

1096 — Portrait de Murillo, d'après le tableau de ce maître, au musée espagnol, au Louvre. Dans la marge à droite, *Sichling del. et scu.* P. en H.

SIMONEAU (Charles), l'aîné, dessinateur et graveur au burin, né à Orléans vers 1639, et mort à Paris en 1728. Élève de Noel Coypel, et pour la gravure de Guillaume Chateau.

3.

1097 — Sujet allégorique composé et dessiné par *S. Le Clerc*, à l'occasion du mariage du duc de Bourgogne avec une princesse de Savoie, célébré à Versailles le 7 décembre 1697. P. en H.

<small>Épreuve avant la lettre, seulement les noms d'auteurs.</small>

20.

1097 *bis.* — L'entrée de Jésus dans Jérusalem, d'après le tableau de Ch. Lebrun. P. en L.

<small>Épreuve avant la lettre.</small>

5.

1098 — Jésus et la Magdeleine, d'après le tableau d'Antoine Coypel, autrefois au château de Versailles, dans le cabinet du duc de Bourgogne. P. en L.

SMITH (Samuel), graveur à l'eau-forte et au burin, né en Angleterre.

1099 — *The finding of Moses* (Moïse sauvé des eaux), d'après le tableau de Zuccharelli, au château de Windsor. P. en L.

<small>Épreuve avant la lettre, seulement les armes, les noms d'auteurs et la publication, en 1788, tracés.</small>

1100 — Tobie et l'ange, d'après le tableau de Salvator Rosa. P. en L. Cette estampe a été gravée sous la direction de W. Woollett.   *8. 50.*

SPIERRE (François), dessinateur et graveur au burin, né à Nancy en 1643, mort à Marseille en 1681. Élève de F. de Poilly, il a beaucoup travaillé en Italie d'après Piètre de Cortone, le Bernin, et aussi sur ses dessins. Son œuvre est d'environ soixante pièces.

1101 — La Vierge tenant sur ses genoux l'Enfant-Jésus qui cesse de téter pour prendre des fruits que lui présente saint Jean. Sujet de demi-figures dans une forme ronde, d'après le tableau du Corrège, à la galerie impériale de l'Ermitage à Saint-Pétersbourg. P. en H.   *200.*

<small>Première et très rare épreuve avant la lettre, dans la banderole au bas du sujet, avant de petits arbres dans le fond à gauche derrière la Vierge, et avant la draperie sur l'Enfant-Jésus et sur le sein de la Vierge.</small>

SOMPEL ou SOMPELEN (Pierre Van), graveur au burin, né à Anvers vers 1600; il fut élève de Soutman dans la manière duquel il a travaillé. Il a gravé des sujets et des portraits d'après Rubens et Van-Dyck.

1102 — Marie de Médicis. Elle est vue à mi-corps et de face, dans un entourage de fleurs de lys et guirlande de fleurs. Au bas, un cartouche où se lit : *Maria Coniux Henrici IV Magni Galliarum et Nauarœ Regina Inuictissima. Ant. Van-Dyck, pinxit. P. Van Sompel, cum priuil. S. C. M. P. Soutman effigiabit et excudit.* P. en H.   *12. 50.*

<small>Très belle épreuve. Collect. G. Storck.</small>

1103 — Adolphe de Nassau. Portrait dans un ovale avec   *5.*

bordure historiée. *Soutman inven.*, *P.-V. Sompel sculp.* P. en H.

SOUTMAN (Pierre), peintre et graveur à l'eau-forte et au burin, né à Harlem vers 1580 ; il a gravé sur ses compositions et celles de Rubens, de 1626 à 1646. Il s'est montré peintre dans la plupart de ses productions qu'il avançait à l'eau-forte.

1104 — Silène ivre, soutenu par un satyre et par une négresse. Titre : *Silenum patrem*. *P.-P. Rubens pinxit. P. Soutman effigiavit. cum. priuil. anno* 1642. P. en H.

STELLA (Antoine-Bousonnet), peintre et graveur à l'eau-forte, né à Lyon en 1630, mort dans la même ville en 1682. Neveu et élève de Jacques Stella.

1105 — Des bergers découvrant Rémus et Romulus qu'une louve allaitait près des bords du Tibre. Sur le berceau des enfans qui est à droite, on lit : *Antonia B. Stella*, 1676. Dans la marge du bas, à gauche : *C. Stella ex. C. P. Regis*, aux galeries du Louvre, 1677. P. en L.

Première et très rare épreuve avant le nom de *A. Stella* sur la pierre à gauche, sur laquelle pose l'urne qui sert d'appui à la figure du fleuve.

STELLA (Claudine-Bousonnet), née à Lyon en 1634, morte à Paris en 1697, nièce et élève de Jacques Stella, d'après lequel elle a gravé et aussi d'après N. Poussin.

1106 — Frappement du rocher. Dans le bas de l'estampe, on lit : *N. Poussin pinxit. Ex Musée Anth. Stella parisis Claudia Stella sculp. et excudit C. pri. Regis.* 1687. P. en L.

STEINLA (Maurice), artiste allemand, vivant, graveur au burin.

1107 — *Sanctissima mater Dei*. Les personnages placés à

droite et à gauche de la Vierge en acte d'adoration sont le bourgmestre Meier, sa femme et ses enfans (*). Gravé d'après le tableau d'Holbein, à la galerie royale de Dresde. P. en H.

Première épreuve avant la lettre et les armes, on lit seulement : *Joannes Holbein junior pinxit. Mauritius Steinla delineavit et æri incidit Dresdæ* 1841. Elle est sur papier de Chine.

STEWART (JAMES), graveur anglais au burin.

1108 — *Penny wedding* (la noce dans la grange). Gravé en 1832, d'après le tableau de D. Wilkie, de la collection royale d'Angleterre. P. en L.   *57.*

Épreuve avant la lettre, les noms d'auteurs tracés à la pointe; elle est sur papier de Chine.

STOOP (RODERIGUES, DIRIK ou THÉODORIC, ou plutôt THIERRY), peintre, originaire des Pays-Bas. Il fit un voyage à Lisbonne, et de là, en 1662, il alla à Londres à la suite de l'infante de Portugal, en qualité de peintre de sa cour. Il retourna dans sa patrie en 1678 et y mourut en 1686. *Bartsch*, vol. 4, décrit dix-neuf pièces de ce maître; *Rigal*, vingt-quatre sujets numérotés pour les fables d'Ésope (**), six seulement portent le nom de *R⁰ Stoop f.* Il a aussi gravé une suite de huit vues de Lisbonne, dont aucun calcographe n'a parlé, excepté *M. Robert-Dumesnil* qui en fait mention dans son 5ᵉ vol., P.-G.-F.

1109 — Suite de douze différens sujets de figures et de chevaux : au premier, représentant un cavalier au galop; à droite, une écurie; du même côté, à terre, *D. Stoop f.*   *201.*

(*) Des études faites au pastel de ces personnages se voient dans le curieux recueil des dessins d'Holbein qui est à la bibliothèque de Bâle.

(**) Édition in-folio, publiée à Londres, par Ogilby, en 1665. Hollard et Barlow ont aussi gravé dans cet ouvrage.

1651; vers le milieu, *Clément de Jonghe excudit;* aux autres morceaux, *D. Stoop f.* ou *D. S. P. en L.*

Première épreuve avant les numéros et avec l'adresse de *Clément de Jonghe.*

1110 — L'âne et le cheval. Un chasseur à cheval donnant du cor franchit un monticule, devancé par deux de ses chiens, dont un se rafraîchit à un ruisseau sur le devant, à droite, qu'un âne passe à gué, conduit par un paysan. Dans le fond, du même côté, au bord du ruisseau qui se continue, des canards, un chien et un pêcheur; à gauche, un groupe d'arbres en avant d'un village que l'on aperçoit dans le lointain, et vers lequel se dirige un berger et son troupeau. L. 19 *c.*, H. 15 *c.*

Morceau rare, non décrit par Bartsch; il est avant le n° 35, indiqué pour l'ouvrage des Fables d'Ésope d'Ogilby.

STRANGE (ROBERT), graveur au burin, né aux îles Orcades en 1723, mort à Londres en 1795. Il vint en France étudier sous J.-PH. LE BAS et ALIAMET. L'œuvre de ce maître est de quarante-neuf estampes; on trouve quelquefois cette œuvre réunie en un volume. Voyez le détail des pièces, dans le Catalogue de la vente Basan.

1111 — Agar renvoyée par Abraham. Sujet de demi-figures, d'après le tableau du Guerchin. P. en L.
Épreuve avant la lettre.

1112 — L'évanouissement d'Esther devant Assuérus. Sujet de demi-figures, d'après le tableau du Guerchin. P. en L

1113 — L'annonciation de la Vierge, d'après le tableau peint par le Guide, qui se voyait aux Carmélites de la rue d'Enfer, et actuellement au Musée Royal. P. en H.
Épreuve avant la lettre.

1114 — La Sainte-Vierge assise, l'Enfant-Jésus sur ses genoux; près d'elle, d'un côté, la Magdeleine; de l'autre, saint Jérôme derrière lequel est un lion. D'après le tableau du Corrège qui se voyait dans l'une des salles de l'Académie à Parme (*). P. en H. Morceau connu sous le titre de : *Saint Jérôme du Corrège*. Dessiné par R. Strange, à Parme, en 1763, et gravé à Londres en 1771.

1115 — *Amoris Primitiæ*. La Vierge, vue à mi-corps, en adoration près de l'Enfant-Jésus endormi. D'après le tableau du Guide, en la possession de R. Strange. P. en L. *100.*
Épreuve avant la lettre.

1116 — Saint Jean tressant une couronne d'épines. D'après le tableau de Murillo. P. en L.
Épreuve avant la lettre.

1117 — Enfant couché et endormi, tenant de la main droite une banderole. D'après le tableau d'Antoine Van-Dyck. P. en L. *190.*
Épreuve avant la lettre, pendant du précédent sujet.

1118 — La Magdeleine en méditation. Sujet de demi-figure dans un ovale en hauteur, d'après le Corrège. *80.*
Épreuve avant la lettre.

1119 — Cléopâtre représentée debout se faisant piquer le sein par un aspic. Gravé en 1777 d'après le tableau du Guide, de la collection Montribloud (**). P. en H. *320.*
Épreuve avant la lettre.

(*) Ce chef-d'œuvre, dit *Lavallée*, eut l'honneur inouï, je crois, jusqu'alors, de faire le sujet d'un article dans les conditions portées au traité fait entre le général Bonaparte et le prince de Parme. Ce prince ressentait si vivement la privation de ce tableau, qu'il fit offrir au général un million en compensation, s'il voulait le lui laisser.

(**) Ce tableau fut vendu 8,951 livres à la vente de cette collection en 1784.

275. 1120 — La Fortune et l'Amour. Allégorie d'après le tableau du Guide, au musée du Capitole, à Rome. P. en H.

Épreuve avant la lettre. Cette estampe qui fait le pendant de la précédente, est extrêmement rare.

72. 1121 — Didon après le départ d'Enée se poignarde sur un bûcher. D'après le tableau du Guerchin. P. en L.

Épreuve avant la lettre.

325. 1122 — *Comitas* (la Douceur), *Justitia* (la Justice), gravées d'après les peintures de Raphaël, au Vatican. P. en H.

Épreuves avant la lettre. Ces deux estampes gravées en 1765.

505. 1123 — Vénus couchée. D'après le tableau du Titien qui se se voit à la tribune, à la galerie de Florence. P. en L.

Rare épreuve avant la lettre.

1124 — Danaë. D'après le tableau du Titien, de la collection du roi de Naples. P. en L.

Rare épreuve avant la lettre, elle fait le pendant du précédent sujet.

1020. 1125 — Charles Ier, roi de la Grande-Bretagne, représenté en pied et en manteau royal. Dessiné et gravé en 1770, d'après le tableau d'Ant. Van-Dyck, qui était en la possession de Robert Strange. P. en H.

Première et très rare épreuve avant la lettre, avant des travaux sur les pieds et à la moustache du personnage.

1030. 1126 — La même estampe.

Rare épreuve avant la lettre, entièrement terminée. Cette épreuve et la précédente vierges de marges (*).

550. 1127 — Charles Ier, roi de la Grande-Bretagne, représenté

(*) Une épreuve dans ce même état est au cabinet des estampes, elle a été payée 1,500 francs.

en pied près de son cheval que tient un écuyer. Dessiné et gravé en 1782, d'après le tableau d'Ant. Van-Dyck, au Musée Royal. P. en H.

Première et très rare épreuve avant la lettre, avant la planche ébarbée des essais de burin, et avant quelques travaux dans plusieurs parties de la composition.

1128 — Henriette d'Angleterre, femme de Charles Ier, et ses enfans. Dessiné et gravé à Londres en 1784, d'après le tableau d'Ant. Van-Dyck, de la collection de la reine d'Angleterre. P. en H.   *175.*

Première épreuve avant la lettre et avant que le collier de perles qui est sur la table à gauche n'ait été gravé.

1129 — Les deux mêmes estampes.   *440.*

Épreuve avant la lettre; elles sont, ainsi que la précédente suite, avec toutes marges.

SUBLEYRAS (Pierre), peintre, né à Uzès, en Languedoc, en 1699, mort à Rome en 1749. Élève d'Antoine Rivals (*), il a gravé à l'eau-forte quatre estampes décrites au *Peintre-Graveur français*, vol. 2°.

1130 — La Magdeleine aux pieds de Jésus, chez Simon le Pharisien. Dans la marge, une dédicace au duc de Saint-Aignan suivie d'un texte de saint Luc, chap. vii, et au bas à droite, *P. Subleyras inven. pinxit. et sculpsit. Romæ*, 1738. Ce tableau et l'esquisse de cette composition se voient au Musée Royal. P. en L.   *20.*

Deux épreuves; la première avant une retouche générale, faite à la seconde qui est beaucoup plus vigoureuse de ton; cette retouche se reconnaît à un trait de burin échappé qui se prolonge perpendiculairement dans la marge du bas à droite, en avant du mot *extraordinirio*. M. Robert-Dumesnil ne parle pas de cette différence.

(*) Ainsi que des Rivals, le Musée de Toulouse est enrichi des tableaux de Subleyras.

SUYDEROEFF (Jonas), dessinateur et graveur à l'eau-forte et au burin, né à Leyde en 1613, mort vers la fin du XVIIe siècle. Élève de P. Soutman, il surpassa son maître. L'œuvre de Suyderoëff était de cent onze pièces dans la collection Mariette.

1131 — Les plénipotentiaires (*) assemblés à Munster pour traiter de la paix. D'après le tableau de Gérard Terburg (**). Dans la terrasse, à gauche, *Geraert ter Burch pinsit.*, et à droite, *Jonas Suyderoef sculpsit.* Titre en trois lignes : Icon exactissima..... Anno 1648, idibus maii. P. en L.

1132 — Les quatre bourgmestres d'Amsterdam auxquels un officier des Etats vient annoncer l'arrivée de Marie de Médicis dans leur ville. D'après le tableau de Keyser. P. en L. connue sous le nom des *Quatre Bourgmestres* (***).
Belle et ancienne épreuve.

1133 — Soldat se querellant pour le jeu. L'un est prêt à frapper son adversaire avec un couteau. P. en L., d'après Terburg, connu sous le nom du *Coup de Couteau.*

(*) Les portraits des ministres qui ont figuré dans ce Congrès ont été gravés par *F. Bignon*, et forment un recueil de 33 planches; en tête un cartouche où on lit: ***Les Portraits au naturel avec les armoiries et blasons, noms et qualités de Messieurs les plénipotentiaires de Munster-Osnaburg, pour faire la paix générale.*** Chez Henri Sara. Paris, 1648, in-4º.

(**) Ce tableau qui faisait partie de la collection du palais de l'Élysée-Bourbon, fut adjugé à la vente de cette collection, au prix de 45,000 fr.

(***) Ces quatre bourgmestres étaient *Antoine* Delgens-Van-Wavaren, *Albertus* Conrad-Burk, *Petrus* Hasselaer et *Abraham* Boom. Il est présumable que ce sont ici leurs portraits. Le résultat de leur délibération fut l'ordonnance de la réception magnifique, qu'ils firent à Marie de Médicis, et dont Barleus nous a laissé les détails dans son ouvrage de *Hospe medicea*, et qu'il dédia à ces quatre magistrats.

1134 — Marche de Silène. Deux lignes de titre : *Visus He-
bet...* etc. *P. P. Rubens pinxit. I. S. sculpsit cum priuilegio.* P. en H. (54). 25.

Première épreuve avant l'adresse de *Clément de Jonghe excudit.*

1135 — La même estampe. 10.

Épreuve avec l'adresse de *Clément de Jonghe.*

1136 — Chasse aux lions et aux tigres. Titre : *In affectus...* 220.
P. P. Rubens pinxit. I. Suyderoëff sc. E. Soutman exc.
P. en L. (n° 2 des Chasses).

Très belle épreuve d'une estampe, dit *Basan*, la plus difficile à trouver
belle.

1137 — Fumeur et buveur près d'une table, une femme est
dans le fond. 70.

— Une femme assise tient un verre et demande à boire
à un homme près d'elle tenant un pot.

Ces deux morceaux en hauteur et en demi-figures ; à chacun, dans la marge du bas, deux vers, et *A. Ostade pinxit.
J. Suyderoëff sculpsit. Clément de Jonghe excudit.*

Belles épreuves. Collect. de *M. de Scitivaux.*

1138 — Trois vieilles femmes occupées à boire. Sujet dans
un ovale dit *les Parques ou les Trois Commères.* Dans le haut 63.
de l'estampe, on lit : *A. Ostade pinxit. Suyderoëff excudit.*

Belle épreuve avant que les angles de l'ovale aient été teints d'une
taille horizontale.

1139 — Intérieur rustique où des paysans jouent au trictrac.
Au bas à gauche : *A. V. Ostade pinxit, J. Suyderoëff fecit ;* 19.
à droite : *G. Valk excudit cum priuil.* P. en H.

1140 — Trois buveurs dans une tabagie ; un joue du violon.
A. Van Ostade pinxit, J. Suyderoëff sculpsit. Dans la marge, 79.
quatre vers hollandais ; *Als Jàn de Moff.* etc., et *N. Visscher
excud.* P. en H. nommée *Jean de Moff.*

110.

1141 — Querelle de joueurs : l'un est prêt à frapper son adversaire avec un couteau. Dans la marge on lit : *A. Ostaden pinxit, J. Suyderoëff sculpsit.* P. en H.
Belle épreuve avant l'adresse de *Clément de Jonghe.*

31.

1142 — Le bal. Dans la marge du bas, *A. V. Ostade, J. Suyderoëff sculpsit, P. Goos excudit.* P. en H.

8.

1143 — Ferdinand III, empereur d'Autriche, vu à mi-corps, dans un ovale formé de feuilles de lauriers et surmonté de deux aigles tenant un écusson ; au bas un cartouche avec titre en deux lignes, et *P. Soutman effigiavit et excud. cum priuil. sa. cæ. M. I. Suyderoëff sculpsit.* P. en H.

5. 50.

1144 — Albert, archiduc d'Autriche, vu à mi-corps, dans un ovale formé d'une couronne de lauriers entourée de guirlandes de fruits. Au bas, dans un cartouche, le titre en deux lignes et *P.-P. Rubens pinxit, I. Suyderoëff sculpsit, P. Soutman effigiavit et excud. cum priuil. S. coc. M.* (n° 25 des portraits de Rubens). P. en H.

10.

1145 — Jean, duc de Bourgogne, dit l'Intrépide, vu à mi-corps, dans un ovale formé d'une couronne de lauriers ornée de guirlandes de fruits. Au bas, dans un cartouche, le titre en trois lignes, et *P. Soutman et excud., I. Suyderoëff sculpsit cum priuil. sa. coc. M.* P. en H.

7. 50.

1146 — Philippe Ier, duc de Bourgogne, etc., vu à mi-corps, dans un ovale formé d'une couronne de feuilles de lauriers, ornée de guirlandes de fruits. Dans le haut des armoiries, et dans le bas un cartouche avec titre en trois lignes, et *P. Soutman effigiavit et excud., I. Suyderoëff sculpsit cum priuil. sa. ca. M.* P. en H.

12.

1147 — Philippe II, roi d'Espagne, vu à mi-corps, dans un ovale formé de feuilles de laurier, entouré de guirlandes de fruits. Au bas un cartouche avec titre en deux lignes et

Ant. Moro pinxit, I. Suyderoëff sculpsit, P. Soutman effigiavi. et excud. cum priuil. S. C. M. P. en H.

1148 — Philippe III, roi d'Espagne, vu à mi-corps, dans un ovale formé d'une couronne de laurier entourée de guirlandes de fruits. Au bas un cartouche avec titre en deux lignes et *P. Soutman effigiavit et excud., I. Suyderoëff cum priuil. sa. coc. M.* P. en H. *8,*

1149 — Portrait de Georges-Christophe Liber, baron de Haslang. Dans la marge du bas les noms et qualités du personnage en sept lignes, et *I. Suyderoëff sculpsit.* P. en H. *4. 50.*

1150 — Portrait de Jean Post, d'après F. Hals. P. en H. *40.*

SWANEVELT ou **SUANEVELT**, dit **HERMAN D'ITALIE** (Herman Van), peintre et graveur à l'eau-forte, né en Hollande vers 1620. L'on croit qu'il eut Gérard Dow pour maître; il alla fort jeune à Rome et devint élève de Claude Lorrain, qu'il choisit pour modèle. La vie retirée qu'il menait, ses promenades studieuses et solitaires dans les campagnes de Rome où il étudiait la nature, lui valurent le surnom d'ermite; il mourut à Rome en 1690. L'œuvre de ce maître est de cent quatorze pièces décrites par *Bartsch*, vol. 2, pag. 249. *M. Robert-Dumesnil*, dans le catalogue de sa collection des maîtres hollandais, lui attribue deux pièces, et nous décrivons aussi une fort belle pièce gravée tout-à-fait dans sa manière, et dont aucuns calcographes n'ont parlé. Notre œuvre, au grand complet, est de la plus grande beauté pour les épreuves qui sont premières avec les *excudit*, quelques-unes mêmes avant la lettre et avec de grandes marges. Les deux pièces rares, le satyre jouant de la flûte et le chevrier, s'y trouvent; elles manquaient dans l'œuvre de *Rigal*, auquel catalogue nous empruntons nos descriptions.

OEUVRE DE SWANEVELT.

1151 — Vues prises la plupart dans la campagne de Rome. Suite de vingt-quatre petites estampes ovales en largeur. A la première, sur une grande pierre devant laquelle sont *3130.*

deux hommes debout, on lit : VARIÆ CAMPESTRUM FANTASIÆ A HERMANO VAN SUANEWELT INVENT. ET IN LUCEM EDITÆ CUM PRIVILEG. REGIS (B., n° 1 à 24).

Épreuves brillantes égales de tons et bien conservées.

— Satyre jouant de la flûte à plusieurs tuyaux; devant lui, deux femmes et un enfant; plus loin, un autre satyre couché à terre; à droite, une rivière et des arbres. Sujet dans un ovale en largeur (25).

Morceau le plus rare de l'œuvre, épreuve avec marge et parfaite de conservation.

Paysages avec animaux. Suite de sept pièces en largeur, savoir : les chameaux; — les bœufs; — les ânes; — les béliers; — les chèvres : deux épreuves; — les chèvres d'Angora; — les cochons (26 à 32).

Premières épreuves avant le nom du maître et l'adresse d'Audran.

— Satyre à genoux, un vase rempli de raisin devant lui; il est placé à droite en avant d'un terme derrière lequel est une cuve. A gauche, une femme assise, une coupe à la main gauche. Au bas, on lit : *H. Swanevelt fec.*, et à la droite, *chez Audran*. P. en L. (33).

Premières épreuves; aux secondes on lit sur la cuve: *Cayer d'Animaux*. Bartsch ne cite pas cette différence.

— Saint Jean-Baptiste, assis dans le désert, près d'un terrain couvert de grands arbres; au bord d'un large ruisseau à droite, sur une pierre, les lettres H. V. S. réunies. P. en L. (34).

— Jésus dans le désert; le Sauveur, la main gauche élevée, semble dire au démon : Il est écrit, *l'homme ne vit pas de pain seulement*... Dans la marge les lettres H. V. S. réunies. P. en L.

Cette estampe et la précédente sont premières épreuves avec les mots:

Appresso Gio Batta de Rossi in P. Nauona. Dans la marge du bas, aux secondes épreuves, l'adresse de *Carlo Losi*, 1773.

— Vues de ruines et de divers endroits de la ville de Rome; suite de treize pièces en largeur. A la première qui sert de titre : sur une draperie la dédicace à Gédéon Tallemant, en neuf lignes; ILLUSTRISSIMO... *Herman va Swanevelt*, et dans la marge, *diverses veues desseignées... privilége du Roy.* Les autres sont sans marque. (36 à 48).

— Paysages de sites pittoresques, où sont des satyres et des dryades. Suite de quatre pièces en largeur; à chaque on lit dans la marge du bas à gauche : *Herman Van Suanevelt inventor et fecit;* à droite, *cum privilegio Regis* (49 à 52).

Premières épreuves avant l'adresse de *Bonnart ex.*, *au coq*, qui se voit aux secondes épreuves et qui est effacée dans les troisièmes.

— *Diuerses veües dedans et dehors de Rome, dessinées par Herman Van Swaneuelt, dedié aux vertueux. Avec priuil. du Roy,* 1653. Ce titre est gravé sur un piédestal près duquel Minerve est assise; au fond, à droite, partie de la ville de Rome; première estampe d'une suite de treize pièces en largeur (53 à 65), et aux douze autres morceaux les titres suivans : 2. *Vinia Mamsrona for della porta Pinciana.* — 3. *Parte delle terme Antonanio.* — 4. *Veduto daqua assutosa for di Roma.* — 5. *Sepultura in vica apia.* — 6. *Hosteria a priema porta.* — 7. *San Adriano in Via flaminia.* — 8. *Casa Rustico for della porta del Populo.* — 9. *Vinnia Papa Julio in Via flaminia.* — 10. *Veduta dal Zugro.* — 11. *Altro veduto dal Zugro.* — 12. *Altro vedutin dal Zugro.* A onze de ces morceaux les lettres H. V. S. liées ensemble, et *fe. et ex. cum pr. Re.* Au troisième morceau, *Herman Van Swaneuelt fecit et excudit cųm priuilegio Regis* 1652.

Premières épreuves; aux secondes le mot *excudit* effacé et l'adresse de Bonnart.

— Paysages ornés de sujets tirés de l'Histoire-Sainte. Suite de quatre pièces en largeur, savoir :

— Abraham placé à droite invite les trois anges à entrer dans sa maison. Au coin à gauche, *H. Swaneuelt. Fe. Rom.* (66).

Deux épreuves; la première avant *K. Audran ex.* A la seconde du 3º état, l'adresse : *A Paris, chez Pierre Mariette, rue St-Jacques, à l'Espérance; avec priuilège*, et le *nº* 3, placé à gauche dans la marge.

— Agar consolée par l'ange qui, de sa main gauche, lui montre une pièce d'eau. Au coin à gauche, *H. Swaneuelt Fe. Rom.* (67).

Deux épreuves; la première avant *K. Audran ex.*, écrit sur la terrasse; la seconde du 3º état, avec l'adresse de *P. Mariette* et le nº 1.

— L'ange Raphaël rassurant le jeune Tobie effrayé à la vue d'un énorme poisson qui sort du Tigre, dont les eaux occupent la droite. On lit au haut du coin à gauche, *H. Swaneuelt F. Rom.* (68).

Deux épreuves; la première avant l'adresse de *K. Audran exc.*; la seconde du 3º état, l'adresse de *K. Audran* effacée, et où on lit l'adresse de *P. Mariette* et le *nº* 3.

— Elie dans le désert. L'ange, à sa gauche, lui apporte sa subsistance. On lit, au coin du ciel à droite : *H. Swaneuelt fecit Rom. K. Audran excudit* (69).

Deux épreuves; la seconde du 3º état, l'adresse de *P. Mariette*, substituée à celle d'*Audran* et le nº 4.

— Deux paysages en largeur. Dans l'un, Syrinx, poursuivie par Pan, se sauve entre des roseaux, au bord du Ladon qui coule à droite. Le second sujet représente la nymphe Salmacis, un genou en terre, tournant ses regards vers Hermaphrodite qui se baigne vers la droite (70-71). Au premier morceau, sur une pierre à droite, et à l'autre, sur l'eau, le chiffre *H. S.* et l'année 1773-1774; à tous les deux, gauche dans la marge : *Appresso Gio Batta de Rossi in P. Nauona.*

Très belles épreuves avec l'adresse de Rossi; aux épreuves postérieures celles de *Carlo Lossi.*

— Quatre vues en largeur, dont : *Veuë de l'isle Louvier et d'une partie de l'isle Nostre-Dame*; à gauche, *Israël Siluestre delin. et fe.*; à droite, *Israël ex. cum priuil. Regis* (72). *Veuë du palais d'Orléans du côté des Chartreux*, etc.; à gauche, *Israël Siluestre delin. et fe.*; à droite, *Israël exc. cum priuil. Regis* (73). *Veuë de Gondy, maison de Plaisance*, etc.; à droite, *Israël ex. cum priuil. Regis* (74). La nymphe de la Seine, assise au pied d'un rocher, appuyée sur une urne; elle montre de la main droite les armes de France où se voit l'année 1654; dans le fond s'aperçoit le Louvre; dans la marge, une inscription en trois lignes : *Les riuieres d'Oyse et de Marne...* etc.; à gauche, *Israël Siluestre delin. et fecit*; à la suite, *A. Paris, chez Israël Henriet...* etc.; *auec priuil. du Roy* (75).

Ces quatre estampes belles épreuves; la vue de l'île Louvier double, une est avec le tracé des lignes du titre et des essais de pointe très apparens.

— Paysages en largeur, ornés de figures et d'animaux; suite de quatre pièces (77 à 80), savoir : paysage avec cascades, à droite, deux pêcheurs dont l'un tient une nasse, l'autre un sceau; jeune fileuse, elle garde quatre bœufs; quatre hommes, deux à cheval, deux à pied, sur un chemin bordé de rochers, couvert de grands arbres; dessinateurs assis à terre à la droite d'une campagne où des eaux tombent en cascade. A droite, dans les marges, à ces morceaux, on lit : *Herman Van Swaneuelt in. fe. et ex. cum pr. Re.*

Première épreuve avec les mots *et ex.* (*excudit*), qui sont effacés dans les épreuves postérieures.

— Deux paysages en largeur (81-82). L'un vu au coucher du soleil; à droite, deux hommes, un est en manteau; du côté opposé, un étang bordé d'arbres. Dans le second paysage où serpente une rivière, à droite, un petit pont de bois sur le devant, un villageois et une jeune fille assise à terre.

Superbes et très rares épreuves avant toutes lettres. *Bartsch* ne cite d'épreuves avant la lettre d'aucune pièce de Swanevelt.

— Les deux mêmes estampes. On lit à gauche, dans les marges, le chiffre : *H. V. S. fe. et ex. cum pr. Re.*

— Différens paysages avec ruines, fabriques et figures; suite de douze pièces en largeur (83 à 94), dont quatre différentes vues du palais des Césars sur le mont Palatin; dans la *première,* un cardinal suivi de deux valets; *deuxième*, à gauche, deux hommes assis à l'ombre d'un arbre au bas d'une butte; *troisième*, des chèvres, à droite, un chevrier; *quatrième*, à gauche, un cavalier salue des dames; du côté opposé, un dessinateur sur une butte; *cinquième*, deux hommes portant un malade sur une civière, quatre femmes suivent la marche qui se dirige à droite vers les murs de Rome; *sixième*, campagne où sont, à la gauche, un villageois et une villageoise sur leur bouriquet et deux hommes à pied; *septième*, villageoise un panier au bras et vieillard un paquet sur le dos, à droite, au-delà d'une mare, on voit un bois; *huitième*, oratorio à la droite d'une campagne où des femmes lavent du linge; *neuvième*, grotte de la nymphe Egérie à la *Cafarella* : en avant, des villageois et villageoises, assis sur l'herbe, d'autres dansent à droite dans le fond; *dixième*, des joueurs de boules près de *Porta Salara*; *onzième*, la Chartreuse, dite de *Termini*, dans les Thermes de Dioclétien; à la porte, des religieuses distribuent des aumônes à des pèlerins; *douzième*, chemin entre des rochers, à la gauche d'une campagne, un paysan y fait avancer un mulet. A ces morceaux, dans les marges, à gauche, *Herman Van Sua-*

neuelt inventor fecit et excudit; à droite, *cum privilegio Regis.*

Premières et belles épreuves avec les mots : *fecit et excudit.* Aux secondes épreuves où ces mots sont effacés, l'adresse de *Bonnart ;* aux troisièmes l'adresse de *Mondhare* effacée dans les quatrièmes.

— Deux riches paysages en largeur (95-96). Dans l'un, Mercure dérobe les chevaux d'Apollon, et recommande le silence à Battus qui est à sa gauche. Dans l'autre, Mercure touche Battus avec son caducée et le métamorphose en pierre de touche. Dans les marges, à gauche, *H. Swaneuelt fecit Rome ;* à droite, *se vendent à Paris, chez Pierre Mariette, rue Saint-Jacques, à l'Espérance, avec priu. du Roy.* A gauche, en avant du nom du peintre, les n°s 1 et 4 qui correspondent avec les n°s 2 et 3 des deux pièces douteuses ; de ces quatre pièces Mariette avait formé un cahier ; aux épreuves postérieures son adresse est effacée.

— Quatre paysages en largeur où le sujet de la fuite en Egypte est différemment représenté (97 à 100), savoir : saint Joseph accompagnant la Sainte-Vierge montée sur l'âne, l'Enfant-Jésus dans ses bras ; à droite, un léger nuage où sont trois chérubins. — Saint Joseph aidant la Sainte-Vierge à descendre de dessus l'âne qu'un ange retient par la bride, un autre ange est à genoux près de l'Enfant-Jésus assis à terre ; à droite, un pont de pierre. — La Sainte-Vierge assise, l'Enfant-Jésus sur ses genoux, deux anges adorent le Sauveur, et saint Joseph conduit l'âne vers une rivière qui coule à droite. — La Sainte-Vierge assise au pied d'un grand arbre, à la droite d'une campagne, deux anges adorent l'Enfant-Jésus que la Vierge tient dans ses bras ; vers le milieu où saint Joseph se repose, l'âne broute l'herbe. A ces morceaux, dans les marges, à gauche, on lit : *Herman Van Suanevelt inventor fecit excudit ;* à droite, *cum privilegio Regis ;* au dernier morceau le mot *excudit* écrit avec un *g* (*excuditg*).

Premières et très belles épreuves.

— Suite de six paysages en largeur (**101** à **106**) où sont représentés des sujets tirés de l'histoire d'Adonis, savoir : **1.** Adonis, mis au jour par Mirrha, changée en myrte, est reçu par Diane ; on aperçoit à gauche, sous les arbres, une biche ; titre en quatre lignes : *Adonis naist de Mira*..... **2.** Adonis enlevé à Diane par Vénus, sous les arbres, à droite, la déesse des forêts endormie au milieu de ses nymphes ; titre : *Vénus trouuent Diane endormye*..... **3.** Adonis auquel Vénus a fait naître des ailes et l'Amour présentés à Diane par cette déesse ; à la gauche, les nymphes de Diane ; titre : *Diane trouve Vénus*..... **4.** Adonis exercé à la chasse par Vénus, près d'eux, Cupidon lance un trait à des lièvres qui fuient vers la gauche ; titre : *Vénus exerse Adonis*..... **5.** Mort d'Adonis ; vers la gauche, le sanglier qui s'éloigne ; titre : *Adonis rencontre le sanglier*..... **6.** Vénus se précipitant de son char vers le corps de son cher Adonis ; dans les airs, l'Amour brise son arc et jette ses flèches, vers la droite, où coule un large ruisseau, un tronc d'arbre rompu ; titre : *Vénus pleure son Adonis*... A chacun de ses morceaux, dans la marge, entre les quatre lignes du titre, les n°s 1 à 6 ; au-dessous, tout au bas, *Herman Swaneuelt fecit et excudit cum priuilegio Regis* 1654. Au second morceau, on lit dans le coin à gauche, dans l'estampe, *Herman Van Swant. fe.*, à peine lisible.

Première et superbe épreuve avec les mots *et excudit* ; aux secondes épreuves ces mots effacés et à la place l'adresse de Bonnart effacée dans les troisièmes.

— Vue de lieux solitaires où sont représentés des pénitens ; suite de quatre estampes en largeur (**107** à **110**), savoir : la Magdeleine devant une grotte, elle est étendue à terre sur une natte et considère une croix et une tête de mort ; près de là, deux anges sur un nuage : l'un pince de la harpe, l'autre joue du violon ; à droite, des bois et une rivière.

— Saint Antoine repoussant le démon qui lui présente des

fruits, à droite, un large ruisseau. — Saint Jérôme assis près d'une pierre, appuyé sur un livre ouvert placé devant lui, à droite, une grande croix plantée en terre. — Saint Antoine et saint Paul, ermites, s'entretenant ensemble, assis sous un toit de joncs, devant une grotte ; à droite, dans les airs, un oiseau porte un pain dans son bec. A chacun de ces morceaux, à gauche, dans les marges, on lit : *Herman Van Suanevelt inventor fecit et excudit;* à droite, *cum privilegio Regis.*

Premières et superbes épreuves avec les mots *et excudit.* Ces mots, effacés dans les secondes épreuves où se trouve l'adresse de *Bonnart*, laquelle est remplacée par celle de Van-Heck dans les troisièmes et effacée dans les quatrièmes.

— Un double du saint Jérôme (109), avec différences.

Toute première et très rare épreuve avant que l'angle du haut, à gauche de la planche, n'ait été arrondi ; elle est beaucoup plus vigoureuse et le tracé des lettres du nom est plus apparent. *Bartsch* ne signale pas cette différence.

— Vue d'une vaste campagne ; à la gauche, Balaam arrêté par l'ange du Seigneur, qui tire une longue épée et fait reculer d'effroi l'ânesse qui sert au prophète. P. en L. (111).

Première et très rare épreuve avant la lettre et avant le trait carré autour de la composition. *Bartsch* ni *Rigal* ne parlent pas de cet état (*).

— La même estampe.

Belle épreuve du 3e état avec *H. Swanevelt fecit Rom. K. Audran excudit.*

— Paysages avec figures et animaux ; suite de quatre estampes en hauteur (112 à 115), savoir : un meunier conduisant des ânes chargés de sacs, à la droite d'une campa-

---

(*) M. Robert-Dumesnil est le premier qui en ait parlé ; elle est décrite dans son catalogue de vente de sa collection de maîtres flamands et hollandais, ainsi que cinq autres états de cette planche.

gne.—Deux hommes arrêtés dans un pays, à la droite duquel coule une rivière. — Villageois un bâton à la main et une villageoise un panier au bras droit, dans une campagne où des eaux tombent du haut d'une montagne escarpée.—Villageois un genou en terre buvant dans son chapeau l'eau qu'il vient de puiser à une mare qu'on voit à droite; près de là, un rocher surmonté d'un bouquet de grands arbres; dans les marges, à gauche, à chacun de ces morceaux : *Herman Van Suanevelt inventor fecit et excudit;* à droite : *cum privilegio Regis.*

Premières et superbes épreuves avec les mots *et excudit.* Ces mots effacés dans les secondes épreuves où on lit l'adresse de *Bonnard*, laquelle est remplacée par celle de Van-Heck, supprimée dans les quatrièmes.

— Chevrier assis à terre dans une campagne où huit chèvres broutent au bord d'un ruisseau; devant lui, un homme debout tient un bâton; à droite, une femme vue par le dos, un paquet sur la tête. P. en L. (116). Morceau légèrement gravé, il est de la plus grande rareté.

— Deux paysages en largeur, que *Bartsch* dit être faussement attribués à *Swaneuelt.* Sarcophage antique orné de bas-reliefs; à la droite, trois hommes debout le regardent; du même côté, deux hommes, dont un porte un paquet sur le dos, se dirigent vers eux. — Dans cet autre paysage; au milieu du devant, deux pêcheurs vus par le dos au bord d'une rivière qui s'étend sur le devant à droite; à gauche, un chemin où marchent un homme et une femme. A chacun de ces morceaux, dans la marge à droite: *H. Swaneuelt in. et sculp.;* au milieu : *se vendent à Paris, chez Pierre Mariette, rue Saint-Jacques, à l'Espérance, auec priu. du Roy;* et à gauche, au premier le n° 3, au second le n° 2, qui correspondent avec les deux décrits sous les nos 95-96.

PIÈCE INÉDITE.

— Paysage au milieu duquel sont quatre personnages, dont à gauche une femme un paquet sur la tête ; près d'elle un homme vu par le dos enveloppé d'un manteau, parle à un muletier vêtu d'une peau de mouton et la tête couverte d'un bonnet fourré ; il tient un mulet par la bride, derrière lequel en est un autre sur la croupe duquel est monté un paysan tenant de la main droite un bâton. A gauche un bois qui s'étend jusqu'à la droite du fond, vers quelques fabriques couronnées par des montagnes. Au bas du tertre, sur lequel sont placées les figures, des roseaux, et à droite un bouquet d'arbres. Ce morceau, sans marque, dont la composition et la pointe sont parfaitement identiques aux meilleures eaux-fortes de Swanevelt, lui est attribué ; aucun biographe n'en a parlé ; il est de la plus grande rareté et parfaitement conservé. Largeur, 15 c. 1 m. Hauteur, 11 c. 3 m.

T.

TARDIEU (HENRI-NICOLAS), dessinateur et graveur au burin, né à Paris en 1674, mort dans la même ville en 1749. Élève d'ANTOINE LE PAULTRE et de JEAN AUDRAN, il fut membre de l'Académie en 1720.

1152 — Vulcain montrant à Vénus les armes qu'il a forgées pour Énée. P. en L., d'après un des douze tableaux peints par Antoine Coypel, au Palais-Royal, et représentant l'histoire d'Énée. Ces peintures ont été détruites vers la fin du siècle dernier.

TARDIEU (M. Pierre-Alexandre), graveur au burin, né à Paris en 1756. Élève de Jacques-Nicolas et Henri Tardieu, ses oncle et grand-oncle, graveurs du roi et membres de l'Académie, et aussi de J.-G. Wille. M. Alex. Tardieu fut nommé membre de l'Institut à la mort de M. Bervic. M. Desnoyers est son élève.

9. 50. 1153 — Henri IV représenté en pied; d'après le tableau de F. Porbus, peint en 1610; tableau de la galerie d'Orléans. *Pierre-Alex. Tardieu* 1788. P. en H.

Épreuve avant la lettre et avant la bordure; seulement les noms d'auteurs.

3. 1154 — Henri IV enfant, représenté en pied; d'après le tableau de F. Janet, à la galerie d'Orléans. P. en H.

Épreuve avant la lettre et avant la bordure, seulement les armes, le nom du personnage et ceux d'auteurs.

1. 25. 1155 — Christine, reine de Suède, vue jusqu'aux genoux; peint par Sébastien Bourdon; tableau de la galerie d'Orléans. P. en H.

Épreuve avant la lettre et avant la bordure, seulement le nom du personnage et ceux d'auteurs.

13. 50. 1156 — Thomas Howard, comte d'Arundel et de Surrey (*), maréchal d'Angleterre; il est vu à mi-corps assis dans un fauteuil; dessiné et gravé par P.-A. Tardieu, d'après le tableau d'Ant. Van-Dyck, de la galerie d'Orléans. P. en H.

Très rare épreuve d'artiste avant la lettre, avant la bordure et les armes, seulement les mots *comte d'Arundel*, tracés en lettres anglaises, et les noms d'auteurs. Cette estampe et les trois qui précèdent ont été

(*) C'est à ce seigneur, grand amateur d'antiquités, que l'on est redevable de la fameuse collection des marbres découverts par Guillaume de Petrée, dans l'île de Paros, qui renfermaient les principales époques de l'histoire des Athéniens; ces marbres ont été détruits dans les temps de trouble.

gravées pour l'ouvrage de la Galerie d'Orléans, publié par Couché, de 1786 à 1808, en 3 vol. in-fol. de 355 planches.

TENIERS (David, Les), peintres, nés à Anvers, l'un en 1582, l'autre en 1610. Le premier, TENIERS *le Vieux*, élève de P.-P. Rubens, mourut à Anvers en 1619; le second, élève de son père et d'Adrien Brauwer, mourut à Bruxelles en 1690. Les deux Teniers ont gravé à l'eau-forte et ont marqué leurs estampes du monogramme formé de la lettre T, placé dans la lettre D. On leur attribue les morceaux suivans :

1157 — Un villageois assis à une table et le verre à la main, caresse une femme assise à sa gauche. P. en L. (N° 20 du *Catalogue Rigal*, où se trouvent décrites les estampes de ce maître).   24.

Première épreuve sans les lettres D. T.

1158 — Intérieur d'une cuisine; au coin du haut à droite le chiffre *D. T. inuet*. P. en L. (n° 14).   20.

1159 — Les joueurs de cartes; cinq paysans sont groupés autour d'une table, deux jouent aux cartes; dans le fond à gauche, deux autres près d'un foyer d'une cheminée, dont un assis et l'autre debout, un verre à la main. P. en L. (20).   71.

Première épreuve avant les lettres D.T., placées à gauche sur l'escabeau où est assis un des joueurs.

1160 — La même estampe.   8. 50.
Épreuve avec les lettres D. T.

1161 — Une vieille et une paysanne, un enfant sur ses genoux, se chauffent à peu de distance d'une grande chaumière, à la droite d'une campagne vue au clair de lune P. en L. (24).   8. 50.

1162 — Paysan debout; il tient son chapeau de la main droite et de l'autre un balai. P. en H. (36).   3. 50.

1163 — Vieille assise, tournée vers la gauche, lisant son chapelet ; un chapeau est par terre à sa droite P. en H. (31).

A ces trois morceaux, dans la marge du bas, *D. Teniers in. et excud. cum priuilegio.*

TOSCHI (M. PAUL), graveur au burin, actuellement résidant à Parme. Élève de BERVIC.

1164 — Entrée de Henri IV dans Paris ; peint par F. Gérard pour la grande salle du Conseil-d'État, au Louvre. Tableau actuellement au Musée historique de Versailles, galerie des Batailles. P. en L.

Très belle épreuve avant toutes lettres, avant les tailles sur le collet d'un homme, les mains jointes, qui est à gauche près du bord de l'estampe, et celles sur l'étendard que tient le guerrier derrière le roi. Cette épreuve est sur papier de Chine.

1165 — *Lo spasimo di Sicilia.* Jésus portant sa croix au Calvaire. Gravé d'après le tableau de Raphaël, à la galerie royale de Madrid (*). P. en H.

Belle et rare épreuve avant toutes lettres et avant plusieurs contre-tailles dans la terrasse du bas ; la marge couverte d'essais de burin. Elle est sur papier de Chine.

1166 — La même estampe.

Épreuve avant la lettre, le titre : *Lo Spasimo di Sicilia ;* les noms d'auteurs, la publication et le nom de l'imprimeur en lettres tracées.

1167 — Vénus et Adonis ; d'après le tableau de l'Albane. P. en L.

Épreuve avant la lettre, seulement on lit : *Peint par l'Albane, gravé en 1816 par P. Toschi, et déposé au bureau des estampes.*

(*) N° 598 de la Notice du Musée de Madrid, en 1828. On a aussi publié à Madrid un recueil de planches lithographiées, d'après les principaux tableaux de ce Musée, sous le titre : *Colleccion lithografica de cuadros*

TROUVAIN (Antoine), graveur au burin, né à Mont-Didier en 1666; il fut nommé membre de l'Académie en 1707, il mourut à Paris en 1710.

1168 — Mlle Denise, femme de Le Petit, imprimeur-libraire; portrait dans un ovale. *A. Trouvain sculpsit*, 1697. P. en H. *12.*

Épreuve avant les six vers qui se trouvent ordinairement dans la tablette. Morceau rare.

U.

UDEN (Lucas-Van), peintre, né à Anvers en 1595, mort dans la même ville en 1662. Élève de son père : « Il obtint, dit L'*Évêque*, » l'estime de Rubens, qui prit plaisir à enrichir les paysages de ce » peintre de figures de sa main, quoique Van-Uden lui-même fût » un des paysagistes qui ait le mieux fait la figure. Van-Uden, de » son côté, peignit plusieurs fois le paysage et les ciels dans les ta- » bleaux de Rubens. » On connaît de ce maître soixante paysages gravés à l'eau-forte. *Bartsch*, vol. 5, en décrit cinquante-neuf; *Rigal*, un.

1169 — Paysage; à gauche une femme assise et deux enfans debout; du côté opposé, au-delà d'un ruisseau, un village et une grande église. P. en L. (5). *29.*

Première épreuve avant les mots : *Lucas Van-Vden fecit, F. v. W. ex.* sur le ciel à droite. État inconnu à *Bartsch*.

1170 — Pays d'une vaste étendue; à gauche une pièce d'eau et à la droite du devant se voient deux souches d'arbres; dans la marge du bas du même côté, est écrit *Franc Vanden* *6.*

---

del Rey de Espana, el senor don Ferdinand septimo. Madrid; 1826-32, 3 vol. gr. in-fol. de 198 planches.

Wyngaerde. P. en L. (29). Ce morceau, dit *Bartsch*, est un des plus beaux de l'œuvre.

1171 — A la droite de ce morceau, un large chemin qui s'étend sur la moitié du bas de la planche; au bord de ce chemin et au milieu de l'estampe, un homme avec un long bâton se repose sur une butte : au bas de l'estampe, vers la la gauche, les lettres L. V. V., gravées sur une pierre carrée, et au milieu on lit : *F. v. W. ex*. P. en L. (42).

V.

VELDE (Adrien Van de), peintre, né en Hollande vers 1639, mort en 1672; élève de J. Vynantz. Excellent peintre de paysages et d'animaux, il a gravé à l'eau-forte vingt-quatre pièces. *Bartsch*, vol. 1er, en décrit vingt-une. *Rigal*, les trois autres (*).

1172 — La vache et les deux moutons au pied d'un arbre. Au milieu du bas on lit : 1670, *A. V. V. F.* (11).

— Le bœuf pie et les trois moutons; on lit au bas de la gauche : *A. V. V. F.*, et au-dessous : 1670 (12).

— Les deux vaches au pied d'un arbre ; au bas à gauche : *A. V. V. F.* (13).

— La brebis allaitant un agnelet, un autre agneau couché au fond à gauche. Au bas, à droite on lit : *A. V. V. F.* 1670 (14).

— Les deux moutons ; on lit au bas vers la gauche : *A. V. V. F.* 1670 (15).

(*) Dont deux, regardées comme uniques, ont été payées 950 liv. chaque à la vente de cette collection.

1173 — La chèvre couchée; vers le fond, à droite, un agnelet se gratte le dos; au bas à gauche les lettres : *A. V. V.* (16).   *970.*

Belle épreuve d'une pièce que *Bartsch* dit de la plus grande rareté.

1174 — Le berger et la bergère avec leurs troupeaux; dans le haut à gauche on lit : *Adryaen Vande Velde fe. et ex.* 1653. P. en L.   *710.*

Première et rare épreuve; on y voit à droite, derrière la vache, près du trait carré qui entoure l'estampe, un rond blanc d'environ 6 centimètres, où les tailles, à cette place, n'ont pas été mordues par l'eau-forte. Aux secondes épreuves, cette place a été raccordée, mais ce raccord est très apparent; ces épreuves portent dans la marge le nom de Van de Velde et l'adresse d'Houwens. Elles n'ont pas été décrites par *Bartsch*.

VELDE (JEAN VAN DE), peintre et graveur à l'eau-forte et au burin, né à Leyde vers 1598.

1175 — Fête de village; dans la marge du bas, six vers et *I. Van de Velde invent. C. Visscher excudebat.* P. en L., gravée en 1623.   *22. 50.*

VERMEULEN (CORNEILLE), dessinateur et graveur au burin, né à Anvers vers 1664, mort dans la même ville en 1702. Il a gravé principalement le portrait.

1176 — *Jacobus Sirmondus*, de la Société de Jésus, vu à mi-corps; il tient un livre de la main droite, dans un ovale avec inscription, posé sur un appui où se lit à gauche : *C. Vermeulen*, et au bas dans une tablette, six lignes de titre. P. en H.   *1. 75.*

VERSCHURING (HENRI), peintre, né à Gorcum en 1627, mort dans la même ville en 1690; élève de J. BOTH. Verschuring a gravé à l'eau-forte quatre pièces décrites par *Bartsch*, vol. 1er.

1177 — Voyageur en manteau et à cheval, une femme montée sur un âne, un enfant devant elle, l'accompagne, un chien   *80.*

court après eux. A droite du devant : *H. Verschuring.* P. en H. (2).

VIERIX ou **VIERX** (Jérome), dessinateur et graveur au burin selon *Huber,* né à Amsterdam vers 1551. Des trois graveurs de ce nom, Jérôme fut un des plus laborieux ; on a de lui quantité de jolis portraits et sujets de son invention ; il a gravé aussi d'après divers peintres flamands.

1178 — Henriette de Balzac-d'Entragues, duchesse de Verneuil, maîtresse de Henri IV, morte le 9 février 1633, âgée de 64 ans. P. en H. On lit au bas :

> *Tout le beau des beautez des empyriques Dieux*
> *Tout l'honorable port, toute la grâce exquize*
> *Des aultres deitez, sont icy, comme es cieux*
> *Dans l'admirable esprit de cette alme marquize.*

A gauche : *Hieronymus Wierx sculp. in septembri,* Anno 1600. A droite : *Auec priuil. du Roy. Harman Adolfz excudebat Harlemensis.*

VISSCHER ou **DE VISSCHER** (Corneille), dessinateur et graveur à l'eau-forte et au burin, né à Harlem en 1610, mort dans la même ville en 1670. Il a gravé plusieurs beaux portraits d'après ses dessins et aussi des sujets d'après Ostade, Pierre de Laer et autres, et la plus grande partie des planches d'après les tableaux du cabinet du bourgmestre de Rheynst (*). Hecquet a donné, en 1751, le catalogue des pièces gravées par C. Visscher ; on le trouve à la fin du 2º vol. du Dictionnaire des Graveurs de Basan, édit. de 1767.

1179 — Le départ d'Abraham pour la Mésopotamie ; d'après le tableau du Basan du cabinet Rheynst. P. en L. (1).

(*) Publié sous le titre : *Variarum imaginum..., viduam, Gerardi Rheynst,* etc. *Amstelodami*; in-fol. de 33 planches, gravées par C. Visscher, Van-Dalen, J. Matham, Lutma, Vermeulen, etc. Ce recueil est très

1180 — Dieu apparaît à Abraham et lui promet pour sa postérité le pays de Chanaan. D'après le tableau du Bassan du cabinet Rheynst. P. en L. (2).

Ces deux estampes font partie de l'ouvrage du Cabinet Rheynst. Épreuves sans lettres.

1181 — La fricasseuse ou faiseuse de gâteaux nommés en Hollande *koucks* ou beignets. P. en H. (14). Morceau capital de C. Visscher. 255.

Première épreuve avant l'adresse de *Clément de Jonge exc.*, ordinairement placée à terre entre le chenet de cheminée et la partie ombrée où se trouve *Corn. Visscher inv. et sculps*.

1182 — Le joueur de vielle, accompagné de cinq enfans, dont un joue du violon; sujet de demi-figures. On lit dans la marge du bas, à droite: *A. V. Ostade pinxit*, et au-dessous: *C. Visscher fecit aqua forti*. P. en H. (15). Ce morceau, l'un des meilleurs de Visscher, est connu sous le titre des *Violonneurs*. 550.

Superbe et vigoureuse épreuve. Collect. de *MM. Claussin* et *Revil*.

1183 — Le marchand de mort-aux-rats. Il est vu de face jusqu'aux genoux; à droite, un jeune garçon tient un panier au bout d'un bâton où sont pendus des rats. Au haut, à droite, un écriteau où on lit : *C. Visscher, inv. et sculp. An°* 1655, *et exc.* P. en H. (16). 400.

Première et rare épreuve avant la lettre.

1184 — Une nourrice donne à téter à un jeune enfant; près d'elle, un autre mange de la bouillie; un troisième est attaché à son dos et pleure. En bas, dans la marge, à droite : *C. de Visscher fecit*. P. en H. (17). Morceau dit la *Bohémienne*. 350.

Rare épreuve avant la lettre.

---

rare; un exemplaire, relié en maroquin rouge, fut vendu 556 livres à la vente Saint-Yves.

43.   1185 — La même estampe.

Épreuve avec le titre: *Spondes*..... etc. Au bas de l'estampe, à droite: *Clément de Jonge excudit*. Cette adresse effacée dans les troisièmes épreuves.

100. 1186 — Intérieur de tabagie où des hommes, des femmes et des enfans sont réunis près d'une cheminée. Composition de neuf figures, d'après Adrien Van Ostade. Derrière un homme qui tient sa pipe de la main droite et de l'autre des pincettes, on voit des patins; ce qui a fait donner en Hollande, à ce sujet, le nom *des Patineurs*. P. en H. (23).

Épreuve avant les noms de peintre et graveur, dite ainsi avant la lettre.

20.   1187 — Un homme et une femme à table dans une tabagie. Morceau dit: *Les Mangeurs de poissons*. A. *Van Ostade, pinx. et exc. C. Visscher fecit aqua forti*. P. en H. (25).

5.   1188 — Une tabagie où un homme assis, un pot entre les jambes, joue du violon, tandis que trois autres chantent et un cinquième va boire. Titre: *Trahit*... etc. A. *Brouwer, pinxit. Corn. Visscher fecit aqua forti*. P. en H. (26).

Épreuve avec l'adresse de *Clément de Jonge*.

40.   1189 — Un chirurgien qui panse un homme au pied; une femme au fond tient un emplâtre. Au bas, à gauche: *Brouwer pinxit.*; à droite: *Corn. Visscher fecit*. P. en L. (29).

Épreuve avant la lettre: *ure secca purga... Clément de Jonge excudit*, qui se voit dans la marge du bas à la deuxième épreuve.

7.   1190 — Chat accroupi, derrière lequel est un rat (*); sur une

---

(*) Visscher avait d'abord gravé ce chat de plus petite dimension et couché sur une serviette; n'en étant pas sans doute satisfait, il l'aura effacé après en avoir tiré quelques épreuves qui sont de la plus grande rareté. Une épreuve venant de la collection de M. Revil, en 1830, se voit aujourd'hui dans la collection Standish, au Musée Royal, au Louvre.

pierre, au coin, à gauche : *Corn. Visscher fec.* Dans la marge du bas on lit : *C. Visscher excudit.* P. en L. (52).

Belle épreuve du cabinet d'*Huquier*, graveur.

PORTRAITS.

1191 — Portrait que l'on dit être celui de Corneille Vischer ; on lit : *Corn. Visscher fecit an.* 1649. P. en H. (N° 1 des portraits). *30.*

Très belle épreuve signée *Wille* 1772, au verso.

1192 — André Deonyzoon-Winius, commissaire du grand-duc de Moscovie, représenté vu jusqu'aux genoux, assis, le coude appuyé sur une table ; dans le fond, des armures, des carabines placées à la droite, derrière le personnage, ont fait nommer cette estampe l'*homme au pistolet*. Sur un tonneau à gauche : *A° 2500* ; au-dessus : *C. Visscher delinea. et sculp.* P. en H. (N° 3). *1660.*

Première et rarissime épreuve avant la lettre, avant les tailles et l'écriture tracée sur la feuille de papier que tient le personnage, et avant le chiffre 1000, sur la barrique derrière le fauteuil. Collect. *Van-der-Leyden, Vamputen, Demon* et *M. de Scitivaux.*

1193 — La même estampe. *620.*

Très belle et rare épreuve avec le nom du personnage dans la marge du bas, et les dix vers de Vondel en caractères singuliers, ajoutés au-dessous du titre par une planche accessoire, avec le chiffre 1000 ajouté sur le tonneau et l'inscription sur le papier.

1194 — Gellius Bouma, ministre de l'Évangile à Zutphen, représenté assis, vu jusqu'aux genoux ; à sa droite une table où est un grand livre ouvert et un petit papier sur lequel on lit : *C. de Visscher ad vivum del. et sculp.*, écrit en trois lignes. Dans la marge : GELLIUS DE BOVMA......, et au-dessous quatre vers latins et quatre vers hollandais ; à la suite : *J. Visscherius.* P. en H. (4). Morceau l'un des plus beaux de Visscher. *510.*

Première et très rare épreuve où le feuillet de gauche dont le coin relevé est tout blanc, et où celui de droite n'a pas de taille indiquant les lignes d'écriture : épreuve dite ainsi au *livre blanc*.

1020.

1195 — Guillaume de Ryck; il est représenté à mi-corps, la main gauche sur la poitrine. P. en H. (5).

Première et rare épreuve avant le titre : *Del Wel Eervaren Guilliam de Ryck Ooge Meester tot Amsterdam*, avant les douze vers qui se trouvent au-dessous, et avant les travaux éclaircis à la barbe, l'oreille et la main du personnage.

Ce portrait et les deux qui précèdent sont communément appelés *les grandes barbes*.

760.

1196 — Vondel, célèbre poète hollandais, vu à mi-corps, assis, son chapeau sur ses genoux; il tient un papier de la main gauche, derrière lui des livres sur deux tablettes, dessus la première une petite statue de faune, un enfant à ses pieds. Sur le papier qui se voit au-dessous des livres de la première tablette, on lit le nom de *C. Visscher*. P. en H. (15).

Première et très rare épreuve avant la lettre.

126.

1197 — La même estampe.

Deuxième épreuve aussi avant la lettre, mais où on a substitué la statue de la Foi à celle du faune. Aux troisièmes épreuves, à la place du nom de Visscher, sur le papier qui est sous la deuxième tablette, on voit une tête de faune, et dans la marge du bas, quatre vers : *Quod tuba...*, et les mots : *Hos beabit*, etc., sur le papier que Vondel tient à la main.

20.

1198 — Portrait du pape Alexandre VII; il est vu à mi-corps et de face, dans une bordure ovale historiée, avec inscription. Au bas un cartouche où on lit : *Nunquam hoc mortalis*, etc. *Corn. Visscher del. sculp. et excud.* Au bas une planche accessoire où se lit une dédicace à Jacob de la Torre, etc. P. en H.

Très belle et rare épreuve avant l'adresse de *Clément de Jonge*, à la suite du nom de *C. Visscher delin. sculps. et excud.*

12. 50. **1199** — La même estampe.

Belle épreuve avec l'adresse.

1200 — Coppenol, maître-écrivain de Hollande, vu jusqu'aux genoux, assis, tenant une plume à la main droite; portrait connu sous le nom de l'*écrivain*. P. en H. (22). 150.

Première et rare épreuve où le pli de la manche droite de la robe du personnage n'a pas été ébarbée.

1201 — Portrait de Jean de Paep, représenté à mi-corps. D'une main il montre la Bourse d'Amsterdam, de l'autre il tient un cartouche dans lequel est écrit le métier qu'il faisait de fournir des commis aux marchands. P. en H. (24). 181.

Épreuve avant la lettre.

1202 — Philippe II, roi d'Espagne (*), vu à mi-corps, dans un ovale coupé dans le bas par huit lignes de titre; palmettes aux angles, sous l'une desquelles on lit : *Titianus pinx. A° 1549*; plus bas des armes et de chaque côté une tablette où se lisent huit vers de *P. Scriverius*. P. en H. 6. 50.

VISSCHER ou DE VISSCHER (JEAN), graveur à l'eau-forte et au burin, né à Amsterdam en 1636. Ce maître a beaucoup gravé d'après BERGHEM et OSTADE. La plus grande partie de ses estampes se trouve décrite au catalogue *Rigal*.

1203 — Ivrogne à côté d'une paysanne qu'il veut caresser : derrière lui un homme debout. Sujet de demi-figures, connu sous le titre du *tâtonneur*. Dans la marge on lit : *I. Visscher sculpsit. Ostade pinxit. F. de Widt excudit*. P. en H. 3. 50.

1204 — Portrait de *Petrus Proëlius eclesiastes Amstelædamensis*. Au haut à gauche : *Jean de Visscher sculpsit*. Dans la marge du bas, seize vers de Jacob Heibloeq et *Jean Van Noort pinxit. Nicolaus Visscher excudit*. P. en H. 4. 50.

Très belle épreuve signée au verso *J.-G. Wille*, 1774.

(*) Ce portrait fait partie de la suite des Trente-Huit comtes de Flandres (51 à 88).

1205 — Les joueurs de trictrac sous la treille, d'après Adrien Van Ostade. P. en H.

Rare épreuve avant la lettre.

1206 — Dans un intérieur rustique, un paysan dévide. Morceau dit *le Dévideur*, d'après *A. Van Ostade*.

— Pendant du précédent sujet. Morceau dit *la Fileuse*, d'après *A. Van Ostade*.

Ces deux estampes en hauteur, épreuves avant la lettre; elles sont rares.

1207 — Portrait d'Abraham Bloemaert, peint en 1648, à l'âge de quatre-vingt-deux ans. Dans la tablette, quatre vers hollandais et *Nicolaus Wisscher exc.* P. en H.

1208 — Abraham Van der Hulst, vice-amiral, représenté à mi-corps, la main gauche appuyée sur un bâton de commandant posé sur un appui où se lisent quatre lignes de titre et huit vers hollandais de H. Menslage, et les mots *Jean de Visscher, sculpsit.* P. en H.

VISSCHER (Lambert), frère aîné de Jean, dessinateur et graveur au burin, né à Amsterdam en 1634, mort à Rome, où il travaillait avec *Bloemaert*, *Spierre* et autres, d'après les peintures de *Pièrre de Cortonne*. Il a gravé aussi plusieurs portraits.

1209 — Carel Raberhaupt, gouverneur de Groningue, vu presque jusqu'aux genoux, la main droite appuyée sur un canon et tenant de la gauche le plan du siège d'une ville. Sur l'appui du bas, trois plans de villes fortes, le titre en quatre lignes et *L. Wisscher fecit.* P. en H.

1210 — Antonius Vande Placet. Il est assis dans un fauteuil tourné à gauche, un livre fermé dans la main droite. Titre en quatre lignes, et au-dessus: *Z. Webber pinxit. Lambertus Visscher.* P. en H.

VIVARÈS (François), graveur à l'eau-forte et au burin, né le 11 juillet 1709, au village de Saint-Jean-de-Ruel, dans le Rouergue, mort à Londres en 1780. Vivarès s'est formé sur les ouvrages de Swanevelt et de Perelle; les leçons d'And. Laurent concoururent à le perfectionner. Passé en Angleterre en 1727, il s'exerça dans la gravure du paysage qu'il porta à un degré de perfection jusqu'alors inconnu. Son œuvre est de cent trente-quatre pièces décrites au Catalogue Basan, pag. 189.

1211 — *A view near Naples* (vue des environs de Naples), d'après le tableau de Claude Lorrain, du cabinet Ledger. P. en L., publiée en 1769.

Épreuve avant la lettre, les noms d'auteurs à la pointe.

1212 — *The enchanted castle* (le château enchanté), d'après le tableau de Claude Lorrain, de la collection de Nath. Chauncy. Gravé par F. Vivarès et W. Woollett en 1780. P. en L., publiée en 1782 et connue sous le titre de *la Tour enchantée*.

Épreuve avant la lettre, seulememt les noms d'auteurs tracés à la pointe.

VLIET (Jean-George Van). « L'histoire des artistes, dit
» *Bartsch*, 2º vol. de l'œuvre de Rembrandt et ses élèves, ne fournit
» aucune notice sur la vie de Jean-George Van-Vliet; on sait seu-
» lement qu'il fut élève de Rembrandt et qu'il a vécu vers les
» années 1631 et 1635, ce que prouvent les dates marquées sur
» plusieurs de ses estampes, dont le nombre connu est de quatre-
» vingt-douze. »

1213 — Loth et ses filles. Dans la marge du bas, on lit: *R^t. Van Ryn, inventor*, 1631 *J. G. Van Vliet fecit*. P. en H. (1).

Première épreuve avant les contre-tailles à droite dans le fond sur le rocher. *Bartsch* ne signale pas cette différence.

1214 — La même estampe.

Épreuve avec les contre-tailles.

5. 50.

72.

3. 50.

9. 50.

100.

5.

34.

1215 — *Ecce Homo*. A la droite du Sauveur, Pilate parle au peuple assemblé. P. en H., sans marque (7).

1216 — Saint Jérôme à genoux dans une grotte, devant un grand livre ouvert et tenant un crucifix des deux mains ; à droite, on aperçoit le lion. On lit au bas de ce même côté : *Rt. V. Ryn in. J. G. V. Vliet fec.* 1631. Morceau d'un grand effet, le plus fini et le plus capital du maître. P. en H. (13).

1217 — Le vendeur de chansons, ainsi que sa femme qui les distribue à des paysans assemblés. Au bas à gauche, dans l'ombre, le nom et l'année à peine lisibles. P. en H. (15).

1218 — Les débauchés; composition de quatre figures. Au bas, à gauche : *J. G. Van Vliet fecit. Peyenaar ex.* P. en H. (16).

1219 — Vieille femme lisant. Elle est vue presque de profil, le corps dirigé vers la gauche de l'estampe ; elle est couverte d'un manteau de fourrure, et le pied droit posé sur une chaufferette appelée en Hollande *Stoof*. On lit, vers le haut de la droite : *Rt. Van Ryn inuenter. J. G. Van Vliet fecit*. P. en H. (18).

Belle épreuve d'un morceau très fini.

1220 — Buste d'un officier vu de profil et dirigé vers la droite ; son corps est couvert d'une pelisse, et il porte un hausse-col et une chaîne. Le fond est blanc, et on y lit vers la gauche du haut : *R. V. Ryn, in.;* au milieu : 1631, et vers la droite : *J. G. V. Vliet fecit.* P. en H. (26).

1221 — Les cinq sens de nature représentés par une suite de cinq estampes en hauteur, dont : le goût, représenté par deux paysans autour d'une table ; l'un mange des gâteaux et l'autre boit dans une cruche qu'il tient élevée des deux mains (27) ; l'ouïe, représentée par trois hommes qui font de la musique (28); l'odorat, une femme repousse de sa main la fumée qu'un jeune homme lui soufle au visage; un autre homme placé à droite paraît rire de ce badinage; vers la droite du bas : *J. G. V. Vliet fe.* (29); le toucher, un chirurgien panse la jambe à un paysan qui paraît souffrir violemment; plus loin, une femme paraît exprimer la compassion; vers la gauche du bas : *J. G. V. Vliet fec.* (30); la vue, un vieillard à grande barbe, des lunettes sur le nez, lit dans un grand livre; dans le fond est sa bibliothèque (31).

1222 — *Les arts et métiers.* Suite de dix-huit estampes en hauteur, savoir : le sculpteur (32); le forgeron (33); le serrurier (34); le maçon (35); le charpentier (36); le vannier (37); le faiseur de balais (38); le ferblantier (39); le tailleur (40); le cordonnier (41); le voilier (42); le chapelier (43); le vitrier (44); le tondeur de draps (45); le tourneur (46); le boulanger (47); le tonnelier (48); le tisserand (49). A neuf des morceaux de cette suite, on lit : *J. G. fe* ou *J. G. V. Vliet fe.;* deux avec la date de 1635.

1223 — Mathématicien. Il est représenté assis à la droite de l'estampe devant une table; il écrit dans un livre et en a un autre appuyé contre un globe. On lit sur ce dernier livre les lettres : *J. G. fe.* P. en H. (50).

1224 — Deux hommes jouant au trictrac; près d'eux une dame assise, et derrière elle un homme debout. P. en H. (54).

1225 — L'arracheur de dents. Il paraît toucher du pouce la dent malade d'un paysan assis sur une escabelle; l'attitude du patient indique qu'il souffre de vives douleurs. Vers la droite du bas, on lit : *J. G. Van Vliet fecit.* P. en H. (53).

VOLPATO (Giovani ou Jean), dessinateur et graveur au burin, né à Bassano en 1738, mort à Rome en 1803; élève de F. Bartolozzi.

1226 — Héliodore chassé du temple. *Volpato sculp. Roma.*
— Attila saisi d'effroi à l'apparition de saint Pierre et saint Paul. — Saint Pierre tiré de sa prison par un ange. *Bernardinus Nocchi del. Joan Volpato scul.* — L'école d'Athènes. *Volpato sc.* — Le Parnasse. — L'incendie du bourg du Saint-Esprit, près du Vatican. — La dispute du Saint-Sacrement. *Volpato sc.*, 1778. Ces sept sujets en largeur, de forme cintrée, exécutés à fresques par Raphaël dans les deuxième, troisième et quatrième chambres du Vatican. La huitième de cette suite (la messe à Bolcène) est gravée par R. Morghen (voyez n° 697).

Épreuve avant la lettre; aux épreuves avec la lettre, on lit dans la marge du bas: PIO SEXTO PONT-MAX.

VORSTERMAN (LUCAS), dit le Vieux, peintre et graveur à l'eau-forte et au burin, né à Anvers en 1578. Élève de P. P. Rubens, il quitta la peinture pour se livrer à la gravure dans laquelle il excella. De même que Pontius et Bolswert, il grava beaucoup d'après son maître. En 1624, il se rendit à Londres, où il a gravé pendant un séjour de huit ans, divers sujets historiques et des portraits d'après Holbein et A. Van-Dick.

1227 — Nativité. Titre: NOBILISSIMO..... etc.; *P. P. Rubens. cum priuilegys..... etc.; Lucas Vorsterman sculp. et excud. An° 1620.* P. en H. (6). Le dessin de cette composition est au Musée Royal.

1228 — Sainte-Famille. Le petit saint Jean apporte des fruits au Sauveur assis sur les genoux de la Vierge, derrière laquelle est sainte Anne. Deux lignes de titre: REVERENDO.... *Raphaël Urbinas pinxit. Lucas Vorsterman sculps. cum priuileg.* P. en H.

1229 — La Vierge tenant l'Enfant-Jésus dans ses bras. Au-

tour d'eux, divers personnages en acte d'adoration. Titre
ALDERHEYLIGHSTE..... VOOR ONS. *Michel Angnolo Caravagio
pinx. Vorsterman fec. cum priuil.* P. en H. Le tableau est à
la galerie impériale du Belvédère, à Vienne.

1230 — La descente de croix. Gravé d'après le tableau de
Rubens, à la cathédrale d'Anvers (*). Titre : ILLUSTRISSIMO
ET EXCELLENTISSIMO... NUNCUPAT DEDICATQUE. *Luc Vorsterman sculp. et ex. anno* 1620. P. en H. (99).

249.

Très belle et rare épreuve avant l'adresse de *Corneille Van Merlen.*
Collect. de *Valois* et *Druon.*

1231 — Trois anges pleurent à la vue du corps mort de Jésus-
Christ descendu de la croix et étendu sur les genoux de la
Vierge. Au bas, à gauche : *Van-Dyck pinx.;* au milieu : *cum
priuilegio*, et à droite : *Lucas Vorsterman sculpsit et excudit*. Dans la marge, six vers latins : *Illas meis... Tristes eat.*
P. en L. Un tableau, esquisse de cette composition, se voit
au Musée Royal.

389.

Magnifique et rare épreuve avant la troisième ligne : PER ILLUSTRI
APUD DOMINO D. GEORGIO GAGI, qui se trouve au-dessous des six vers.
Collect. *Mariette, Saint-Yves* et *M. Revil,* 1838.

1232 — Le martyre de saint Laurent. Quatre lignes de titre :

27.

(*) Rubens exécuta ce bel ouvrage pour la confrérie du Mail, à Anvers,
et ce fut, selon toute apparence, d'après l'invitation de Nicolas Rockox,
son ami, dont il plaça le portrait sur celui des volets où il peignit la Présentation au temple; ce volet, et l'autre représentant la Visitation, peints
aussi par Rubens, fermaient la Descente de croix; ils étaient aussi deux
tableaux précieux. Ces tableaux décoraient encore l'autel de cette Confrérie, dans l'église cathédrale de Notre-Dame d'Anvers, lorsque les Français, conquérans de la Belgique, les transportèrent à Paris où il furent repris en 1816. Plusieurs grands peintres flamands ont copié la Descente de
croix; la plus belle de ces copies est celle que fit Gaspard Van Optal en
1704, pour le maréchal de Villeroy. Le Musée Royal possède le dessin
qui a servi à la gravure de Vorsterman.

Pietate Reverendo virtute, etc. *P. P. Rubens pinxit. Lucas Vorsterman sculps. et exc. Anno* 1621. P. en H. (37).

Belle épreuve avec la signature de *P. Mariette* 1682, au verso.

1233 — Sujet familier représentant cinq personnes vues jusqu'aux genoux et assises autour d'une table; deux hommes jouent au trictrac et une femme pince de la guitare. P. en L.

Épreuve avant la lettre, seulement on lit: *A. de Coster pi. cù. priuileg. Vorsterman.*

1234 — Des joueurs qui se battent. Sujet connu sous le titre de *la Bataille des paysans*. Dans le bas, à gauche, on lit: *Pet. Brueghel inuent.;* et dans la marge, onze vers latins et la dédicace à Jean et Pierre Brueghel, par L. Vorsterman. P. en L.

1235 — Charles-Quint représenté, vu jusqu'aux genoux, cuirassé et une épée à la main droite. Titre en une ligne, et *E. Titiani Protolypo, P. P. Rubens* (*) *excud. cum priuilegys*. P. en H., sans nom de graveur (1).

1236 — Côsme de Médicis. Titre : *Cosmus Medicis pater patriæ. P. P. Rubens pinxit. Lucas Vorsterman sculp.* Portrait dans une bordure de forme ronde (43).

1237 — Laurent de Médicis. Titre : *Laurentius Medicis Pet. F. Cosm. Nep. P. P. Rubens. Lucas Vorsterman sculp.* Portrait dans une bordure de forme ronde; il fait le pendant du précédent (44).

1238 — Portrait du connétable de Bourbon, d'après le Titien. Sur l'appui où le personnage pose sa main, on lit : *Om-*

(*) « Basan dit que Rubens n'a d'autre part à ce portrait que de l'avoir
» fait graver, à ce que l'on croit, par Vorsterman, d'après une copie qu'il
» avait faite du tableau original du Titien. »

nis salus in fero est. Dans la marge du bas, trois lignes de titre. P. en H.

1239 — Portrait de Thomas Morus; d'après Holbein. Titre en six lignes, dont la dédicace à Philippe IV, par Lucas Vorsterman, en 1631. *L. V. sculpsit.* P. en H.

W.

WATERLO ou WATERLOO (ANTOINE), peintre et graveur à l'eau-forte. « L'histoire de la vie d'Antoine Waterlo, dit *Bartsch*, » est peu connue ; à peine sait-on le lieu et l'année de sa naissance. » Suivant Descamps, il vint au monde vers l'an 1618; les uns le » font naître à Amsterdam, les autres à Utrecht. Ce qu'il y a de » certain, c'est qu'il vécut nombre d'années dans un lieu situé entre » Maarsen et Breukelen, aux environs d'Utrecht ; il mourut pauvre » dans l'hôpital d'Hiob, près cette dernière ville. » Le même auteur décrit cent-trente-six pièces de ce maître dans son Peintre-Graveur, vol. 2º.

1240 — Quatre différens paysages en largeur, ornés de figures, savoir : villageois suivi d'un chien; au ciel à gauche : *A. Waterlo fe.* A droite la lettre *b*. (60). Allée d'arbres sur un terrain élevé; on remarque deux hommes vus par le dos; au ciel à gauche : *A. Waterlo fe.*; à droite la lettre *d*. (62). Deux cavaliers, suivis d'un homme à pied, se dirigeant à droite; au ciel à gauche : *A. Waterlo fe.*; à droite la lettre *e*. (63). Intérieur d'un bois ; à la gauche du devant, un chien aboie après deux hommes; au ciel à gauche : *A. Waterlo fe.* A droite la lettre *f*. (64).

WILLE (JEAN-GEORGE), dessinateur et graveur au burin, né à Kœnisberg en 1715, mort à Paris en 1808. Il vint à Paris en 1736, il fut encouragé dans ses premiers essais par H. Rigaud qui, le premier, reconnut la capacité de notre jeune artiste et lui procura des travaux qui commencèrent sa réputation (*). En 1743, il grava, d'après le tableau de ce peintre, le portrait d'Élisabeth de Gouy, femme Rigaud. L'œuvre de Wille se compose de cent dix-sept pièces, dont soixante-quatorze portraits, détaillées au catalogue de la vente de Basan, pag. 174 (**).

1241 — Mort de Cléopâtre. Gravé en 1754, d'après le tableau de G. Nestcher, de la collection du comte de Vence, à la vente duquel il fut vendu 1,800 fr. P. en H.

Rarissime épreuve avant la lettre, seulement les armes; elle provient du cabinet de *M. Karcher* (***).

1242 — La cuisinière hollandaise. Gravé en 1756, d'après le le tableau de G. Metzu, du cabinet du comte de Vence. P. en H.

Épreuve avant la lettre, seulement les armes.

1243 — La tricoteuse hollandaise. Gravé en 1757, d'après le tableau de F. Mieris, du cabinet de Lempereur (****). P. en H.

Première épreuve avant la lettre et avant le titre.

(*) Wille avait gravé, en arrivant à Paris, des portraits pour la suite d'Odieuvre, qui lui étaient payés 6, puis 12, puis enfin 20 livres la planche.

(**) Catalogue raisonné d'un choix de dessins et d'une riche collection d'estampes composant le cabinet de feu Pierre Basan père, par Regnault Delalande. Paris, an VI de la République, in-8º.

(***) Catalogue raisonné d'une collection d'estampes et d'objets de curiosités, qui composaient le cabinet de M. Karcher, par Duchesne aîné. Janvier 1825.

(****) Ce tableau fut vendu 3,099 livres, à la vente de cette collection, en 1773.

1244 — Ménagère hollandaise. Gravé en **1757**, d'après le tableau de G. Dow, du cabinet de Lempereur. P. en H.

Épreuve avant toutes lettres.

1245 — La gazetière hollandaise. Gravé en **1758**, d'après le tableau de G. Terburg, du cabinet du comte de Boulbon. P. en H.

Épreuve avant la lettre, seulement les armes.

1246 — La maîtresse d'école. Gravé en **1771**, d'après Wille fils. P. en H.

Épreuve avant la lettre.

1247 — La petite écolière. Gravé en **1771**, d'après Schenau. P. en H.

Épreuve avant la lettre.

1248 — Les deux mêmes estampes.

Épreuves avant la lettre, avec les armes.

1249 — Le concert de famille. Gravé en **1769**, d'après le tableau de G. Shalken, du cabinet du graveur. P. en H.

Épreuve avant la lettre, seulement les armes.

1250 — L'instruction paternelle. Gravé en **1765**, d'après le tableau de Terburg, du cabinet de M. Peters, peintre. Tableau actuellement à la galerie impériale de l'Ermitage, à Saint-Pétersbourg. P. en H. La perfection avec laquelle est rendue la robe de la jeune fille debout, vers la gauche, a fait donner à cette estampe le nom de la *robe de satin*.

Première et rare épreuve avant toutes lettres.

1251 — La même estampe.

Épreuve avant la lettre, avec les armes anticipant sur le parquet. Collect. de *Devos d'Amsterdam*.

1252 — Les musiciens ambulans ; sujet de demi-figures, gravé

— 314 —

1500.

en 1764, d'après le tableau de Dietricy, de la collection électorale de Dresde. P. en H.

Très belle et rare épreuve avant toutes lettres.

1253 — Les offres réciproques; sujet de demi-figures gravé en 1771, d'après le tableau de Dietricy, de la collection électorale de Dresde. P. en H.

Très belle et rare épreuve avant toutes lettres.

600.

1254 — Les deux mêmes estampes.

Avant la lettre, avec les armes.

379.

1255 — Le petit physicien. Gravé en 1761, d'après le tableau de Nestcher, du cabinet de M. Damery. P. en H.

Épreuve avant la lettre, seulement les armes.

83.

1256 — La liseuse. Gravé en 1761, d'après le tableau de G. Dow, du cabinet de M. de Julienne (*). P. en H.

Épreuve avant toutes lettres.

48.

1257 — Observateur distrait. Gravé en 1762, d'après le tableau de Skalken, du cabinet de Damery. P. en H.

Épreuve avant toutes lettres.

115.

1258 — Bonne femme de Normandie. Gravé en 1770, d'après le tableau de Wille fils. P. en H.

Épreuve avant toutes lettres.

131.

1259 — Jeune joueur d'instrument. Gravé en 1776, d'après le tableau de Mieris, du cabinet de M. Damery. P. en H.

Épreuve avant la lettre, seulement les armes.

1260 — La même estampe.

Épreuve d'essai, non terminée, avant toutes lettres.

(*) Ce tableau a été vendu à la vente du cabinet de ce célèbre amateur, en 1767, au prix de 3,101 liv. Le pendant, la Devideuse, a été vendu 2,567 liv., à la vente du comte de Vence, en 1760.

1261 — Le repos de la Vierge. Gravé en 1776, d'après Dietricy. P. en H. — *100.*

Épreuve avant la lettre, seulement les armes. Collect. *Nau.*

1262 — Agar présentée à Abraham par Sara. Gravé en 1778, d'après Dietricy. P. en L. — *75.*

Rare épreuve avant toutes lettres et sur papier de Chine.

1263 — La tante de Gérard Dow. Gravé en 1780, d'après le tableau de ce maître, en la possession du graveur. P. en H. — *12.*

Épreuve avant la lettre au bas des armes et *G. Dow pinx. J.-G. Wille sc.* tracé à la pointe.

1264 — Le sapeur des gardes-suisses. Dessiné et gravé par J.-G. Wille. P. en H. — *13.*

Épreuve avant la lettre, avec les armes.

1265 — Philosophe du temps passé. Gravé en 1782, d'après Wille fils. P. en H. — *6. 50.*

Épreuve avant toutes lettres.

PORTRAITS.

1266 — Nicolas de Largillière, peintre. Gravé d'après le tableau de ce maître, en 1738, P. en H., pour la suite des portraits d'Odieuvre. — *16.*

Épreuve avant la lettre.

1267 — Charles-Frédéric Margrave de Bade d'Urlach. Gravé en 1741, d'après Guillebaud ; portrait pour les œuvres de Pope. P. en H. — *19. 50.*

1268 — François-Anne de Neufville, duc de Villeroy. P. en H. On lit au bas : *Jean Chevalier pinxit, J.-G. Wille sculpsit* 1744. P. en H. — *19. 50.*

1269 — Joseph Parrocel, de Brignoles, en Provence, peintre de batailles, né en 1648, mort à Paris le 1ᵉʳ mars 1704. Gravé d'après H. Rigaud, en 1744. P. en H. — *12.*

— 316 —

40.   1270 — Louis-Philippeau, comte de Saint-Florentin, peint par Louis Tocqué, 1749. Gravé en 1751. P. en H.

Épreuve avant la qualité de ministre décrite dans le titre et avant les points ajoutés aux maillets qui sont dans les armes, dite ainsi *aux maillets blancs*

48.   1271 — Bernard Belidor, mathématicien (*). Gravé en 1750, d'après Louis Vigée. P. en H.

41.   1272 — Abel-François Poisson, marquis de Marigny; d'après le tableau de Louis Tocqué, à la galerie de Versailles, et gravé par J.-G. Wille, pour sa réception à l'Académie, en 1761. P. en H.

Rare épreuve avant toutes lettres.

10.   1273 — La même estampe.

Avec la lettre, mais avant l'inscription : *Pour sa réception à l'Académie*, etc.

12.   1274 — Messire Antoine de Singlin, prêtre, confesseur et supérieur des religieuses du Port-Royal-des-Champs; d'après Phil. de Champaigne. P. en H.

Épreuve avant la lettre.

5.   1275 — La même estampe.

Épreuve avec la lettre.

16. 50.   1276 — François Quesnay, médecin; buste dans un petit ovale, d'après J. Chevalier, en 1747. P. en H.

Épreuve avant toutes lettres.

8.   1277 — Réné Berryer, lieutenant de police; d'après Delyen. P. en H.

Belle épreuve, signée de *Wille*.

(*) Auteur d'un ouvrage estimé: *Architecture hydraulique, ou l'art de conduire, lever et ménager les eaux pour les différens besoins de la vie.* Paris, 1737-53, 4 vol. in-4°, figures.

1278 — *Hieromus Von Erlach;* d'après Ritter Ruscat. P. en H.   14. 50.
Épreuve avec l'inscription en allemand.

1279 — Jean-Baptiste Massé, peintre. Gravé en 1775, d'après le tableau de Louis Tocqué, à la galerie de Versailles. C.-N. Cochin a gravé à l'eau-forte l'étude du plafond que Massé tient à la main. P. en H. (*).   50.
Épreuve avant toutes lettres.

WOOLLETT (WILLIAM), graveur au burin, né à Maidstone, dans le comté de Kent, en 1735, mort à Londres en 1785. Ce maître s'est adonné particulièrement à la gravure de paysage, qu'il a traitée avec supériorité; de même aussi dans les dernières années de sa vie, il a gravé l'histoire avec le même succès. Son combat de la Hogue est considéré comme son chef-d'œuvre.

1280 — *The death of general Wolfe* (la mort du général Wolfe). Gravé en 1776, d'après le tableau de B. West, de la collection Grosvenor. P. en L.
Épreuve avant la lettre; seulement le titre, les noms d'auteurs et la publication tracés.

1281 — *The batle at la Hogue* (la bataille de la Hogue en 1692). Gravé en 1781, d'après le tableau de Benjamin West, de la collection Grosvenor. P. en L.

   850.

Épreuve avant la lettre, seulement les armes, le titre, les noms d'auteurs et la publication tracés.

1282 — Portrait de Rubens, vu à mi-corps, à travers une croisée. Gravé en 1774, d'après *Ant. Van-Dick.* P. en H.
Épreuve avant la lettre, le nom de *Rubens* et les noms d'auteurs tracés à la pointe.

(*) Ce portrait se trouve en tête de l'ouvrage de la galerie de Versailles, dont ce peintre a fait les dessins d'après les peintures de Ch. Lebrun. Ces dessins se voient au Musée Royal.

121.

1283 — *The temple of Apollo* (le temple d'Apollon). Gravé en 1760, d'après le tableau de Claude Lorrain, de la collection du palais Alfieri à Rome. P. en L.

<small>Épreuve avant la lettre, les noms d'auteurs tracés à la pointe.</small>

285.

1284 — *Roman edifices in ruin's* (édifices romains en ruine). Gravé en 1772, d'après le tableau de la collection Radnor. P. en L.

<small>Épreuve avant la lettre; seulement les armes, les noms d'auteurs et la publication tracés à la pointe.</small>

195.

1285 — *Jacob and Laban* (Jacob et Laban). Un pont, qui se voit dans le lointain, a fait donner à cette riche composition le nom du *Long-Pont*. Gravé en 1783, d'après le tableau de Claude Lorrain, de la collection d'Egremont. P. en L. Cette estampe fait partie de la suite dite *les grands paysages* (voyez les nos 142, 441, 681, 1099). *Vente Zhorel, 120.*

<small>Épreuve avant la lettre, seulement les armes, les noms d'auteurs et la publication tracés à la pointe.</small>

400.

1286 — Vue intérieure d'une forêt, d'après le tableau de Gaspard Poussin, de la collection Huson. P. en L. *Vente Zhorel, 310.*

<small>Très rare épreuve avant la lettre, seulement les mots : *G. Poussin pinxit, J. Browne et W. Woollett sculpsit*, tracés à la pointe. Elle porte les initiales *W. W.*, au crayon, de la main de Woollett.</small>

70.

1287 — L'eau-forte de cette estampe, par *John Brown*. On lit dans la marge, au crayon et de la main de Woollett, les mots suivans : *to the of Jourvansault from his most servant W. Woollett.*

135.

1288 — Saint Jean près de la Magdeleine, sur le devant d'une campagne de site agreste; d'après le tableau d'Ann. Carrache de la collection Pitt. P. en L.

<small>Épreuve avant la lettre, les noms d'auteurs tracés; elle porte l'initiale *W*. au crayon, de la main de Woollett.</small>

57.

1289 — *Diana and Actéon* (Diane et Actéon). Gravé en 1764,

d'après le tableau de Phil. Lauri, de la collection de l'évêque de Bristol. P. en L.

Épreuve avant la lettre, seulement les armes, les noms d'auteurs et la publication tracés à la pointe. Elle est sur papier de Chine.

1290 — *Tobias and the angels* (Tobie et l'ange). Gravé en 1785, d'après le tableau peint par Lairesse et Glauber, de la collection Samuel Athaves et Elmes. P. en L.   49.

Épreuve avant la lettre, seulement les armes, le titre et les noms d'auteurs tracés.

1291 — *Morning* (le matin), *evening* (le soir), d'après les tableaux d'Herman Suanevelt. P. en L., gravées, la première, par Pouncy; la seconde, par W. Woollett et Smith en 1787.   140.

Épreuve avant la lettre, seulement les titres tracés et les noms d'auteurs.

1292 — Macbeth. Gravé en 1770, d'après le tableau de F. Zuccarelli, de la collection Lock. P. en L.   79.

Épreuve avant la lettre, seulement le titre, les noms d'auteurs et la publication tracés. Elle est sur papier de Chine.

1293 — *The cottagers* (les habitans des chaumières), *the jocund peasants* (les paysans joyeux); d'après les tableaux de C. Dusart en 1622, des collections Bradfort et Reynolds. P. en H., gravées par Woollett et Browne en 1765-67.   320.

Épreuves avant la lettre et les armes, seulement les noms d'auteurs tracés.

1294 — *The spanish pointer* (le chien d'arrêt espagnol), d'après le tableau de G. Stubbs, de la collection Bradfort. P. en L.   501.

Épreuve avant la lettre; seulement les noms d'auteurs et l'adresse de *Bradfort* 1768, tracés à la pointe. *Vente Thorel, 350.*

1295 — *Schooting.* La Chasse au fusil, suite de quatre estampes, dite *les quatre temps de la chasse;* d'après les tableaux de G. Stubbs, peints en 1769-70-71. P. en L.   150.

Épreuves avant la lettre.

800.

1296 — *The fishery* (*) (la pêche). Gravé d'après le tableau de R. Wright, peint en 1764. P. en L. Vente Thorel, 515.

Rare épreuve avant la lettre, les noms d'auteurs tracés à la pointe. Elle est sur papier de Chine.

340.

1297 — *Cicero at his villa* (Cicéron à sa maison de campagne); d'après le tableau de R. Vilson, de la collection Smith. P. en L.

1298 — *The solitude* (la solitude), d'après le tableau de R. Vilson, de la collection Beaumont. P. en L.

Épreuves avant la lettre, seulement les armes, les titres, les noms d'auteurs et la publication tracés.

210.

1299 — *Céladon and Amélia* (Céladon et Amélie), et *Ceyx and Alcione* (Ceyx et Alcione), d'après R. Vilson en 1766. P. en L.

Ces deux estampes, épreuves avant la lettre, seulement les titres et les noms d'auteurs tracés.

90.

1300 — Phaéton. Gravé en 1763, d'après le tableau de R. Vilson, de la collection Bridgevater P. en L.

Épreuve avant toutes lettres.

1301 — Niobé. Gravé en 1761 d'après le tableau de R. Vilson. P. en L.

Très rare épreuve avant la lettre, seulement les noms d'auteurs tracés à la pointe.

90.

1302 — *Apollo and the Seasons* (Apollon et les Saisons). Gravé d'après le tableau de R. Vilson, par W. Woollett et Pouncy, en 1777. P. en L.

Épreuve avant la lettre, seulement les noms d'auteurs tracés à la pointe.

60.

1303 — Paysage; à droite de la composition, un dessinateur

(*) Cette estampe a été gravée en concurrence de la Tempeste, de J. Vernet, par Balechou.

au pied d'un groupe d'arbres. Morceau dit *les Dessinateurs*, gravé en **1762**, d'après le tableau de G. Smith, qui a remporté le grand prix à la société d'encouragement de Londres en 1760. P. en L.

<small>Rare épreuve avant toutes lettres.</small>

1304 — *The first Scene of the maid of the mill* (la première Scène de la fille du moulin). Gravé en **1768**, d'après Richard. P. en L. *131.*

<small>Épreuve avant la lettre, seulement les noms d'auteurs tracés à la pointe.</small>

1305 — *Dido and Æneas* (Didon et Enée). Gravé en **1787**, d'après le tableau de Mortimer et Jones; le paysage par W. Woollett, les figures par Bartolozzi. P. en L. *69.*

<small>Épreuve avant la lettre, seulement les armes, les noms d'auteurs et la publication tracés.</small>

1306 — *Meleager and Atalante* (Méléagre et Atalante); les figures peintes par Mortimer, le paysage par R. Wilson. Gravé en **1794** par Woollett et Pouncy. P. en L. *70.*

<small>Épreuve avant la lettre.</small>

1307 — *The mery Villageois* (les Villageois joyeux), morceau dit *le Printemps*; gravé en **1776**, d'après le tableau de Jones. P. en L.

L'Été, *manque*.

1308 — *The apple Gatheres* (les Cueilleurs de pommes); morceau dit *l'Automne*. P. en L. *153.*

1309 — *The Rural cott* (la petite Chaumière); morceau dit *l'Hyver*. Cette estampe, ainsi que la précédente, gravée en 1768 et 69, d'après les tableaux de George Smith. P. en L.

<small>Ces trois estampes, épreuves avant la lettre, les noms à la pointe.</small>

Z.

ZAGEL ou ZINK (Martin). Telle est l'explication donnée aux lettres M. Z. gothiques, qui se trouvent aux estampes d'un vieux maître, lequel, selon *Sandrart*, florissait vers 1500. *Bartsch*, vol. 6, décrit vingt-une pièces marquées de ces lettres : deux sont datées de 1500, une de 1503.

1310 — Une des femmes de Salomon lui persuadant d'adorer une idole qui est placée à droite, et devant laquelle le roi est à genoux. Au milieu du bas, la marque, et dans le haut, l'année 1501, dont le chiffre 5 est à rebours. P. en H. (1).
Très belle épreuve.

1311 — L'embrassement; vers la gauche de l'estampe, un homme de condition, vu par le dos, embrasse une jeune dame dans son cabinet; l'année 1503 est gravée au-dessous d'une fenêtre qui est dans le fond, vers la droite, et le chiffre de l'artiste est marqué au rebours sur une petite tablette appuyée contre le mur, au-devant de ce même côté. P. en H. (15).
Très belle épreuve du cabinet *Poggi*; elle est signée de *Bartsch*.

1312 — Les soldats; deux à gauche tiennent, l'un une lance, l'autre un drapeau; les deux autres, à droite, sont un tambour et un fifre; ils se dirigent tous vers la droite. Au milieu du bas, la marque du maître. P. en L. (20).

ZOAN (Andréa), ancien graveur italien, lequel marquait ses ouvrages des lettres Z. A. C'est à l'abbé Zani que l'on doit la découverte du nom de cet habile graveur. Ce maître, qui a gravé d'après Mantègne, a imité sa manière; il a aussi copié les estampes d'Albert Durer.

Bartsch, vol. 13, décrit trente-trois pièces. On lui attribue une suite de quinze planches gravées en bois, d'après l'Apocalypse d'Albert Durer; plus une seizième qui sert de titre et qui n'est pas d'après ce maître. Plusieurs de ces pièces sont marquées des lettres

A. D. ou I. A. Ces planches se trouvent adhérentes au texte du livre qui porte le nom et la date qui suit : *Per Alexandro Paga nino in Venitia del MDXV, Adi VII Aprile,* petit in-folio de 91 feuillets, en italien. *Bartsch* ne parle pas de ce livre.

1313 — Pièce allégorique ; à la droite de cette estampe : l'Ignorance représentée par une femme grasse et aveugle, assise sur un globe, une couronne sur la tête et la main gauche sur un gouvernail ; derrière elle, debout, l'Envie et l'Aveuglement ; un sac d'argent destiné à être versé dans un gouffre ouvert au bas du trône ; un autre sac vide semble désigner la Prodigalité ; vers la gauche, une femme aveugle et un homme, la tête enveloppée, qui se laissent conduire par un chien, se voient sur le bord d'un abîme où ils vont se précipiter, séduits par le son d'une flûte dont joue un homme aux oreilles d'âne et jambes d'oiseau de proie, ainsi que par la fausse direction d'un autre homme qui a pareillement des oreilles d'âne à la tête. A droite, au bas de l'estampe, on lit : VIRTUS COMBUSTA. P. en L. (16).

1314 — Autre morceau destiné à faire la partie inférieure du précédent. On y remarque, à droite : Mercure, un genou en terre, ayant le caducée de la main gauche, retirer d'un abîme un des sujets aveugles qui s'y sont précipités sous le règne de l'Ignorance et qu'on y voit entassés en grand nombre ; à gauche, Daphné, changée en laurier, s'élève des décombres d'un édifice tombé en ruines. Les mots VIRTUS DESERTA gravés sur une tablette attachée au corps de Daphné ; et sur des pierres ruinées, on lit : VIRTUTI, S. A. I. P. en L. (17).

430.

On croit ces deux morceaux d'après *A. Mantegna;* ils sont rares. Collection de *M. Revil,* en 1838.

FIN.

Page 217, 2e *ligne;* plusieurs de ces pièces et les dates; *lisez :* à plusieurs de ces pièces les dates.
Page 221, *à la note;* par J. Duguet; *lisez:* par J. Dughet.
Page 256, 8e *ligne;* n° 285; *lisez:* n° 287.
Page 274, *article* 112, *après la description de l'estampe; lisez:* Épreuve avant la lettre.
Page 298, *article* 1179; tableau du Basan; *lisez:* tableau du Bassan.
Page 304, *articles* 1207 et 1209; Wisscher; *lisez:* Visscher.
Page 312, *article* 1243; avant le titre; *lisez:* avant les armes.
Page 320, *articles* 1297 à 1302; R. Vilson; *lisez:* R. Wilson.

ERRATA.

Page vii *de l'Avant-Propos;* Pollayolo; *lisez:* Pollajuolo.

Page 4, *article* 10; la Vierge et saint Joseph à gauche; *lisez:* la Vierge et saint Joseph; à gauche.

Page 24, *Biscaino;* marquées de son nom; *lisez:* marquées du nom du maître.

Page 41, *Carrache:* en 1669; *lisez:* en 1609.

Page 44, *à la note;* 5 vol. in-8°, le 6° sous presse; *lisez:* 6 vol. in-8°, le 7° sous presse.

Page 67; DUSSART; *lisez:* DU SART.

Pages 72, 73, 77, 78, 79; Van-Dick; *lisez:* Van-Dyck.

Page 80; duchesse du Hâvre; *lisez:* duchesse d'Havré.

Page 118, 2° *ligne;* en 1771; *lisez:* en 1671.

Page 125, *après le* n° 460; LE LORRAIN (Claude); *lisez:* LORRAIN (Claude le).

Page 132, *à la note;* ils sont tous très belles épreuves; *lisez:* ils sont tous très beaux d'épreuves.

Page 147, 10° *ligne;* elle a une marque; *lisez:* elle a une marge.

Page 166, 1re *ligne;* qui place cette estampe; *lisez:* qui place ces estampes.

Page 183, 1re *ligne;* composition peinte dans la troisième; *lisez:* composition peinte par Raphaël, dans la troisième.

Page 189, *article* 730; dans une bordure du haut; *lisez:* dans les angles du haut.

Page 193, *article* 753; (le Titien et sa nourrice); *lisez:* (le fils du Titien et sa nourrice).

www.ingramcontent.com/pod-product-compliance
Lightning Source LLC
Chambersburg PA
CBHW050156230526
45470CB00001B/111